名·师·教·育·坊

逻辑自洽与视域融合

——中学语文经典文本研究

李国栋 著

图书在版编目（CIP）数据

逻辑自洽与视域融合：中学语文经典文本研究 / 李国栋著. -- 成都：四川大学出版社，2024.6
（名师教育坊）
ISBN 978-7-5690-6716-3

Ⅰ．①逻… Ⅱ．①李… Ⅲ．①阅读课－教学研究－高中 Ⅳ．① G633.302

中国国家版本馆CIP数据核字（2024）第 053196 号

书　　　名：	逻辑自洽与视域融合——中学语文经典文本研究
	Luoji Ziqia yu Shiyu Ronghe——Zhongxue Yuwen Jingdian Wenben Yanjiu
著　　　者：	李国栋
丛　书　名：	名师教育坊
丛 书 策 划：	梁　平　唐　飞
选 题 策 划：	梁　平　杨　果
责 任 编 辑：	陈克坚
责 任 校 对：	杨　果
装 帧 设 计：	裴菊红
责 任 印 制：	李金兰
出 版 发 行：	四川大学出版社有限责任公司
地　　　址：	成都市一环路南一段 24 号（610065）
电　　　话：	（028）85408311（发行部）、85400276（总编室）
电 子 邮 箱：	scupress@vip.163.com
网　　　址：	https://press.scu.edu.cn
印 前 制 作：	四川胜翔数码印务设计有限公司
印 刷 装 订：	成都金龙印务有限责任公司
成 品 尺 寸：	170 mm×240 mm
印　　　张：	15
字　　　数：	290 千字
版　　　次：	2024 年 10 月 第 1 版
印　　　次：	2024 年 10 月 第 1 次印刷
定　　　价：	75.00 元

扫码获取数字资源

四川大学出版社
微信公众号

本社图书如有印装质量问题，请联系发行部调换

版权所有 ◆ 侵权必究

自 序

这是我的第一本著作,是我近 30 年教育教学工作的一份答卷。如今,我将它呈现在读者面前,接受读者的批评指正。

我有一个观点:一个人没到 50 岁,不要著书立说。原因大抵与黄侃类似,我固执地认为,不到 50 岁,思想识见未臻成熟,治学自然不能深思熟虑。如今,我已年过 50,可以写写文章,然后收集起来,印成一册,满足"立言"的私心,也印证自己的思考。

对于语文教学,因为有终身的实践,所以很多时候觉得自己有些发言权。虽然在天赋异禀的名师宿儒面前常常自惭形秽,但也偶尔得意于身上那股来自"田野"的草根气。先前,怯于用带有浓烈"土腥味"的"家常饭菜"宴请宾客。而今,到了倍觉人生紧迫的知命之年,才不管不顾地想为自己做个总结,粗陋之处也就敬请读者原谅和理解了。

我所做的教学研究——如果称得上叫研究的话——其实所有语文老师都在做。我一向认为,语文教学研究就只有三个课题:一是研究教什么,二是研究为什么教,三是研究怎样教。"教什么"是最基本的课题。只有确定了"教什么","为什么教""怎么教"才有意义和价值。很多人认为,"教什么"是不需要考虑的,不就是教教材嘛。这样的认识没有错,但不能算是答案。"教材"由很多具体文本构成,而每一个具体文本都是一座矿山,如何把这些文本矿山富含的晶莹的东西提炼出来就成了语文教师面临的首要问题。

要解决这个问题,没有捷径,只有下笨功夫、苦功夫——研读文本。不少成功的语文教育家都有这样的心得:文本解读是语文教师的基本功,语文教师的文本解读能力在很大程度上影响着他的职业走向。

研读文本成了语文教师的第一重挑战。可是,在一些人看来,研读文本似乎并不难,原因是我们有教师用书,有教学参考资料——名家给我们铺了路。问题是,这些现成的研读成果并无法直接照搬,何况一些研读还存在这样那样的瑕疵,需要针对具体教学情况进行更正与完善。

逻辑自洽与视域融合
——中学语文经典文本研究

我很推崇教师在研读文本前先素读这一做法。所谓素读，就是不依赖教参和教学资料，只是凭着自己的学养积淀、方法经验和思维能力对文本内容做出读解。素读暂时屏蔽外在的扰动因素，凸显"我"与文本的主客体地位，把文本视为一个内在自足的系统，使阅读成为"我"与文本的对话活动，"理解"就能指向文本意义的逻辑自洽。素读能给阅读者提供由感性到理性的诸如直觉、猜想、思考、质疑等多种原初的语言体验——这些体验在后来的细读和深读中被证实或证伪，其过程都是极具价值的。

最重要的是，素读把文本当作一个自足自洽的语言符码系统来研究。从文本自身的"言意"出发，关注"如是我读"。文本自身的存在得到了彰显，"我"这个阅读者得到了重视。如素读柳宗元的《江雪》，切断柳宗元被贬永州这些背景知识，我们从"千山鸟飞绝"中感受到苍茫空阔，从"万径人踪灭"中感受到冷清寂静，从"孤舟蓑笠翁"中感受到孤独寂寥，从"独钓寒江雪"中感受到傲岸不群。20字，自成一幅寒江独钓图。这样的素读，已经通过感性的语言体验还原了诗歌的审美意境，在此基础上，可以引入写作背景通过互证比较对文本意蕴进行深入挖掘：这个蓑笠翁是谁？他为什么要来这里垂钓？诗人为何要写这首诗？借助知识经验，我们需要弄清"孤舟"意象的深层意旨，理解"独"字与"落花人独立""独立寒秋"中"独"的异同，进而认识到诗人的精神人格。

当然，仅仅素读是不够的。因为素读虽然解决了文本小语境的逻辑自洽，但切断了与作者、世界、读者等视域的联系，容易造成理解遮蔽。所以，完整的文本研究必须做到视域融合，即将文本放到大语境中来观照。

在艾布拉姆斯的"镜与灯"理论中，文本受到"作者""欣赏者""世界"等因素的影响，处于交互作用的中心。[①] 它是作者的"孩子"，因此核心基因是从作者那里继承来的。但罗兰·巴特宣称："读者是构成写作的所有引证部分得以驻足的空间……为使写作有其未来，就必须把写作的神话翻倒过来：读者的诞生应以作者的死亡为代价来换取。"[②] 在巴特看来，作品一旦产生，作者已死，"孩子"不再属于作者，它成了一个独立的个体。于是，文学阐释就有了两个视角：一个是从作者出发的"作者中心主义"，一个是从作品出发"作品中心主义"。"作者中心主义"认为文学阐释就是还原，即读出作者的创

---

① M. H. 艾布拉姆斯著，郦稚牛、张照进、童庆生译：《镜与灯》，北京大学出版社，1989年，第4~5页。

② 罗兰·巴特著，怀宇译：《罗兰·巴特随笔选》，百花文艺出版社，1995年，第307页。

作意图和内心情志。但是，完全还原作者意图又是不可能的，所以，文学阐释没有"正读"，有人据此认为所有读解都是"误读"——甚至包括作者本人的理解。"作品中心主义"截断与作品相连的牵绊，主张把文本作为唯一的对象进行研究，即进行"纯粹文本分析"，并认为这是真正的原初阅读。但问题是，割断了与作者相连的"脐带"后，作品就缺失了理解的语境，何以自足？

后现代主义文论将"世界"和"作者"逼退出文本阐释的核心圈后，"欣赏者"或者"读者"顺理成章站在了文本研究的前台。"读者中心主义"成为阅读学的最后一块领地，姚斯、伊瑟尔创立的接受美学强化了读者对文本的建构地位，让读者成为最高阐释者和文本创造者。全新的视角拓展了文本阅读的空间，但也带来了泛化文本、解构文本的伤害。一些人说这是多元解读，这就是"一千个读者眼中有一千个哈姆雷特"。诚然，哈姆雷特可以有一千个模样，但还得让人辨认得出是哈姆雷特，而不是别里科夫！

笔者曾就当前语文教学中存在的困境进行撰文，其中《阅读教学的理论困境》[①]一文，针对当前中学阅读教学存在的解读乱象，指出其根源在于阅读理论的混乱。当前的《普通高中语文课程标准》掺杂了诸如"接受主义""建构主义""对话理论""知人论世"等多种阐释学理论，而这些理论既有合理性也有不足，它们的"不兼容"必然给阅读教学带来困惑和挑战，基于不同的理论视角，文本解读呈现不同的结果，分歧也就不可避免地产生了。《阅读：找回文本的尊严》一文则分析了当前阅读教学之"痛"。比如"任意生发文本内涵，或比附或拔高，建构赘余文本信息""孤立地看待文本，割裂文本的语境联系"等，本人呼吁："当下的阅读教学必须找回文本的尊严，多研究文本，发现文本，建设文本。"[②]

在阅读教学中，弱化或者淡化文本当然是错误的，应当重视文本但又不能"唯文本"。"素读主义""裸读主义"也有自身的不足和缺陷。最合理的阅读当然是尽可能考虑到"灯"与"像"的交互关系，从而实现文本阐释的自洽。

在阅读活动中，存在一个不成文的阐释准则：所有的理解都必须尽可能贴近作者的表达意图，"纯粹文本分析"不能割裂作者语境，读者对文本的阐释需要多元有据，文本阅读最终要实现逻辑自洽。这个"逻辑自洽"要求历史语境、作者语境、文本语境甚至读者语境的协调一致，即文本内部情理与社会历史场域、作者情感场域实现自洽，以确保不出现抵牾。

---

① 李国栋：《阅读教学的理论困境》，《语文教学通讯（高中刊）》，2007年第5期，第10~11页。
② 李国栋：《阅读：找回文本的尊严》，《教学与管理》，2010年第8期，第63页。

逻辑自洽与视域融合
——中学语文经典文本研究

所以，合理的阅读行为应该这样来描述：文本永远是阐释的"中心"，它是一面镜子，读者、世界、作者都归于次席。从作者角度，文本阐释需要考虑"写作者要表达什么"，而文本一旦形成，"文本表达了什么"就跃居最重要的地位。很多时候，"想要表达"的和"表达了的"是一致的，于是，从作者出发的"知人论世"就具有了逻辑合理性和意义自洽性。有时候，"作者想要表达的"和文本"表达的"不一致，作者意旨就得让位或者"臣服"于文本意旨。读者拥有"如是我读"的权利和自由，但得守住文本边界，尽可能实现"视域融合"。

伽达默尔说："理解其实总是这样一些被误认为是独自存在的视域的融合过程。"[①] 阅读教学的视域包含"读者视域""作者视域""文本视域""世界视域"，作为视域融合的"理解"就是读者与作品、隐于文本背后的作者、已经成为文本的一部分的那个"世界"进行融合后对作品意义的把握。

基于以上的认识观，我在语文教学中坚持做着文本研究这项"笨功夫"，并提出将中西文学解释学理论融通的主张：逻辑自洽与视域融合。逻辑自洽基于文本自身研究，视域融合基于文本关系研究。在实践中，我对一些中学经典文本进行了解读和研究，如采用文本互证方法对陆龟蒙诗《奉和袭美抱疾杜门见寄次韵》进行解读，从逻辑自洽出发对韩愈《师说》中的"道"进行融合研究等。

本书所收文章大多是我的"解读心得"和"研究成果"，绝大多数文章散见于各类刊物。因为教学工作繁重，收录文章未能有机统筹，我的文本研究观念也没有系统化，所以，一些研究肯定是不成熟的。另外需要说明的是，为避繁复，本书对教材选文和一些古诗词进行征引时不再加注，其余则尽力校核，仍恐有所遗漏，故在此衷心期盼读者的批评指正。

当然，倘若本书能对读者有些许启发，我兀兀穷年、不懈求索的孤愤之心也就得到了一些慰藉。

此为序。

李国栋
2023 年 12 月

[①] 伽达默尔著，洪汉鼎译：《真理与方法（上卷）》，商务印书馆，2004 年，第 396 页。

目 录

阅读：找回文本的尊严 …………………………………… 001
阅读教学的理论困境 ……………………………………… 006
重拾语文教学的情与趣 …………………………………… 011
言语性：回归语文学科原点 ……………………………… 015
在语言的河流中"出生入死" ……………………………… 021
走向逻辑自洽与文本互证的融合阐释 …………………… 026
王建《精卫词》探析 ……………………………………… 032
"望帝春心"探赜 …………………………………………… 037
韩愈《师说》之"道"寻绎 ……………………………… 040
互证视角下的《奉和袭美抱疾杜门见寄次韵》解读 …… 046
"乌鹊"考 …………………………………………………… 052
王安石《读孟尝君传》质疑 ……………………………… 057
千古高风识琴音 …………………………………………… 064
源于忧郁和苦闷的"悲凉"
　　——《故都的秋》意旨探微 ………………………… 066
"艰难苦恨"索解 …………………………………………… 070
《爱莲说》的三重意蕴 …………………………………… 075
"长余佩之陆离"释解 …………………………………… 080
从幽人到闲人 ……………………………………………… 085
品诗三题 …………………………………………………… 091
《我与地坛》：一部关于自我救赎的启示录 …………… 098
荆轲《易水歌》探疑 ……………………………………… 103
在东晋乱流中沉浮的哀痛者和清醒者 …………………… 107
《项脊轩志》中的"花木物语" ………………………… 114
王维后期诗歌中的"空" ………………………………… 118

说说《芣苢》中的"采采" …………………………………… 122
时代侧影之下的攀登者之歌
　　——《峨日朵雪峰之侧》读解 ………………………… 125
《林黛玉进贾府》的叙事"匠心" ……………………………… 129
伤疤：鲁迅小说国民性分析 …………………………………… 135
《烛之武退秦师》里的"武德" ………………………………… 141
《雷雨》的延迟与张力 ………………………………………… 145
《林教头风雪山神庙》中不该被删的诗词 …………………… 150
"静女"之"静" ………………………………………………… 157
《公无渡河》探微 ……………………………………………… 161
人生的困境　生命的重负
　　——从《采莲赋》看《荷塘月色》的主旨 …………… 165
"归去来兮"疑思 ……………………………………………… 168
《夜雨寄北》寄给谁 …………………………………………… 173
也论《蜀道难》之"奇" ……………………………………… 176
杜甫诗歌中的"马" …………………………………………… 179
荀子《劝学》"劝"人学什么 ………………………………… 183
杜甫《望岳》诗赏读 …………………………………………… 187
三词缀解《归园田居（其一）》的道家意涵 ………………… 190
扬雄《法言》中的君子观 ……………………………………… 195
唤醒研究意识　走向成长自觉 ………………………………… 205
"文化自信"立意下的语文校本课程建设 …………………… 210
群诗结构化教学的文本组元策略与路径
　　——以"杜甫诗"教学设计为例 ……………………… 217
文本解读研究：语文教师的毕生课题 ………………………… 223

主要参考文献 …………………………………………………… 228
后　记 …………………………………………………………… 230

阅读：找回文本的尊严

文本是文学的载体。一切文学活动都围绕文本展开：作家创作文本、读者阅读文本、批评家评论文本。参照艾布拉姆斯《镜与灯》中对文本生成关系建构的图式，我们得知，文本处在作家、外部世界、读者等交互影响和共同作用的中心。所以，傅修延在《文本学》中指出："文本学既可以说是文学中的基础理论，也可以说是阅读学的基础理论。"[①] 进而言之，在有教师参与而形成多极对话的这个特殊阅读活动系统——阅读教学中，文本的中心地位依然是不可撼动且必须坚守和贯彻的。可是，在现行中学语文教学活动中，大语文观的滥觞和西方后现代教育理论的引进，导致语文教师对文本阅读的作用和价值认识不足，他们或远离文本，架空分析；或漠视文本，以练代讲；或弃置文本而代之以课外拓展、知识讲座，忽视了课堂教学中文本本身的价值，从而陷入阅读教学的误区。因此，当下的阅读教学必须从纷纭喧嚣的"对话"和"探究"狂热中走出来，找回文本的尊严，多发现文本、研究文本、建设文本。

一、阅读的忧思：精神的钥匙被遗忘

当人类进入科学技术飞速发展的 21 世纪，无线电话得到普及，网络也成为人们日常生活中最普遍的交流方式，这些声讯和光影制造出来的信息异彩纷呈、拥挤杂沓，带给了人们前所未有的便利与快捷。但是，一个远离甚或抛弃纸质媒介的全新阅读时代也悄然登台。

在"读图时代"，人们已经习惯于快餐式、娱乐化的阅读生活。四大名著被制作成网络游戏，文学经典被重复改编成各类电视剧，经典作品的文学意义被消解。例如，搬上荧幕的《孔雀东南飞》把诗歌文本当作了一个噱头，内容大量注水，稀释了故事情节，也消解了那个悲情故事的文学价值。

[①] 傅修延著：《文本学》，北京大学出版社，2004 年，自序，第 1 页。

在阅读教学活动中，我们也看到了一些超文本侵略课堂的现象。多媒体技术的引入一度被称为"革命"。于是，我们的语文老师想尽一切办法搜集音像材料，运用PPT制作精美课件，语文课堂一度成了声光电的"大卖场"，教学活动成了画面和音乐的比拼。这之后，我们开始出现审美疲劳，于是开始思考：阅读之门究竟在何方？阅读的出路在哪里？当我们迷失在视觉丛林而苦苦找寻阅读的本真意义时，我们发现，那种坐拥书城、青灯黄卷、添香夜读的场景和感觉多么令人神往，回归文字本身也许才是最好的出路。当我们习惯于感叹精神生活失落时，我们并没有意识到那是因为我们已经远离书本太久，其实，那把打开精神之锁的钥匙就系在我们的裤带上，它锈蚀斑驳，是因为长期被我们遗忘。

二、语文之痛：文本的尊严被漠视

据笔者观察，近年来语文阅读教学的最大问题在于漠视文本尊严，其主要表现在以下一些方面。

孤立地看待文本，割裂文本的语境联系。高中语文教材中有不少节选文本，这些文本要么是从整本书中节选的一些章节，要么是对文本原文进行删改后重新组合而成的篇章，如果不考虑文本大语境，极易造成文本误读或者偏读。如庄子《秋水》，在原书中本是反映庄子虚无哲学观的一个代表篇章，但教材节选这一段文字将其独立成篇，就容易被读者解读为天外有天、人不能自满。细究发现，这正好弄反了庄子的用心，庄子意在告诉我们，人生是虚无的，任何事物都是相对的，那种关于小与大的争辩是可笑的，是毫无意义的。如果通读《庄子》或者《秋水》全篇，我们对庄子是在否定积极用世这个结论就不会有丝毫怀疑。那么，为什么出现了这样的阅读错误呢？原因是当我们节选出这个部分后，我们孤立地把它作为一个完整的文本来看待，从而割裂了与整篇《秋水》甚或整本《庄子》的主旨联系，我们漠视了这个子文本之上还有一个大文本或母文本，从而忽视了文本解读的大语境。

这样的错误解读还很多，比如把史铁生的《我与地坛》的主旨解读为写母爱、歌颂母爱。单就选入教材的两章看，说写母爱并不错，中国民族文化心理中有"天为父，地为母"的观念，地坛其实是与母亲叠加的一个巨大隐喻。但我们如果把它放到整体语境中去解读，即关注文本的整体内容，则最终会得到这样的观点：这是史铁生经历的一次灵魂救赎，地坛和母亲是两部引导作者实现最终救赎的神性启示录。

泛政治化倾向异化了文本的意义和价值。产生这些问题的原因很复杂，有至今对立的意识形态的影响，也有以今律古的思维痼疾。比如，我们习惯于用固有的思维去解读《我的叔叔于勒》，然后给这些作品贴上讽刺资本主义赤裸裸的拜金主义的标签。其实，我们心里一直也明白，在中国的哪个时期，甚至世界各国的哪个时期没有出现过拜金主义呢？毫不夸张地说，《我的叔叔于勒》的经典价值也许正在于作品的穿透力，它跨越国界，穿越时空，活在每个时代、每个国家，可以说，这反映的恰好是人类的共性。

任意生发文本内涵，或比附或拔高，建构赘余文本信息。如《荷塘月色》的主旨要加上大革命失败后知识分子的苦闷，《绿》要将表现的生命活力解释成对蓬勃革命活动的赞美。《故都的秋》《囚绿记》都被认为是表现爱国主义的作品。典型的如解读《背影》，居然旁生枝节"探究"出父亲穿越铁道违背了交通规则这样的结论，很显然，这种做法戕害了文本的核心价值。"背影"是渗透了父爱和父子之情的文学符号，话语中浸染了中国传统亲情文化，是庄重严肃的，我们应为之感动和礼敬，而不该消解和亵渎。

抛弃文本，节外生枝。时下流行一种教学思想——大语文。一些人狭隘理解"语文的外延与生活的外延相等"，将阅读教学的边界无限度扩大。在社会生活中学习语文本没有错，但语文毕竟还是语文，语文并不能和生活画等号，生活也并不只有语文。个别语文教师无视学科边界，生硬地向外拓展。教学川端康成《花未眠》，只用10多分钟进行文本研读，余下则大谈特谈《古都》《雪国》《千只鹤》，谈到了日本的物哀文化，甚至谈到了日本的艺妓文化。教师津津乐道，学生似乎也很感兴趣。但这样的课有一个严重问题，那就是轻视文本，是典型的"凌空虚蹈"。

三、阅读教学的正途：从文本走向文本

下面，笔者从文本阅读的途径、视角、方法和目标四个方面阐述文本阅读教学的基本策略。

文本阅读的一个活动途径——感悟。从某个角度说，"教学"是一种"渲染"艺术，教师通过语言渲染将学生引入学习情境中。但渲染不能代替感悟，教师再热情的渲染也比不上学生阅读中的感悟时刻。感悟是读者（包括教师）最真切走进文本的途径。阅读需要沉下心来，不断品咂咀嚼文本语言，体验作品情感，进而推人及己，产生对社会人生的思索。教师要保证学生感悟文本的时间和空间，以实现学生与文本的潜在互动和对话。如教学《长亭送别》"碧

云天,黄叶地,西风紧,北雁南飞,晓来谁染霜林醉,总是离人泪",除了从意象层面感悟画面之美,还要从情感层面深入感悟崔张二人痛彻心扉、远胜死别的生离之悲。

　　文本阅读的一个理解视角——语境。所谓语境,就是指赋予语词或文句以意义的言语环境。语境分两种:一是包括社会历史、创作背景、作家生平在内的大语境,二是文本中上下文内容所提供的言语逻辑等小语境。一方面,文学文本中特定语词或句段的意义,总是由"上下文"小语境决定的。在鲁迅《祝福》中,四婶突然喊出"你放着吧",这句话对祥林嫂所造成的致命打击,不通过上下文,是无法体会的。另一方面,我们对于文本特定语词或文句的意义确定,还需要得到与这些语词和文句相连带的"事件"的支持。这些"事件"都隐藏在文本特定语词背后,并不在文本中出现,但是,作为整体语境的组成部分,它们与"上下文"一起决定着阅读者对文本的理解程度。理解《祝福》的主题,我们可以透视1924年前后的中国社会现状,了解虽然经历了辛亥革命推翻帝制和爆发五四运动等重大社会变革,但中国社会依然为封建铁幕所笼罩这一社会现实,最终明白这是鲁迅"批判封建制度吃人"主题之下的一个悲剧子题——女性悲剧。

　　文本阅读的一个研究方法——细读。细读法是20世纪40年代新批评对文学作品的鉴赏方法,主张对作品进行耐心细致的分析推敲,从语言和结构中寻觅意义的痕迹与线索。文本细读的基本特征是以文本为中心,强调文本阅读要重视语言和思想的关系,认为文本语言的功能和意义可以体现为意思、感情、语气和意向四个方面,如果能够准确把握语言的这些因素,我们就能够解读作品的意义。

　　文本阅读的一个终极目标——创造。素质教育的核心是创新意识和创新能力的培养,对文本的理解和接受本身就是一个创生的过程。在这个过程中,教师激发学生思维,调动学生想象,从而让学生融注自身情感和智慧并最终催生创见。如《孔乙己》中孔乙己结局到底怎样呢?死了没有?怎么死的?这些"空白"有待学生去发现、去填补、去阐释。阅读教学的最高境界,就是驱遣学生的生命原动力去发现文本罅隙,填补文本"空白",从而达到培养学生创新意识的目的。

四、结语

　　笔者一直关注阅读教学理论的发展线索,将阅读理论的三个重大事件称为阅读的三次革命：接受主义取代文本主义，对话理论对接受主义的改造，近年建构主义的兴起。学界一般认为，文学解释学理论经历了三个发展阶段：作者中心—文本中心—读者中心。对应到阅读学，其路径是解释—解构—建构，当前正走在解构的路上。"解构"，按照海德格尔、德里达的理解，就是消解阅读结构，打破一切模式，让阅读成为自由的精神活动。不过，这也导致了阅读活动疏离文本，而阅读之魂从此被放逐。

当前，语文阅读教学面临一些问题，非语文因素入侵、技术滥用、理论纠缠不清已经让文本阅读失去了应有的尊严。在阅读教学中，坚守文本中心应该成为语文人的共识和自觉；找回文本尊严，方能找回阅读教学的尊严，找回语文学科的尊严。

阅读教学的理论困境

一、阅读理论变化：喧哗与骚动

阅读教学一直是语文教学的主要内容。新课程实施以来，阅读教学在后现代课程观的影响下呈现出了一些新气象，但也出现了一些新问题。比如，课堂讨论热烈了，但琅琅读书声少了；所谓独立的、个性化的解读多了，但合理化的推演少了；创造性阅读、探究性阅读、个性化阅读、独立阅读、多元解读、深度阅读多了，但误读也泛滥成灾了。不少人开始反思，阅读的本质究竟是什么？阅读活动到底应该是一种什么样的活动？是什么原因让阅读教学乃至语文教学陷入了"无中心""无组织""无结论"的"非指导性教学"的困境？笔者认为，其根本原因是阅读教学元理论的纠缠不清。

龙协涛在《文学阅读学》中说："文学读解理论经历了三个明显的阶段，即由作者中心论发展到文本中心论，乃至读者中心论。"[①] 阅读教学作为特殊的阅读活动，因为有了特定的读者——教师和学生的参与，其实也走过了一个从作者中心到文本中心再到教师中心最后是学生中心的变化过程。一直以来就没有停息过的"课堂中心"和"课堂主人"之争，其实质就是"读者中心"与"文本中心"在教学活动中的思想交锋。

就此，笔者研究了诸如文本主义、接受美学、建构主义、对话理论等近年来深刻影响语文教学的理论思潮，将阅读理论的三个重大事件称为"阅读的三次革命"。第一次革命是接受主义取代了文本主义，第二次革命是对话理论对接受主义的改造，第三次革命是建构主义的兴起。文本主义倡导阅读就是对作者写成的文本的正确解释。接受主义则认为，文本是作者、作品、读者、社会等诸因素共同形成的结果，远比作者的写作意图复杂得多，所以，文本一旦写

---

① 龙协涛著：《文学阅读学》，北京大学出版社，2004年，第3页。

成，其意义就已经被丰富化了；阅读就是要找到那个最可能被绝大多数人认可的意思，个体阅读必须逼近群体阅读。对话理论则刷新了一切，它认为，文本的意义只能在对话中得以实现；阅读就是多重对话，意义结论并不重要，重要的是对话的参与过程。而建构主义又前进了一大步，认为文本的价值只存在于阅读中，文本的意义是在阅读中不断建构的，它并不明晰和确定。通过上面的梳理，我们不难看出：阅读学所走的一条路径是解释—解构—建构。而当前的语文阅读教学正走在解构的路上。

与此同时，问题也产生了：我们当前的阅读教学的元理论到底应该是文本主义的、接受主义的、对话理论的，还是建构主义的？我们到底应该服膺于哪种理论？

事实是，在我们的新课程理念中，传统的解释学理论与新锐的解释学理论并存交织，纠缠不清。2003版《普通高中语文课程标准（实验）》曾这样表述："阅读文学作品的过程，是发现和建构作品意义的过程。""鼓励学生积极地、富有创意地建构文本意义。"[①] 这些表述有清晰的建构主义印迹。在这之中我们还看到了对话理论的影子："阅读教学是学生、教师、教科书编者、文本之间的多重对话，是思想碰撞和心灵交流的动态过程。"[②] 此外，旧的阅读理论仍有一席之地："应引导学生在阅读文学作品时努力做到知人论世，通过查阅有关资料，了解与作品相关的作家经历、时代背景、创作动机以及作品的社会影响等，加深对作家作品的理解。"[③] 这里的"知人论世"不正是中国最古老的作者中心论吗？不同的阅读理论混杂在一起，阅读教学的困境便不可避免地产生了。

二、阅读教学的三个困境

（一）文本中心与读者中心

文本是文学的载体。一切文学活动都是围绕文本展开的：作家创作文本，

[①] 中华人民共和国教育部：《普通高中语文课程标准（实验）》，人民教育出版社，2003年，第16页。

[②] 中华人民共和国教育部：《普通高中语文课程标准（实验）》，人民教育出版社，2003年，第16页。

[③] 中华人民共和国教育部：《普通高中语文课程标准（实验）》，人民教育出版社，2003年，第16页。

读者阅读文本，批评家研究文本。在文本主义看来，作品一旦写成，所有的阅读和批评都与作者无关；文本作为一个自足的独立的个体，其本身的意义才是阅读的终极目标。

但是，文本中心论的阅读观却遭遇到了最严峻的挑战。后起的接受主义完全否定了文本中心论，把读者拉进了文本的生产行列，认为文本是某种"图式化"的框架，是某种召唤性的空框结构，有待于读者通过阅读活动将其意义现实化和具体化。受接受主义影响，读者的地位在阅读活动中被凸显出来，最终，读者成为阅读活动的唯一权威。这导致的结果是，不少语文教师对课堂文本阅读的作用和价值认识不足，或远离文本，架空分析；或漠视文本，以练代讲；或弃置文本而代之以课外阅读、语文知识讲座。同时，对文本的无限制的多元解读也泛滥成灾。

（二）解构主义与建构主义

20 世纪 60 年代，法国哲学家德里达基于对结构主义的批判提出了"解构主义"理论。该种思想后来蔓延到文学和阐释学领域，其主要观点有反对作者中心、倡导意义多元，反对封闭结构、倡导文本开放。解构主义阅读观彻底解放了文本阅读方式，使阅读成为更具开放性的活动。不过，虽然持解构主义观点的人口口声声说阅读教学的最终目的是促进多元视角、多维思考，但解构主义以无中心论反对中心论带来的结果必然是阅读的虚无主义。

也许正是看到解构主义理论本身存在致命缺陷和不可调和的矛盾，建构主义应运而生。这种理论认为：文本的价值体现在读者自足的具有开放性、独创性的阅读过程中。作品写成后，文本本身是没有意义的，正是不同的阅读活动支撑起了文本的意义和价值；阅读活动一旦停止，文本的意义和价值便随之消失。它倡导读者是阅读的主体，作者应退居幕后。在教学中，教师也要退居幕后，由学生根据已有的知识储备、学习经验来主宰自己的思维活动，建构新的知识和意义，获得个性鲜明的深刻理解。

但是，建构主义也不可避免地存在一些理论缺陷。比如，在阅读活动中，教师的阅读没有得到充分的尊重；在意义建构时，学生误读的危害越来越严重，以致出现了把误读当作个性化阅读、创造性阅读的现象。正是受解构主义和建构主义理论的影响，在今天的语文课堂上，不少教师抛弃了他人的真知灼见，一门心思要别出心裁地去建构新观点、新理论、新思想；而对于学生建构的意义，也缺乏正确的价值判断，使我们的阅读教学出现了杂花生树、群莺乱飞的虚假繁荣景象。

（三）误读与阅读的不可能

"误读"这一概念来自哈罗德·布鲁姆关于"诗的误读"的诗论[①]。布鲁姆的误读论包含三个层次：第一个层次是不存在直达文本原始意义的阅读，阅读和写作一样要创造意义，它是一种"延异"的、近乎不可能的行为；第二个层次是"影响即误读"，文学史上前人对后人的影响因素，实际上由后人对前人的一系列误读的修正和改造构成；第三个层次是"文本的意义取决于文本间性"，单个文本存在于和其他文本的区别和联系之中。他还认为，创造性的阅读理解也是一种误读。

误读理论后来被认为是一种普遍的阅读现象。按照这种理论，所有阅读都不可能是对作品原始意义的理解；作品的意义和价值是在不断地"误读"中确立和丰富的；任何"误读"都是对作品的一种理解。《中学语文教学》曾刊发多篇关于"创造性阅读"的争鸣文章：陈爱娟老师把创造性阅读分为"无中生有""有上生新"两种[②]；浙江师范大学李海林老师则批判"无中生有"，认为创造性阅读和多元解读都必须坚持"有据"，而"无中生有"的阅读是一种误读。[③] 这场争论反映出我们在纠缠不清的阅读理论面前的无助和困惑。

那么，我们的阅读教学到底该走向何方呢？

三、阅读教学亟须定位

（一）学生定位

在阅读教学中，学生是特殊的读者。受读者中心论影响，阅读教学乃至整个课堂教学的中心就理所应当是学生。但读者不可能有绝对的自由，读者不是至高无上的上帝。所以，学生可以作为课堂的主人但不应该成为主宰。今天，我们常把课堂活动中的师生关系表述为学生为主体、教师为主导，或者学生为主体、教师是"平等中的首席"。在后现代哲学观和课程观背景下，我们应该深入思考的第一个问题就是如何调整至今还处于尴尬境地的师生关系。从阅读

[①] 哈罗德·布鲁姆著，徐文博译：《影响的焦虑》，生活·读书·新知三联书店，1989年，第37页。

[②] 陈爱娟：《如何引导初中生开展创造性阅读》，《中学语文教学》，2003年第4期，第21~22页。

[③] 李海林：《"无中生有"式创造性阅读批判》，《中学语文教学》，2005年第1期，第9~12页。

看，课堂上到底该尊重学生的阅读结论还是教师的阅读结论？阅读教学需不需要教师的预设和控制？对学生的阅读结果教师是否应该予以评价？

（二）文本定位

阅读活动的载体是文本。文本阅读应该成为阅读主体（学生）的生命需要。文本中心被读者中心取代后，文本逐渐被边缘化：很多人忽视文本，只把文本当引子，教学的重点放到了课外拓展上。应该说，常态的阅读教学应该是建立在文本以及与文本相关联的副文本基础上的阅读，应该让学生认真地读书，读出书的意味，读出自己的心得。

（三）评价定位

自从阅读教学成为一种开放式的活动后，由于教师退居幕后，阅读评价也被忽视。因为要尊重多元解读，教师对每位学生的阅读结论都说"好"；因为要提倡创造性思维，教师一般不会对歪理邪说说"不"。这样造成的结果就是，阅读评价没有起到匡正谬误、褒扬正确的作用，导致一些表面合理实则荒诞的阅读结论蔓延泛滥。

重拾语文教学的情与趣

一、功利化语境下的课堂生态危机

曾几何时,中学语文课堂出现了一场生态危机。功利化的高考体制导致语文实用主义甚嚣尘上;在学科教育中,语文一度被边缘化;语文人在舆论危机事件中集体失语,语文学科形象严重受损。

从上层建筑的角度看,人才选拔和社会分层功能通过教育考试被放大,"高考改变命运"等功利性追求成为教育核心理念。从教育子系统的关系看,高考应试直接引导了中学教育的方向和模式,造成基础教育在一定程度上蜕变为应试教育。而语文教育本身,也逐渐丢弃了母语传承的崇高使命,沦为谋取分数、比拼升学率的一块"敲门砖"。

我们可以回顾近年来反常的语文事件:2010 年语文曾在上海高校自主招生测试中"被减负"。相反,截至 2019 年,500 多所孔子学院遍布 160 多个国家和地区。这类内冷外热现象表明:一方面,母语教学在国内遭受冷落,出国留学潮汹涌澎湃;另一方面,外国人对汉语学习趋之若鹜。

为什么中学语文教学现状一直不让人满意?在应试压力下,语文课堂的主调一度是教师"单口相声"式的表演或者重复机械的应试训练。语文课堂既缺乏情趣盎然的人文氛围,也没有如坐春风的诗意体验,课堂缺乏吸引力成为语文被诟病的原因之一。而缺乏吸引力的根本原因则是学科情趣性流失。因为情趣缺失,语文教学变得枯燥乏味;因为情趣缺失,学生兴趣消减,课堂生态进一步恶化。

二、绝地反击——语文情趣化教学的命与运

语文期盼一场绝地反击,在坚守人文性核心理念下,语文人要努力追求教

学的情趣化。只有当学生心中那根最柔软的性灵水草，在诗意的、浪漫的、文化的、审美的语文课堂中被摇动，语文教学的生机和气象才会呈现勃发之势。

情趣一直是中国人艺术化、诗意化生活的精神追求。中国古人很讲究生活情趣，如四时节令、庙会集市、琴棋书画、酬唱互答、酌酒饮茶、踏青登高、寒江垂钓等雅乐之事，让人艳羡。这种生活情趣逐渐深入艺术领域。张潮在《幽梦影》中说："情必近于痴而始真，才必兼乎趣而始化。"① 古人把才情合在一起，可谓是深刻地理解了"情趣"在一个人才识形成过程中的重要作用。作为古代诗论文论中的一个重要概念，古人对于"情趣"的相关论述十分丰富。例如，明人高启《独庵集序》云："诗之要有曰格、曰意、曰趣而已。格以辨其体，意以达其情，趣以臻其妙也。"② 他把"趣"视作诗的三要素之一。

情趣是语文学科人文性、审美性的重要表现。从教和学的交互关系看，追求教学的情趣既是语文教学的目标和内容，也是受教育者指向未来生活品位的意旨。从语义看，"情趣"涵盖了语文教学中有关人文性审美性的很多内容。"情趣"一词包括了"情"和"趣"两个方面的涵义。"情"字涉及情感、情绪、情调、情爱、情怀、情味、情境、热情和激情等。如"文章不是无情物"，"缀文者情动而辞发，观文者披文以入情"③。围绕"趣"字展开的则有兴趣、志趣、乐趣、趣味和雅趣等概念。情趣组合在一起则会生成"情感趣味""情调雅趣""情味乐趣""情怀志趣"等概念，而这些无一例外都是人文性艺术性的表现内容。

情趣是语文教育的素养目标。教育的最高目的是生活。从个体说，语文学习的最高境界是为了生活的高雅情趣。情趣培养是语文教学的重要内容。《普通高中语文课程标准（2017年版2020年修订）》将"审美鉴赏与创造"列为四大核心素养之一，指出语文课程目标要包含"能欣赏、鉴别和评价不同时代、不同风格的作品，具有正确的价值观、高尚的审美情趣和审美品位"④。

大量的教学实践证明，成功的教学是那些通过教师的组织、示范、点拨和激励，引发学生的注意，让他们产生兴趣并自觉投入，成为学习主人的学习活动。

---

① 张潮著，王峰评注：《幽梦影》，中华书局，2008年，第82页。
② 高启著：《凫藻集（卷三）》，上海古籍出版社，2013年，第885页。
③ 刘勰著，范文澜注：《文心雕龙注》，人民文学出版社，1958年，第713页。
④ 中华人民共和国教育部：《普通高中语文课程标准（2017年版2020年修订）》，人民教育出版社，2020年，第6页。

三、凤凰涅槃——让语文充满情趣

在情与趣的关系上，情是趣的基础，趣是情的外化；情侧重于内蕴，而趣侧重于外显，两者是水乳交融的。近年来，不少研究者提出了"生态语文""绿色语文"的概念，其实质就是回到语文的人文本质——情趣上来。笔者曾在《建设真正开放的语文学科》一文中指出，当前的语文教育普遍面临老师把语文当作数理化来教，学生把语文当作数理化来学，考试把语文当作数理化来考的异化扭曲现状。[①]

那么，语文教师怎样才能让自己的课堂充满情趣呢？

以情移情才能让语文充溢真情、诗情、才情。语文课堂对话主要包括三种形式：一是教师和学生之间的对话，二是学生通过文字媒介与作者对话，三是教师和学生一起与文本对话。而这三个对话活动，无一例外都是通过情感的流动来完成的。

但目前的问题是，课堂单向对话活动仍是语文教学主流。教师条分缕析地讲解，把一些经典篇目肢解得惨不忍睹，诗意全无；漫天飞舞的学案，把学生学习语文的兴趣和激情扫荡殆尽；急功近利的硬性灌输，使语文学习不再有如坐春风、如沐细雨的美好体验。

其实，语文阅读教学的对话过程本身是多向移情的过程，它包括了教师向文本移情、学生向文本移情、师生相互移情等。通过课堂移情，我们可以为焦刘双双殉情的悲剧结局而唏嘘感叹；可以理解梁任公演讲《桃花扇》时痛哭流涕不能自已的心迹；我们可以走入一个暮年诗翁的心灵世界，为那句"曾是惊鸿照影来"而泫然泪下。在移情过程中，我们可以看春花秋月而情意盈怀；可以观惊涛骇浪激志而宏；听高山流水叹知音难觅；诵大江东去，吟啸徐行；登山则情满于山，临海则意溢于海……我们的灵魂一直栖居在情意的枝头，我们的生活就会洒满文化的阳光。

以趣激趣才能让语文充满乐趣、雅趣、理趣。汉语母语具有形象性而一直充满趣味性。文字肇始，母语就传递了古老的文化信息。例如那个复杂的"爨"字，分明可以看到祖先饮食文化的状貌。北宋的天仙才子苏轼，常常以文字自娱，神智体诗《晚眺》构思新奇，近乎趣味游戏。除了含有机趣谐趣，语文也包含深沉的理趣，如王维诗句"行到水穷处，坐看云起时"，就包含只

[①] 李国栋：《建设真正开放的语文学科》，《中学语文》，2011年第12期，第3~5页。

可意会难以言说的禅意哲思。

情趣盎然是理想的语文课堂生态。我们一直追问：语文教师是否可以卸下"应试"的枷锁，大胆地"玩语文"？我们是否能够摆脱死气沉沉、僵化呆板的训练，追求那一份我心飞翔、乐趣无限的语文逍遥游？教师要通过设计富有情趣的教学活动，为课堂注入活力，让课堂充满灵气，使语文学习变得轻松愉悦。追求情趣的语文教师，儒雅知性，腹有诗书气自华。追求情趣的语文教师，谈吐不凡，语露机锋。充溢情趣的语文课，善创情境，流畅自然。充溢情趣的语文课，互动和谐，如沐春风。

四、情趣化——语文教学的永恒追求

幽默艺术是情趣化语文教学的有力武器。幽默的课堂语言，带来轻松也带来深思，始于言语终归思想。语文教师的幽默常常起到"清心提神"的奇效，能够驱除教学中的沉闷与枯燥，营造良好的学习氛围。

语言修养是每个语文教师必练的内功。语文教师必须具有良好的口头表达能力，才能使学生在潜移默化中理解语言，提高使用语言的能力。语文名家韩军、董一菲、王君都以出色的语言才华独树一帜、独成一家，成为中国语文界"文采派"的代表。

教育机智是情趣教学中教师灵感的闪光。情趣教学中，教育机智表现为教师的课堂应变力，教师"善于激趣""深于传情""披文入情""因势利导"，面对课堂突变有能力捕捉教学契机，从而四两拨千斤，巧妙设置情境，方能让语文教学于山重水复中走向柳暗花明。

言语性：回归语文学科原点

一、言语性：学科体性审思

近年来，汲安庆教授发出了"守住语文体性"的呼吁。他认为，语文体性是指语文科在教育内容上显现的区别于其他科的属性。他指出，所谓的守住体性，其实质就是守住语文学科的言语性。[1] 言语性涉及语文的学科属性，谈论言语性就无法回避谈论语文的学科属性。而我们知道，语文的学科属性已有定论。"工具性""人文性"的二元调和消弭了争论的声音。但歆轻歆重难以平衡。就语文学科而言，其"工具性"主要表现为运用语言这个最重要的交际工具去参与社会生活。因此，语文的"工具性"本质就是言语性。而数学也有工具性，数学学科的工具性表现为数量关系和计算方法。如果将语文学科的"言语性"笼统表述为"工具性"则容易混淆学科差异，模糊学科特质。再来说"人文性"。人类的一切创造物都是文化，"人文性"就是人类文化体现出来的价值观。从广义的角度看，不只语文学科具有人文性，历史、政治、哲学等人文性学科也具有人文性。"人文性"是所有学科的共性，不单是语文学科独有的本质属性。

2017年，《普通高中语文课程标准》制定并发布，"语言""思维""审美""文化"成为四大核心素养。分析发现，语文学科在"工具性""人文性"要素之上增加了"思维"和"审美"，而"思维""审美"既不完全属于工具性，也不完全属于人文性。更何况，"思维""审美"也不该是语文学科独有的培养使命和教学目标。我们无意质疑语文学科属性的是非对错，但我们清楚地感受到：语文学科面临一个尴尬——学科外延和内涵大大向外扩展了。换句话说，语文的学科边界已经从"言语性"扩展到了"思维性""审美性"，甚至"文化

---

[1] 汲安庆：《捍卫语文体性的三种教育策略》，《教育发展研究》，2016年第7期，第75～83页。

性"。影响和后果还有待观察评估，但有一点是清楚的，那就是语文之为语文，语文区别于其他学科的精神特质被模糊化了。

当前语文课堂的现状是：语文要教语言，也要教思维，还要教审美，甚至要教所有学科，因为，"文化的传承与理解"中的"文化"是人类一切精神成果和物质成果的总称。这样，越来越多的"异化语文"就出现了。如将《秋天的怀念》上成感恩母爱的班会课，将《断臂的维纳斯》上成美术欣赏课。这样的课虽然有"传统亲情文化"的内容，有审美鉴赏的内容，但丢了语文学科"言语性"这个"魂"，无疑是有问题的。脱离"言语性"来讲"亲情文化"就是伦理课，脱离"言语性"来讲"审美鉴赏"就是美术课。

不难发现，虽然"语言是思维的外壳"，但"语言也是重要的思维工具"；虽然"语言是文化的组成部分"，但"语言也是文化的载体"。虽然核心素养的四个方面是一个整体，但"语言"显然是核心之核心，素养之素养。道理很简单，"审美鉴赏与创造""文化传承与理解"这些教学目标不仅是语文学科的任务，也是所有教学学科的任务。难道数学、物理、化学这些学科就不培养学生的思维能力？难道美术、音乐等学科就不培养学生的审美鉴赏能力和审美创造能力了？难道历史、哲学等学科就不要求学生传承中华优秀传统文化和理解世界优秀文化成果了？

所以，我们认为，有必要再次澄清一个认识：语文之为语文，"言语性"是区别其他学科的属性，也即学科体性；语文课该有的"语文的味道"也首先是"言语"的味道。

学科体性模糊的原因是对"语文"学科性质界定不科学和学科内涵认识出现分歧。就"语文"的内涵看，不管怎样，"语文"姓"语"，这个"语"就是"言语性"，是这个学科的精神取向和专业特质。至于"文"是"文字"，还是"文章""文学""文化"，可以分段分层级、有所侧重来确定，因为"文字""文章""文学""文化"也不可能是决然剥离存在的。笔者认为，小学低段可以侧重"语言文字"，主要是习字识意，小学高段过渡到读篇成文，当然还得习字识意；初中阶段侧重"语言文章"，高中阶段继续强化语言文章，逐渐向语言文学发展；大学中文系，要求专业系统地学习"语言文学"，逐步扩展"文化视野"，提升到"文化高度"。如果我们好高骛远，从小学就拔苗助长，眉毛胡子一把抓，拿"思维""审美""文化"来作为课程目标，最终，国民语言文字素质将面临滑坡。

二、言语性：学科边界重塑

对学科体性有了认识，语文人就得建立学科边界。当前，语文教学出现了学科边界无序扩张的情况。比如，语文试卷中的"论述类文本阅读"题目多是史论，还涉及哲学、伦理学、自然科学领域的某些论题，大大超出语文的学科范畴；题目考察信息的筛选、辨析、推理等，跟语文的"语言的建构与运用"相去甚远，仅仅与"语言的理解"相关。而所谓的"理解"也停留在句子理解的准确性、全面性和逻辑性层面，忽视了词汇这个言语材料的基础单元。"非连续文本"内容驳杂，常常用新闻、统计学图表等组成大杂烩拼盘，却也没有测试学生"品味语言、运用语言、解读语言"等"语言能力"或"语言素养"，题目也多考查信息筛选、比较、分析、概括等。"感知、推理、评价、质疑、应用"是阅读能力的五个层级，这些阅读能力层级虽然都以"言语性"为媒质，但关涉语言的推敲与判断、语言的比较与替换、语言的仿用与运用等语言习得能力方面的测试几乎未见，更多题目是在测试思维的准确性和推断的严谨性，把一些题目放到政治、历史、地理等学科试卷中也是没有什么问题的。

在课堂上，《愚公移山》讨论"搬山不如搬家"，《背影》讨论"父亲是否违背交通规则"，就根本不是语文课的内容，前者是政治课中经济学的话题，后者则该是法律课的案例，我们无法认同这是语文创造性思维训练和学生个性化文本解读。

重塑语文学科边界已迫在眉睫。当下所谓的"深度阅读""探究性阅读""批判性阅读"让人眼花缭乱，不少课例跨越了语文的学科边界，有的课虽新奇但偏险怪，有的课虽深刻但过于超拔。那些带有强烈学术研究色彩的做法在中小学课堂自然会水土不服，也根本无法在基础教育段的语文教学中推广。比如，在对费孝通《乡土中国》进行整本书阅读时，从"政治""文化""历史""宗法"等角度研究"中国乡土社会的表现特点和本质"，想必是把我们的学生当成了研究生，诸多的研究视角却没有哪一个是基于文本"言语性"的视角、基于语文的视角。笔者惊异于某《红楼梦》整本书阅读成果集，里面涉及的研究成果五花八门，有服饰、饮食、花卉等研究论文，皇皇几十万字，不少文章专业性直逼《红楼梦学刊》。感叹之余，不禁疑心：这就是整本书阅读？这是语文课？中学的"整本书阅读"该读到什么地步？高中生该读书中的什么内容？作为语文学习视角的《红楼梦》阅读，自然是以

"经典小说"为阅读原点,去读小说的语言、情节、人物、结构、技法等。至于饮食、服饰等内容,学生的兴趣热情自然不可打击,但教师也万不可过分引导,更不能作为成果炫耀。

重塑语文学科边界,要坚守"言语性"底线。在编订教材时要注意文本"言语"的典范性,剔除非言语性文本或者弱言语性文本。人教版选录了弗洛姆《父母与孩子之间的爱》,这是一篇心理学方面的文章,具有鲜明的专业性,从"言语性"价值看,可教的地方甚少,文章的主要价值在心理学、社会学、伦理学方面,编选进语文教材,显然是不合适的。反之,房龙的《〈宽容〉序言》虽然是宗教、历史、社会学著作,但包含丰富的言语性元素,譬如寓言的体式、语言的象征性等,是很好的"言语性"文本。在教学中,施教者在教学内容确定、教学行为实施上要坚定不移地恪守"言语性"底线。《囚绿记》教学应从"囚"字的字源意义出发,"为什么囚""怎样囚""囚后有什么后果""最终为什么不囚",抓住"占有""自私""装饰""喜悦""幽囚""魔念""开释""祝福""怀念"这些关键字词,梳理文本内容,从词汇的感情色彩和言意涵义出发,品味诸如"葱茏的爱和幸福""把我的心等焦了""这被幽囚的绿友"等重要句子。如果架空文本,脱离语言去大谈特谈作品的思想内容、深层内蕴无疑是凌空虚蹈。

三、言语性:教学范式建构

现代语言学把言语的理解与生成描述为由"言"到"意"和由"意"到"言"的转换过程。由言到意是言语的输入,由意到言是言语的输出。作为言语实践活动的语文教学,实际上包括言语输入的阅读和言语输出的表达两大内容。照此,语文课程内容分为言语知识和言语实践两个方面,而这成为语文教学范式建构的两个基点。

言语知识和言语实践是相互作用的关系。言语知识是言语实践的基础和目的,言语实践是言语知识的途径和方法。具备一定的言语知识,才能有效开展言语实践活动;通过言语实践,才能获得更多的新鲜的言语知识。当前的语文教学,存在"工具性"弱化、"人文性"强化的情况,语文知识教学被边缘化和碎片化。字词句篇,语修逻文等言语知识从教材中被移除,导致的后果就是学生语言理解品质降低和语言表达逻辑缺失。尤其是淡化语法知识造成的语言法则被忽视甚至被破坏的现象:在言语应用活动中,句法、文法上的误用层出不穷,令人担忧。所以,在语文学科重建语法知识体系,推进语文言语知识教学刻不容缓。可行的做法是按照学段的由低到高，将语文学科言语知识由浅到深、由易到难分成版块或专题，在教学中让学生形成初步的言语知识体系，建立一定的言语知识结构。尤其是现代汉语中的词性、句子成分、复句关系，古代汉语中的活用、倒装、通假等言语性知识，对学生的专业深造和终身学习都至关重要。

语文呼唤回归本真，这个本真就是语文的"言语性"。本真的语文教学要紧紧围绕文本语言下功夫，着力于字、词、句、语法、修辞等传统教学内容，语文课堂活动主要有感受语言、品味语言、解读语言、运用语言、积累语言五个方面。笔者认为，在言语实践层面，语文教学要沿着"语言形式—思想内容"这一思路进行教学范式建构。语言和思想是形意合一、相互伴生的。脱离语言形式讲思想内容，会导致学科体性模糊；脱离思想内容讲语言形式，会导致学科活力丧失，语文最终会倒退到类似于传统训诂学、音韵学的"小学"。语文学科建设泛化有问题，窄化也有问题。避免泛化需要以语言为线、为纲、为缰，避免窄化需要由言得意、由意到言、言意共生。

这种从"言意"关系出发的语文教学，自然就可以派生出三种教学范式：由言到意——基于理解的阅读教学范式，由意到言——基于表达的写作教学范式，言意共生——基于读写融合的教学范式。阅读教学要通过言语形式深入文本内核，实现意义建构。写作教学要将言语知识通过情境创设进行内化验证，实现由知识到能力的提升。以朱自清《荷塘月色》为例，构建基于理解的阅读教学课型，我们可以从语词系统出发，抓住众多的叠词构建语词欣赏类课型；也可以从修辞运用出发，探究 10 多个比喻句和 2 个通感句的表达效果；还可以从文章行文思路获得圆环形结构的写作学启示。这些课型设计都紧紧围绕作品丰富的"言语性"教学资源，分别从朱自清散文的语词特点、修辞表达特点、篇章结构特点三个角度建构散文文体的基本教学范式，是合乎学科体性的课堂建构途径。就此，我们可以开发散文阅读教学的一般性也是基础性课程样态。反之，那些在《荷塘月色》的教学中，脱离散文体"语词、修辞、篇章"等语言核心要素，热衷于要把文中"心中颇不宁静"与朱先生夫妻关系不和对号入座的课根本就是"怪力乱神"。

黄厚江先生近来撰文，忧虑语文课程改革中"工具性""人文性"大幅摇摆现象，他提出要"加强学科理性建设"[①]。语文的学科理性建设当然需要重

---

① 黄厚江：《语文教学改革亟须加强学科理性建设》，《中学语文教学参考》，2022 年第 5 期，第 9~14 页。

新澄清语文的"言语性"身份，需要确认"言语性"在语文学科体性认知中的地位和价值，通过划定学科边界、建构教学范式来推动语文学科继续独立且有尊严地行进在健康的改革之路上。

在语言的河流中"出生入死"

一、语言是条河

语文似乎天生是水做的。朱熹有诗"问渠那得清如许,为有源头活水来",将读书获取新知与源头之水联系起来。语言学家把语言和文本比作流动的河流。一直以来,我们的语文课堂也环绕着无数跟水有关的词语:渲染、浸润、滋养、沉潜、积淀……

海明威有个著名的"冰山理论"。他认为,一部作品好比"一座冰山",露出水面的是八分之一,而八分之七在水面之下,写作只需表现"水面上"的部分,而让读者自己去理解"水面下"的部分。[①] 就这个意义说,作品有八分之七的意蕴都潜伏在作品的文字之下,阅读者不能止步于识破文本露出水面那微不足道的冰山一角,他需要潜入文本深处,泅渡、沉潜、涵泳,做到"入乎其内,出乎其外",发掘出作品的言外之意、味外之旨。

创作是从意到文的过程,而阅读则是从文到意的过程。高超的文学家往往有着敏锐的语言感知力,进而发展为超强的表达力。而优秀的阅读者则需要具备卓越的语言理解力,透过文字深入作品的意义内核。就语文教育而言,阅读能力是学生需要形成的语文关键能力,也是教师的基本教学能力。与文本为伴,与语言为"敌",是众多语文名师的成功秘诀。南帆先生有本书叫《沉入词语》,在他眼里,语言是水,阅读需要"沉入",需要把身心慢慢地浸入文字,直至不能自已,达到物我两忘,得意忘"形"的境地。

目前,语文阅读教学现状不容乐观,文本阅读教学过于急躁、失之浮浅。阅读课堂充斥着太多的漂浮物,有的教学随波逐流,被应试功利束缚手脚;有的教学蜻蜓点水,在言语的表层滑行。这样的阅读教学最终无法感动教师自

[①] 海明威著,雪荼译:《午后之死》,现代出版社,2019年,第180~181页。

己，更无法感动学生。阅读教学中，文字进入不了学生的灵魂，往往是因为教师自己没有深刻的言语体验。很多时候，作为阅读活动参与者之一的语文教师一直站在语言之河的岸边，并没有把双脚踏入文本的急流深水中，缺乏那种水漫头顶、绝处求生、八面受敌、柳暗花明的"高峰体验"，对语言的直觉慢慢钝化，逐渐丧失对语言的感知能力。

《普通高中语文课程标准（2017年版2020年修订）》提出："在语文课程中，学生的思维发展与提升、审美鉴赏与创造、文化传承与理解，都是以语言的建构与运用为基础，并在学生个体言语经验发展过程中得以实现的。"[①] 语言在语文学科核心素养中处于基础性地位，既是思维工具，又是审美对象、文化载体。阅读教学要紧紧抓住语言之缆，在文本的河流中"出生入死"，方能抵达阅读世界的彼岸。

禅宗有个有名的人生三境界说，第一重是"看山是山，看水是水"，第二重是"看山不是山，看水不是水"，第三重是"看山还是山，看水还是水"。这个从"是"到"不是"再到"还是"的过程，我们可以理解为文本阅读中认知—思辨—建构的三个过程，是从语言到思维、形式到意义、现象到本质的过程。它恰好对应了三种阅读样式：作为认知层面的文本细读，作为思辨层面的批判性阅读，作为建构层面的深度阅读。我们认为，掌握好这三种阅读方法可以较好地实现在文本河流中的潜泳和泅渡。

二、擘肌分理，入乎其内——文本细读

有人把文本比作一个洋葱，表层是语词、句子，内层是语言背后的主题、情感、思想等意义。符号学家罗兰·巴特认为似洋葱的文本无核而有皮。其实，我们都知道，文本内层的主题、情感、思想等所谓的"意义内核"不可能是洋葱内部的一个独立的存在，它一直附着也只能附着在一瓣瓣剥离开来的语词、句子里。而文本细读就是这种剥洋葱的过程，它通过擘肌分理，逐层深入文本洋葱的组织结构，从文本的言语性，即字、词、句等言语材料入手，细致分析言语的表达形式、修辞手法，开掘言语的多侧面内涵来达成对文本的意义阐释。

---

① 中华人民共和国教育部：《普通高中语文课程标准（2017年版2020年修订）》，人民教育出版社，2020年，第5页。

叶圣陶先生曾在《语文教学十二韵》中说："一字未宜忽，语语悟其神。"[①] 这就要求我们在细读文本时，从语言最外层的语素（音形义）开始，进到词句的语气、语调、停顿、重读，再深入意象、情感、修辞、逻辑，最后到结构、意蕴，由浅入深，逐渐完成对文本"意义内核"的理解认知。文本细读立足于语言建构，致力于思维训练，通过对文本言语的反复敲击、回溯、比较、置换，把文本的韵味、意蕴慢慢砸开、泡开，于风平浪静中见波诡云谲，于波澜不惊中见暗流涌动。

从语言到意义，这是文本阅读的基本路径，也是最素朴的阅读法。它依靠最纯净的言语经验参与阅读，获得最自然的阅读体验和最真实的审美直觉。比如教学《再别康桥》，我们可以带领学生从音乐美、绘画美、建筑美三个层次完成对文本的细读。音乐美从音步、韵脚方面入手，绘画美侧重辞藻、意境，建筑美从诗节结构、句式整饬入手。这其实就是一个剥洋葱的过程：由小到大，由局部到整体，由表及里，由形式到内容，由语言到意蕴。在剖析语言时，我们发现，音步变化和用韵的转换显露出了诗人情感基调以及情绪情感的微妙律动，而诗歌意象意境则指向了中国古典诗歌"离别"与"爱情"主题。最终，我们看到了《再别康桥》这首诗的"意义内核"，它的"皮"是对母校的依恋，"核"则是失恋的哀歌。

三、反思思辨，出乎其外——批判性阅读

去伪存真、去粗取精是文本阅读不断走向深入的重要过程。阅读不能只停留在认知理解的接受层面，还需要在质疑反思中不断追问"是这样吗""有没有问题"。批判性阅读需要具备批判性思维。那么，什么是批判性思维呢？批判性思维本质上是一种思考活动，基于某种事物、现象和主张发现问题，然后根据自身的思考提出合乎逻辑的主张。批判性阅读基于促进阅读者的高阶思维，其内涵包括两方面：一是对文本内容和形式进行质疑和修正，二是对文本内容和形式进行肯定和补充。通俗地讲，前一条路径是"破旧"，后一条路径是"立新"，"立新"是建立在"破旧"的基础之上的。这之中因为涉及概念、推理等逻辑内容，所以始终无法避开对语言工具的使用。比如对概念外延和内涵的界定，就得依靠语言工具对名物进行比较与辨析。

批判性阅读的基本步骤有四个：理解、质疑、发现、建构。常用工具是

---

① 叶圣陶著：《叶圣陶语文教育论集》，教育科学出版社，2015年，第7页。

"反向假设"，推理形式是"如果不"。例如，我们在对王安石《读孟尝君传》进行批判性阅读时，第一步就是确立王安石在文中的观点"孟尝君并不善养士"；然后展开第二步——质疑：孟尝君在历史上以养士立名，被誉为战国四公子之一，真的如王安石所言"并非善养士"吗？然后就是借助语言进行深入研析，获得发现：在语词概念方面，王安石所言的"士"并不是战国时代的"士"；在逻辑推导上，王安石犯了一个假言推理的错误，夸大了"士"在国家盛衰兴亡中的作用，齐国的灭亡并不主要是孟尝君和那些"士"的责任。这样，我们可以清晰地看到王安石这篇文章的不足，从而成功实现批判性阅读的"破"。

批判性阅读也可称为思辨性阅读。在批判性阅读中，既要依靠语言，也要穿透语言的迷雾，去除遮蔽，从而获得更好的阅读体验。从文本进入，深入文本的语言中，再从文本中出来，站在文本之外审视、反思、质疑、批判，实现思维提升和认知刷新。

四、整合建构，出生入死——深度阅读

近年来，"浅阅读"泛滥成灾，深度阅读呼声渐起。深度阅读不满足于理解作品浅表意义，它建构知识图谱，整合多方面的知识源，扩展知识的范围，试图通过研究作品的时代背景、语言特性，结合阅读者的知识、阅历等去发现文本的意义。语言是作者表达思想情感的媒介，也是读者理解文本的媒介。优秀作品的语言，往往具有"丰富含义"，能激发读者产生联想，进行深层次探究，进而捕捉作者的创作意图。在阅读教学中，教师可指导学生抓住关键词、关键句进行设问，联系上下文或时代背景分析语言的丰富含义和文本的深层意蕴，在对文本信息进行充分整合的基础上达成"意义建构"。

例如教学郑愁予的《错误》，我们可以围绕文本建立"郑愁予""闺怨诗""江南"多个知识图谱，整合"莲花""东风""柳絮""窗扉""春帷"等意象关联知识，然后调动想象进行时空链接和内容填补，还原出完整的"故事情节"。在此基础上，通过五个"不"字深入被言语包裹的内层情感，实现对作品的深度理解——当年相守携手赏春何其欢乐，如今离散劳燕分飞倍感悲楚。

又如，对鲁迅先生的《祝福》进行阅读，先用文本细读的方法，对小说要素进行梳理，然后给祥林嫂勾勒年表图谱，最终得出结论：祥林嫂的一生不"祥"。随后整合关联信息，比如小说创作背景，社会环境状况，《狂人日记》的主题等，我们最终能够触及文本内核：《祝福》是鲁迅小说"吃人"母题之下关于"女性被吃"的子文本。

五、结语

如果把文本比作一条深广的河流，阅读就是一场"溯洄从之"的泅渡。探究文本语言是阅读和阅读教学的全部内容。坚守"语言建构与运用"的核心地位，是阅读教学的立教之本，也是提升学生语文核心素养的先决条件。在阅读活动中，引导学生练好"语言内功"，从而为写作打下坚实基础。入乎其内故能细读，出乎其外故能深读。在语言河流里实现"自由泳"，我们才能无限靠近阅读的彼岸。

走向逻辑自洽与文本互证的融合阐释

诗歌阐释教学是中学阅读教学的难点。"教会学生读懂诗歌"一直是摆在语文教师面前的重大课题。"读诗难"的原因很多，排除客观因素，更主要的还是诗歌阐释的思想方法出了问题。很多时候，阐释者只从单一视角、单一路径去解读作品，着眼于一句、一首的贯通顺畅，阐释结论在某个封闭的视域内看似合理，实则是歧解误读。如王维的《相思》，从诗句的自足系统阐释，视其为爱情诗丝毫没有问题。但当引入创作背景等视域时，我们就会发现，此诗亦题为《江上赠李龟年》，是一首地道的赠友诗，绝非情诗。

我国古代有丰富的诗歌阐释理论，如广为人知的"知人论世""以意逆志"和"诗无达诂"，这些理论或涉及解诗方法，或涉及解诗原则，被后世奉为圭臬。通过研究发现，"以意逆志"实际上是一种"内证法"，它从诗歌文本的语意、语境出发，关联整诗的意脉和情绪逻辑，达成文本内部情理的自洽；"知人论世"是一种"外证法"，它从诗歌创作的影响因素出发，观照创作的历史背景和作家的思想观念，达成文本外部论据的互证。

一、逻辑自洽：诗歌阐释的原则和策略

诗歌阐释活动本质上是一种理性思维活动，要遵循思维活动的基本规则——逻辑自洽。所谓逻辑自洽，首先是指文本系统在语言陈述上要符合规则，达到自身完备而不抵牾；其次是指概念、判断、推理要符合理性认知的基本法则。一个文本系统通常包含两个逻辑圈层：一个是由文字符号形成的语义、语境等内部逻辑圈层，另一个是与文本相关联的包含历史、生活、常识等认知事实的外部逻辑圈层。由此，可以将内部逻辑圈层分为文脉逻辑、情感逻辑、语义逻辑、语境逻辑等。将外部逻辑圈层分为历史逻辑、生活逻辑、哲学逻辑等。在诗歌阐释活动中，逻辑自洽已然成为保障结论可靠性的基本原则。阐释者以此建立阐释策略，即通过多视域的循证和考证，获得充分的论据支

走向逻辑自洽与文本互证的融合阐释

持,保证内外两个逻辑圈层不发生扞格,无论是证实还是证伪,都能推动诗歌文本意义的正确建构。

如对李白《静夜思》诗进行阐释,从内部逻辑考察,"床前明月光"中的"床"就不该是"供人睡卧的家具"。因为这不符合文脉逻辑:既然诗人已经睡卧在床上,又怎能"举头望明月""低头思故乡"呢?基于这一点,有人提出多种不同的见解:"床"是"窗","床"是"坐具","床"是"井栏",等等。在这些观点中,语境逻辑似乎实现了自洽,但还得放到"历史逻辑"中去辨析和检验。借助古代文献对诗文中"床"的用例进行考察后发现,在唐代甚至由汉至明,"床"通"窗"或者解为"窗"的情况几无成例。语言学和考据学中有个法则:"孤证不立"和"例不十法不立"。"床窗说"显然站不稳脚,需要排除。而"井栏说"则找到了不少用例。如《乐府诗集·舞曲歌辞三·淮南王篇》中有"后园凿井银作床,金瓶素绠汲寒浆",李白有"玉床金井冰峥嵘""梧桐落金井,一叶飞银床"等诗句,李贺《后园凿井歌》也有"井上辘轳床上转"。不过,在对这些用例进行甄别时发现,前述用例中的"床"被解为"井栏",都有一个与"井"相关联的语境,而《静夜思》并没有。显然,"井栏说"因为在语境逻辑上存在缺陷,也是不能自洽的。

进一步研究后发现,《静夜思》的通行版本大致定型于明清,而较早的宋代版本则有一些差异:"床前看月光,疑是地上霜。举头望山月,低头思故乡。"考虑到"山月"意象对诗歌语境的影响,再考虑到看月的视野、角度,我们认为,将"床"解为"坐具"是最为合理的观点。这能保证诗歌场景还原的意脉贯通,也能得到历史逻辑的支持。既然是"坐具",就避免了室内室外之争,而"床"为坐具也能找到例证。《孔雀东南飞》中有"槌床便大怒",杜甫诗也有"几回霑叶露,乘月坐胡床"。

这样的阐释例子很多。李商隐的《夜雨寄北》存在"寄内说""寄友说"之争。通过索证,"寄内说"其实存在两个致命逻辑缺陷:一是李商隐写此诗时妻子王氏已经去世,怎可"共剪西窗烛"?二是诗中有一个称谓词"君",如果是寄内,诗人怎会称"妻子"为"君"呢?在历史语境中,"君"常作为对尊长、师友的尊称,未见有丈夫称妻子为"君"的现象。通过证伪,可以确定,《夜雨寄北》最合理的阐释是"寄友",至于这个"友"是令狐绹、白居易、温庭筠还是另有其人则另当别论。

"推敲"之辩也如此。综合考虑文脉、语境逻辑,很容易看出朱光潜先生《咬文嚼字》中观点的偏颇之处。此诗题为《题李凝幽居》,可知此诗是贾岛写自己深夜访友的所见所思。造访别人家中,基于礼节,自当至而叩门,以告知主人。不告而进，就显得唐突和失礼。"敲"字虽然"不免剥啄有声"，"打破宁静"，但符合人际交往的礼节逻辑。若用"推"字，则有悖于此。稍加揣度，韩愈建议用"敲"字，而此意见也最终为贾岛采纳，估计二人也定是深思熟虑，顾及了多方事理而做出的最优选择。

很多时候，诗歌阐释囿于单一视域出现"片面合理""整体偏移"的问题。例如卢纶的《塞下曲》，华罗庚先生质疑为："北方大雪时，群雁早南归，月黑天高处，怎得见雁飞？"其实，在西北边地，秋季下雪是很常见的天气现象，这可以从岑参《白雪歌送武判官归京》得到证实："北风卷地白草折，胡天八月即飞雪。""八月"其时是秋季，彼时，北雁南飞，虽无月夜黑，但雁鸣可知。因此，一切是符合逻辑，内外自洽的。

二、文本互证：诗歌阐释的方法和路径

陈寅恪先生在《元白诗笺证稿》中提出了一种"诗史互证"的阐释观，目的是把诗歌文本和历史文献参照互证，以求得诗歌文本真实含义的史学支撑，同时也可以借助诗歌文本对历史进行侧面印证。就诗歌阐释论，"诗史互证"主要是以史证诗，并在此基础上形成诸如以诗证诗、以文证诗、以物证诗等文本互证方法。

"诗史互证"是基于文学发生学理论而产生的，作为表达审美情感的诗歌，无法摆脱诸如历史等外在因素的影响，其包含的人物、时间、地点、事件及其创作背景、所处时代、诗人遭际、个性气质、文学观念等都会通过某种形式而让作品携带鲜明的历史基因，它们一起构成了自内而外的"意义""意味"，同时也成为解读作品的"史实"。反过来，借助上述"史实"，结合诗人生平际遇和历史背景，将有助于准确把握和理解诗歌主旨。这种文史互证的方法是诗歌阐释的有效路径。

陆龟蒙诗《奉和袭美抱疾杜门见寄次韵》于 2020 年选为高考题，研究者对几处关键词句的阐释有较大分歧。如"下帷裁遍未裁诗"中"下帷"是"教书"还是"闭门作诗"之意未有定论。依据此诗是唱和诗中"次韵"诗这一特点，便可以通过文本互证来解决这个难题。通过查找文献，我们在《松陵集》中发现了皮日休写给陆龟蒙的"唱诗"——《鲁望春日多寻野景日休抱疾杜门因有是寄》。然后沿着文本互证中"以诗证诗"的思路，将一唱一和的两首诗对照后发现，皮诗仅涉及作诗一事（"半缘幽事半缘诗"），并无"教授后学"的内容，可见"下帷"更多与作诗活动有关。随后，查证马丕环《皮日休年谱

会笺（上）》《皮日休年谱会笺（下）》①得知，皮日休于咸通十二年辛卯（871年）一月抱病杜门。生病一事有皮日休多首诗相证。如《又寄次前韵》："病根冬养得，春到一时生。眼暗怜晨惨，心寒怯夜清。妻仍嫌酒癖，医只禁诗情。应被高人笑，忧身不似名。"从此诗可知，皮日休这年春天（"春到一时生"）得了眼疾（"眼暗怜晨惨"）。又从《初夏即事寄鲁望》"夏景恬且旷，远人疾初平"得知，诗人四月眼疾初愈。在对众多诗文进行梳理后，并未见陆龟蒙设馆授学的信息。而皮日休后来虽然做过太常博士，有掌教弟子的经历，但那已经是苏州幕府之后的事了。通过这样的文本互证，基本可以确定"下帷"并非"教书"，而是"闭门作诗"。在此基础上可知，"因吟郢岸百亩蕙，欲采商崖三秀芝"中的二典也自然与培养人才无关，应该释为"潜心于锤炼标举高格的佳句华章"。

唐宋时期，文人唱和之风尤盛。知名的有王孟、刘白、元白、苏黄等。借助唱和诗在诗意、题材、风格等方面紧密关联的特征，综合利用文本内外的文史资源进行充分举证，势必能强化诗歌阐释的逻辑自洽性。

推而广之，以诗证文也是可行的。陶渊明《桃花源记》有句："其中往来种作，男女衣着，悉如外人。"很多注本将"外人"释为"桃花源外的世人"。这样的解释很让人生疑：数百年来，桃花源内的人与外界并无交往，怎会与外面的人穿着服饰相同呢？这不符合生活常识也不符合历史事实。我们查证陶渊明《桃花源诗》，发现诗里有这样的句子："俎豆犹古法，衣裳无新制。""衣裳无新制"表明服饰还是沿袭秦的款式而非晋。很显然，将"外人"释为"桃花源外的世人"是错误的，"外人"的合理释解当为"世外之人"。

周裕锴先生在《中国古代阐释学研究》中说："诗歌文本借助历史典籍的证据而弄清它产生的背景，这叫'以史证诗'。"②弄清史实背景对于阐释诗歌至关重要，忽视或者弄错"史实"都容易曲解作品。如要解朱庆馀《近试上张籍水部》，就需了解中唐科举考试的历史背景，认清这是一首干谒诗。在此基础上，就能理解诗人的写作意图：想通过此诗求取张籍的教诲和奖掖。有了这些认识，方能正确释解"拜舅姑""问夫婿"的言外之意、味外之旨。如此，将张籍诗《酬朱庆馀》与之互证阐释，也就能洞悉张籍对后辈的肯定和鼓励了。

文本互证是建立在考据学基础上的一种史学研究方法，对研究者自身学养

---

① 马丕环：《皮日休年谱会笺（上）》，《宝鸡文理学院学报（人文社会科学版）》，1996年第1期，第61~67页；马丕环：《皮日休年谱会笺（下）》，1996年第2期，第45~49+44页。
② 周裕锴著：《中国古代阐释学研究》，上海人民出版社，2003年，第379页。

要求甚高。诗歌阐释者需要厚积文史知识，旁稽博采方能融会贯通。若能熟练运用文本互证的方法，自能抵近文本堂奥，打开幽微的意义之门。

三、视域融合：诗歌阐释教学新视野

德国哲学家伽达默尔在《真理与方法》第二部中提出了解释学的一个重要概念——视域融合。他认为，"理解"就是"一些被误认为是独自存在的视域的融合过程"。他主张将"含有作者原作的视域"和"理解者具有现今的具体时代氛围中形成的视域"交融在一起，从而更好地把握文本所揭示的意义。[①] 美国学者艾布拉姆斯在《镜与灯——浪漫主义文论及批评传统》中提出，文学活动由作品、世界、作家、读者四个要素构成，由此形成多重"对话关系"。[②] 照此，文学阐释围绕"作品"，就有了"世界""作家""读者"三个可以相互观照并产生交互影响的视角，这就是文学阐释的三个视域。

诗歌阐释教学是一种围绕诗歌文本展开的多重对话活动。教师、学生是对话行为的显性参与者，作者、时代是隐性参与者，这构成了对话行为的交互影响关系。阐释诗歌文本，"它写了什么"是主要目标和核心任务。围绕这个核心目标，可以融合作者视域、读者视域、世界视域对文本进行多角度、全方位观照。在作者视域，探求"作者为什么写""作者为什么这样写""作者想表达什么""作者在什么情况下写的"等问题；在读者视域，探求"我怎样看这首诗""别人是怎样理解的""是否存在理解分歧"等问题；在世界视域，探求"它反映了时代特征没有""如何理解作家对于时代的态度"等问题。

教学活动中，因为文本具有教材属性，编者视域同样不可忽视；加之教师和学生构成了阐释活动的共同"读者"，诗歌阐释的视域变得更加多元复杂，坚持从文本视域出发、确保内部逻辑的自足自洽就是核心策略，在"小心求证"的过程中，融合作家、时代、编者、学生、教师等视域，让阐释活动成为一种交互关系，从而使阐释教学更切合学理，使师生对话也更具有探索性和思辨性。

如对杜甫《登高》进行阐释教学，在对"艰难苦恨繁霜鬓"中"艰难"进行释解时，首先是内部逻辑自证，通过关联"万里悲秋常作客，百年多病独登

---

① 伽达默尔著，洪汉鼎译：《诠释学Ⅰ：真理与方法（修订译本）》，商务印书馆，2007年，第415～416页。
② M.H.艾布拉姆斯著，郦稚牛、张照进、童庆生译：《镜与灯》，北京大学出版社，1989年，第4～5页。

台"获得对"艰难"的第一层意旨的认识,"艰难"首先是诗人人生际遇和心境的自我认知和概括:漂泊、衰老、疾病、孤独。这诚然是满足了内部逻辑圈层的自洽。不过,"艰难"是否也暗指国运艰难,具有第二层意旨——忧国伤时呢?通过扩展视域,搭设支架,组织讨论,我们在文本的外部逻辑圈层寻绎到四个方面的互证性资料:

1. 杜甫创作此诗的时代背景,这是"世界视域"一极,验证的是"历史逻辑"。

2. 杜甫同时期诗作。学界认为,《登高》为《九日五首》之一。结合另四首,无疑能从侧面洞悉杜甫这一时期的主要思想情感。这是文本互证,属于"文本视域"。

3. 辑录杜甫诗中包含"艰难"一词的诗句,从语词表达习惯这一角度探究其意旨。这是"作者视域"。

4. 选择后世名家诗话中对杜诗释解的文字,进行旁证。这是"读者视域"。

第一个属于"世界视域":大历二年(767年),严武病死后,杜甫离开成都,寄寓夔州,时年56岁。第二个是"文本视域":"其一"有"殊方日落玄猿哭,旧国霜前白雁来。弟妹萧条各何往,干戈衰谢两相催"。"其二"有"北阙心长恋,西江首独回"。"其四"有"巫峡蟠江路,终南对国门"。第三个是从语词习惯出发的"作者视域":《送韦讽上阆州录事参军》有"国步犹艰难,兵革未衰息",《宴王使君宅题二首》有"吾徒自漂泊,世事各艰难",等等。第四个是"读者视域":杨伦有"子美出而独就当时所感触,上悯国难,下痛民穷,随意立题,尽脱去前人窠臼"[①]。郭沫若有楹联:"世上疮痍,诗中圣哲,民间疾苦,笔底波澜。"通过四个"视域"的循证,"艰难"亦暗指国运艰难就完成了互证,实现了自洽,《登高》的第二层意旨"忧国伤时"也就一目了然。

"视域融合"给诗歌阐释教学打开了新视野,遵循多维度、多视域、多证据等交互融合理念,将"外证"和"内证"结合起来阐释,最大限度地实现诗歌的逻辑自洽,进而完成诗歌意义的合理建构,必然是诗歌教学的"守正致和"之路。

[①] 杨伦笺注:《杜诗镜铨》,上海古籍出版社,1998年,第225页。

王建《精卫词》探析

唐人王建有一诗《精卫词》，2018年被选为全国三卷诗歌鉴赏题。因为对此诗的读解有分歧，不少人对当年高考题的14小题产生争论和质疑。

此诗见于《王建诗集》卷一（中华书局1959年，第5页）。前人对此诗的研究评论甚少，导致后世人的读解缺少依傍的资料。另外，诗歌本身具有语词跳跃性和结构开放性等特点，诗歌阐释也常常出现"诗无达诂"的多解现象。这些多解大体上有两种情况：一是理解偏离文本场域，虽是一家之言，但背离逻辑，出现误读；一是引发众多理解，出现了合理理解的差异性。我们说"合理"主要是基于文本自洽，也就是说合乎文本场域的内在逻辑。但有时候，可能会出现好多种合乎文本场域逻辑的理解，也就是有好几种"正读"，比如李商隐的《锦瑟》，就有悼亡说、自伤说、情爱说等观点，在文本场域和作者场域都能自洽，但哪一种最贴近作者当时的创作意图，已经无考。

王建《精卫词》的读解，也属这一情况。作者对精卫是质疑还是褒扬，是欲扬先抑还是似贬实褒，我们无法找到"作者场域"这一维的资料来证实，只有借助文本场域实现读解自洽。

先来看原诗。

精卫词

精卫谁教尔填海，海边石子青磊磊。
但得海水作枯池，海中鱼龙何所为。
口穿岂为空衔石，山中草木无全枝。
朝在树头暮海里，飞多羽折时堕水。
高山未尽海未平，愿我身死子还生。

引发争论的地方主要是开头和结尾几句。"精卫谁教尔填海，海边石子青磊磊"的句意很明白，但"谁教尔填海"这个问句是作者在质疑批评精卫还是故意树立靶子正话反说，就是一个问题。"愿我身死子还生"这一句因为"我""子"存在多义理解，就显得更复杂。通过检索，"愿我身死子还生"的理解大致有如下四种：

其一，只要大海还没有填平，我（精卫）都不放弃直到最后一息；但愿我死后还有子子孙孙，生生不息，填海不止，继承我移山填海的遗志。

其二，只要大海还没有填平，我（作者）愿牺牲自己来帮助精卫，以自己的生命来换精卫的生命。

其三，只要大海还没有填平，我（精卫）希望自己为填海而死后，你还能活着。

其四，高山的石头没被搬完，海也没被填平，恐怕我（作者）都已经死了，你还活着在填海。

有人认为，王建是在质疑和否定精卫的行为，在褒扬精卫精神的传统观念上翻新出奇。上述第四种观点就是这样理解的：精卫你这样做，到什么时候是个完呢？而第二种观点则认为作者是在托物寄意，王建希望自己去替精卫填海，愿意牺牲自我而换得精卫的生存。前是贬斥，后是褒举。两种观点判若云泥。

我们不妨先来看"精卫填海"这个故事。该故事最早载于《山海经·北山经》：

> 又北二百里曰发鸠之山，其上多柘木。有鸟焉，其状如乌，文首，白喙，赤足。名曰"精卫"，其鸣自詨。是炎帝之少女，名曰女娃。女娃游于东海，溺而不返，故为精卫，常衔西山之木石，以堙于东海。①

一开始，这是一个以复仇为主题的悲情故事。炎帝之小女在东海淹死，最后魂化成鸟，为报被淹之仇，衔石填海。到后来，这个故事的意义发生了变化，精卫身上被赋予了抗争、执着等内涵。大多数论者认为，精卫与刑天属于同型神话，都是用来象征百折不回的毅力和意志的，是阐发道德意识的鸟兽神话。

这可以用陶渊明《读〈山海经〉》来证明。

---

① 方韬译注：《山海经》，中华书局，2022年，第67～68页。

读《山海经》其十
　　精卫衔微木，将以填沧海。
　　刑天舞干戚，猛志固常在。
　　同物既无虑，化去不复悔。
　　徒设在昔心，良辰讵可待。

　　陶氏把精卫与刑天并举，赞扬二者至死不渝的大无畏精神，已经把精卫托举到不屈服命运的斗士形象层面，这应该说明精卫已经从一个冤禽转化为一个壮士的形象了。

　　但在唐代，诗人们对精卫的认识各不相同。李白在《登高丘而望远》中说："精卫费木石，鼋鼍无所凭。"《江夏寄汉阳辅录事》也感慨："西飞精卫鸟，东海何由填？"《寓言》诗之三亦有"区区精卫鸟，衔木空哀吟"之慨。看得出，这个不走寻常路的诗仙，对精卫填海的举动并不怎么认同。岑参也有一首诗《精卫》："负剑出北门，乘桴适东溟。一鸟海上飞，云是帝女灵。玉颜溺水死，精卫空为名。怨积徒有志，力微竟不成。西山木石尽，巨壑何时平？"岑参看到海鸟飞翔，便想到了精卫积怨填海的故事，感慨精卫虽有志填海，但"力微竟不成"。唐宪宗元和五年（810年），省试（礼部试）为进士出的诗题为《精卫衔石填海》。河南令任上的韩愈，听闻试题名，有所感触，亦仿效作诗《学诸进士作精卫衔石填海》：

　　　　鸟有偿冤者，终年抱寸诚。口衔山石细，心望海波平。渺渺功难见，区区命已轻。人皆讥造次，我独赏专精。岂计休无日，惟应尽此生。何惭刺客传，不著报雠名。

　　此诗异于否定精卫精神的作品，而是赞美精卫不畏艰险、立志复仇、终生不渝的坚毅品格。作者特别强调精卫的复仇行为，实则也彰显了自己刚烈无畏的性格。

　　可以看出，唐人对精卫的认识出现了分歧，一些人否定精卫的行为，但也有像韩愈这样的人，在欣赏和捍卫精卫身上专心致志的精神。

　　在不断扩展研究路径和资料范围时我们意外发现，王建有一首诗《戴胜词》与《精卫词》很是相似，这两首诗也许是王建同一时期或者同一"立意"下的两个作品。

　　来看《戴胜词》。

戴胜谁与尔为名，木中作窠墙上鸣。声声催我急种谷，人家向田不归宿。

紫冠采采褐羽斑，衔得蜻蜓飞过屋。可怜白鹭满绿池，不如戴胜知天时。

这种描写应该不是巧合，戴胜和精卫都是鸟，且背后都有一神话传说故事。《现代汉语词典（第7版）》"戴胜"条："鸟，羽毛大部为棕色，有羽冠，嘴细长而稍弯。吃昆虫，对农业有益。通称呼哱哱（hūbōbō）。"[①]

查证古籍，不乏相关记载。《礼记·月令》有句"鸤鸠拂其羽，戴胜降于桑"[②]。清代诗人徐永宣《缫丝行》有"戴胜飞鸣茧早成，缫车索索丝皓皓"。综合信息表明，戴胜是一种多见于春末的禽类，在古人眼里，它能知天时。在王建诗中，我们看出戴胜这种鸟与布谷和杜鹃类似，能通过鸣叫催农种谷。需要格外强调的是，在《戴胜词》里，王建对戴胜持褒扬的态度。

在涉及"戴胜"的文献中，还有一个重要信息——戴胜这种鸟与精卫一样，都与神话人物有关。《山海经·西山经》中记载："西王母其状如人，豹尾虎齿而善啸，蓬发戴胜。"[③] 司马相如《大人赋》亦写："吾乃今目睹西王母？暠然白首，戴胜而穴处兮，亦幸有三足乌为之使。"古人已经认为戴胜是西王母的化身，只是，戴胜这种鸟与西王母怎么联系在一起的已不可考。

同样，精卫这只鸟也与神话中炎帝的小女儿女娃有直接的关系。沿着这样的思路，我们发现，两个神话都源自《山海经》，我们猜想：是不是王建曾经也想效仿陶渊明《读山海经》，取材这些神话传说故事写一个系列诗歌作品呢？

对读后发现，两诗的写法竟然具有相似性。开篇都使用了相同形式的问句。"戴胜谁与尔为名"与"精卫谁教尔填海"几乎是一样的表达，里面也都有三个人称词"谁""尔""我"。这给我们认识《精卫词》提供了一条参照路径。

我们发现，《戴胜词》开篇发问，诗人的意图不是想寻求戴胜得名的答案（戴胜啊，谁给你取的这个名字呀），后面的内容也没有回答这个问题。同样，我们也可以认为，《精卫词》这首诗的开篇发问，也应该不是想寻求"是谁让

[①] 中国社会科学院语言研究所词典编辑室编：《现代汉语词典（第7版）》，商务印书馆，2016年，第252页。

[②] 陈澔注，金晓东校点：《礼记》，上海古籍出版社，2016年，第180页。

[③] 郭璞注，郝懿行笺疏：《山海经》，上海古籍出版社，2015年，第62页。

精卫填海"的答案，后面也没有相关内容在回答。如此可以认为，这是王建开篇故意发问，主要意图是引出后文对精卫精神意志的抒写。它既不是否定质疑，也不是先问后答的设问手法。

《戴胜词》全诗并没有对戴胜进行批评，这基本可以判定王建并不是李白那种喜欢标新立异、自出心裁的诗人。王建依然持守对戴胜这个形象的主流认知，褒扬其催耕报时的品质。《精卫词》也一样，王建并没有对精卫精神进行批评和质疑，他依然在感发精卫矢志不渝、意志坚定的精神。

基于这样的整体认知立场，我们再来看《精卫词》的理解。

"精卫谁教尔填海，海边石子青磊磊"，这是诗人与精卫在对话。诗人说：精卫啊，谁让你填海的，你看，海边已经堆起了那么多层层叠叠的黑色石头。从第三句开始到第六句，我们可以理解为精卫的答词，精卫说：只要海水变干，成了枯池，兴风作浪的鱼和龙就无法为所欲为、祸害人了。我的喙磨穿难道就只是徒劳地衔石头？你看，我把山上的草木和枯枝也都衔到这里啦。

后面四句是诗人在与精卫对话后对精卫进行夸赞：你从早到晚衔木衔石，飞翔劳累，羽毛折断，还经常掉落水中，可你依然不停止。如今，高山上的树枝和石子未衔尽，大海尚未被填平，希望我（诗人）死之后你还活着，在继续做着填海的事业。

需要指出，把"子"理解为"子孙"是不妥的。一是精卫是女娃死后魂化，从神话形象看，女娃彼时尚是幼女，其时言其子孙不甚合情也不合理。"子"理解为"你"方才妥当。不过，有人说，"我"是诗人，"子"指称精卫，说最后一句是王建在言志——愿意替精卫去死，希望精卫还活着。将诗人提升到与"精卫"一样的斗士的高度，云"愿意替精卫填海而死"当属臆想之论。

而把"我"理解为"精卫"自称也不妥当。把最后一句理解为"希望我（精卫）死后，你还活着"，认为这是精卫对于子民的美好祝愿，此种观点存在严重的逻辑抵牾。精卫已经魂化为神，不存在生死之论。而"你（子）"这个凡夫俗子也不可能在精卫死后还活着。

综上所述，唯一合理的解读是："希望我（诗人）死之后你（精卫）还活着，在继续做着填海的事业。"这样，"尔""我""子"三者的呼应关系不仅能实现文本内部情理自洽，而且能实现文本外部视域（包括作者视域、历史视域、关联文本视域等）互证。

"望帝春心"探赜

教育部组织编写的《普通高中教科书 语文 选择性必修 中册》第127页收录李商隐《锦瑟》诗，教材编者将"望帝春心托杜鹃"释为"望帝把思恋爱慕的情怀寄托在杜鹃哀切的啼鸣之中"，按此，"春心"被训为了"思恋爱慕之心"，编者将典故"望帝啼鹃"视为了一个爱情悲剧故事。那么，原典记载又是怎样的呢？

稽考相关文献后发现，各类辞书对"望帝啼鹃"的记述基本相同。《辞海》和《中国典故大辞典》在收录该典故时通常引晋张华注引蜀人李膺《蜀志》的内容：

> 望帝称王于蜀，得荆州人鳖灵，便立以为相。"后数岁，望帝以其功高，禅位于鳖灵，号曰开明氏。望帝修道，处西山而隐，化为杜鹃鸟，或云化为杜宇鸟，亦曰子规鸟，至春则啼，闻者凄恻。"事亦见于晋常璩《华阳国志·蜀志》及《太平寰宇记·益州》、《太平御览》卷一六六引《十三州志》。①

而最早记述该典故的是西汉大文学家、学者扬雄。相传扬雄曾作《蜀王本纪》，原书佚失后，明郑朴搜求辑录而成今貌。因为扬雄《蜀王本纪》的记述最早，加之扬雄是来自古蜀帝乡（蜀郡郫县，古蜀望丛时期都城）的学者，可以判断，扬雄《蜀王本纪》中对该典故的记述应当是最为可信的。

下面是扬雄《蜀王本纪》的记载：

> 后有一男子，名曰杜宇，从天堕，止朱提。有一女子，名利，从江源井中出，为杜宇妻。乃自立为蜀王，号曰望帝。治汶山下邑，曰

---

① 辛夷、成志伟主编：《中国典故大辞典》，北京燕山出版社，1991年，第713~714页。

郭化，民往往复出。

　　望帝积百余岁，荆有一人，名鳖灵，其尸亡去，荆人求之不得。鳖灵尸随江水上至郫，遂活，与望帝相见。望帝以鳖灵为相。时玉山出水，若尧之洪水。望帝不能治，使鳖灵决玉山，民得安处。鳖灵治水去后，望帝与其妻通。惭愧，自以德薄不如鳖灵，乃委国授之而去，如尧之禅舜。鳖灵即位，号曰开明帝。帝生卢保，亦号开明。

　　望帝去时子规鸣，故蜀人悲子规，鸣而思望帝。望帝，杜宇也，从天堕。①

　　"望帝啼鹃"的典故在上面的记述中体现得很具体。"望帝去时子规鸣，故蜀人悲子规，鸣而思望帝。"由此可知，望帝化鹃是因为望帝让位于鳖灵（丛帝），隐居西山，其时有子规鸣叫，故后人附会为望帝魂魄化为杜鹃鸟。我们注意到，史料内容虽涉及望帝情事（《蜀王本纪》记载"望帝与鳖灵妻子私通"），但望帝化鹃与情事无关。"蜀人悲子规，鸣而思望帝。"一开始是蜀地子民思念望帝，不知何时何故，"啼鹃"演化为望帝思念蜀民。

　　可以确定的是，"望帝啼鹃"这个典故最早经扬雄传播到中原，融入汉代中心文化体系，然后经过后世文人的不停书写，成为一个普遍流传的典故。经查，《全唐诗》中出现杜鹃意象的诗歌共有200余首，有近100位诗人写到杜鹃，包括王维、李白、杜甫、元稹、白居易、李商隐等，"望帝啼鹃"在唐代诗坛已经成为一个颇为流行的典故，而杜鹃也成了常见的诗歌意象。

　　在《蜀王本纪》之后的文献记载中，"望帝啼鹃"这个典故从一开始就未曾脱离"悲情"的色调，但这种"悲情"并不涉及情事，而是蜀人思念望帝而生的悲伤愁苦，之后，悲愁发生了转移，成了望帝失去帝位、不得不禅让隐居而生的失意落寞。再后来以望帝、杜鹃为主的衍生典故在文人笔下出现"符号化"。杜鹃成了"天地间愁种子"（周瘦鹃《杜鹃枝上杜鹃啼》），望帝杜宇与杜鹃合二为一，成为"悲愁"之情的寄托物。这可以在李商隐所处的唐代前后找到许多例证。如借之抒贬谪孤苦之情，白居易《琵琶行》有"其间旦暮闻何物？杜鹃啼血猿哀鸣"；如写荒芜空旷之境，李白《蜀道难》有"又闻子规啼夜月，愁空山"；如写朋友远离的不胜伤感之情，李白《闻王昌龄左迁龙标遥有此寄》有"杨花落尽子规啼"；等等。

　　通过对历代涉典诗文进行统计分析，几乎所有涉及蜀魄、子规、杜宇、杜

---

① 林贞爱校注：《扬雄集校注》，四川大学出版社，2001年，第316～317页。

鹃等词语的诗句都抒发哀愁、冤苦之情，虽"愁苦"的具体内容不一，但鲜见借以写爱恋之情的。这说明后世诗人并不曾将其视为写情事的典故，而杜鹃、子规也未见与鸳鸯、燕子为伍，成为诗文中的"情禽"。

教材编者或许是对"望帝春心"中"春心"产生了歧解，认为"春心"通常被解为男女相思爱慕的情怀，却忽视了另一点——"春心"在许多诗文中也被解为"由春景所引发的意兴或情怀"。如《楚辞·招魂》："目极千里兮伤春心，魂兮归来哀江南。"再如李白《愁阳春赋》："春心荡兮如波，春愁乱兮如雪。"清代姚鼐《赠郭昆甫助教》诗："三月春心寄鸣雁，南来飞过岳阳楼。"这些用例均与男女情事无关，毫无疑问是泛指因春而生的悲愁之心。而"望帝""杜鹃"与"春心"的遇合，应该是望帝禅让隐居时恰逢春季，彼时，听闻杜鹃鸟鸣声凄厉，油然而生不舍和愁苦之情。

话说回来，教材编者做出"思恋爱慕"的注释是不是考虑到李商隐《锦瑟》涉及"男女情事"呢？此诗自古难解。据统计，有关此诗主旨的观点达十四种之多。其中，涉及"情事"的说法主要有两种：一是"悼亡"，二是"与令狐楚家侍女锦瑟相爱"。到了近代，"悼亡说""自伤说"渐成主流。其中，中国李商隐研究会会长刘学锴先生力主"自伤说"。

结合文本分析，《锦瑟》诗中间用四典，除望帝啼鹃外另外三典也均不涉情事，庄周梦蝶、鲛人垂泪、蓝玉生烟都跟男女思恋爱慕无关。庄周梦蝶言虚幻，鲛人垂泪言哀伤，蓝玉生烟言迷茫。四个典故隐约可见的仅是一种心境流露，而非具体人事。

因此，钱谦益在《唐诗鼓吹评注》中说："此义山有托而咏也……顾其意言所指，或忆少年之艳冶，而伤美人之迟暮，或感身世之阅历，而悼壮夫之晼晚，则未可以一辞定也。"[①] 可见，《锦瑟》的主旨还未有定论，如果勉强将其界定为某端，肯定是有失公允和完备的。故此，教材将"望帝春心"解为"望帝思恋爱慕的情怀"，不光违背典故事实，也误解了"春心"，是欠妥当而需要及时纠正的。

[①] 钱牧斋、何义门评注：《唐诗鼓吹评注》，河北大学出版社，2000年，第347~348页。

韩愈《师说》之"道"寻绎

一直以来，韩愈《师说》被视为"倡导师道回归"的重要文章，在高中语文教材中也常与荀子《劝学》一起编入"探索学习之道"的主题单元。长期以来，"道"的含义被泛化，"师道"观被异化，"复兴儒学"的意旨被虚化。有鉴于此，很有必要将《师说》置于中唐儒学复兴视域下进行观照，以还原韩愈为文的初衷。

在《师说》中，"道"字共出现11次。其中"传道"2次，"闻道"3次，"师道"3次，"道"2次，"古道"1次。高中语文教材对"道"的注解不尽相同，将"传道"解为"传授道"，何派何家之"道"则语焉不详；3处"闻道"未注；3处"师道"，将"吾师道也"解为"我学习的是道"，而"师道之不传"则解为"尊师学习的风气"，"师道之不复"未注；"道相似"中"道"未注；"古道"解为"古人从师之道"。涉及"道"的不同理解至少有四种之多。在古文献中，一文中出现一词多解尚可理解，但如"师道"这样的同一词组出现多解，就比较少见也令人费解。可以对比的是，"传道""闻道"也出现多次，他们的语义则比较稳定，并未出现语义分歧的情况。

考察"道"的字源流变后发现，"道"的本义是"路"，许慎《说文解字》："所行道也。一达谓之道。"之后衍化出"途径""说""技艺""规律""学说""道德""引导"等近20个义项。查证包括《汉语大词典》在内的辞书，并未见将"道"解为"风气"之例。可见，将"师道之不传也"之"道"解为"风气"当为顺应句意的臆说。

探寻《师说》的意旨，自然无法脱离韩愈力振儒学，重建道统的历史事实，也无法脱离中唐掀起的那阵排佛抑老、复兴儒学的社会风潮。所以，探寻《师说》之"道"，需要着眼韩愈其人其文其思想，将《原道》《谏迎佛骨表》等作品纳入研究视野，以进行参照互证，探赜索隐。

一、源于孔孟的崇儒之"道"

韩愈对儒学之道的弘扬有特定的时代背景。儒学在汉武帝"罢黜百家、独尊儒术"后成为官学，魏晋时经学衰微，玄学流行，儒学发展陷入困境。南北朝佛道两教崛起，与儒学形成抗衡之势。隋唐承南北朝，释老猖炽，儒学不振。韩愈、柳宗元等先觉者，认识到佛老对中唐社会的危害，经过自觉反思后，韩愈等人首先将目光投向了孔孟的"仁义"之说，并从此走向了承继和发展儒学的知行之路。

《论语》中有不少论"道"的语录。如"朝闻道，夕死可矣"，如"士志于道，而耻恶衣恶食者，不足以议也"，如"君子谋道不谋食"，如"志于道，据于德，依于仁，游于艺"。后来的儒家思想者对孔子的"道"进行了申说，如孟子阐述的"人道""王道"，将"道"的内涵具体化为"仁、义"，并说"得道多助，失道寡助"。韩愈继承了孟子的思想，在《读荀子》一文中说："始吾读孟轲书，然后知孔子之道尊。"[1] 自我阐述是受到孟子启发而走上了尊儒弘道之路。韩愈说"孟子醇乎醇者也"，又说"自孔子没……独孟轲氏得其宗"。韩愈致力于孔孟儒道的重建，他说："韩愈之贤不及孟子。孟子不能救之于未亡之前，而韩愈乃欲全之于已坏之后。"[2]（《与孟尚书书》）

置于这样的视野之下，《师说》中的"道"，其具体要义肯定会指向韩愈终生推崇并躬行的儒学之道。这样就可以触及文末"古道"的本质内涵。韩愈在《题欧阳生哀辞后》中说："学古道则欲兼其辞，通其辞者，本志乎古道者也。"[3] 韩愈嘉奖李蟠，在于三个方面：一是学古文，二是学儒（"六艺经传皆通习之"），三是从师（"学于余"）。韩愈在很多文章中宣扬自己的"古道"理念，他说"宜师古圣贤人"[4]（《答刘正夫》），又说"愈之志在古道，又甚好其言辞"[5]（《答陈生书》），"然愈之所志于古者，不唯其辞之好，好其道焉尔"[6]（《答李秀才书》）。

韩愈眼中之"道"，就是儒家思想的核心要义——仁义，区别于佛老之道。

---

[1] 韩愈著，刘真伦、岳珍校注：《韩愈文集汇校笺注》，中华书局，2010年，第111~112页。
[2] 韩愈著，刘真伦、岳珍校注：《韩愈文集汇校笺注》，中华书局，2010年，第888页。
[3] 韩愈著，马其昶校注：《韩昌黎文集校注》，上海古籍出版社，1986年，第304~305页。
[4] 韩愈著：《韩愈集》，凤凰出版社，2020年，第120页。
[5] 韩愈著，马其昶校注：《韩昌黎文集校注》，上海古籍出版社，1986年，第176页。
[6] 韩愈著，马其昶校注：《韩昌黎文集校注》，上海古籍出版社，1986年，第176页。

他明确否定了佛老之道:"斯吾所谓道也,非向所谓老与佛之道也。"掷地有声地表明自己所说的"道"是儒家之"道":"博爱之谓仁,行而宜之之谓义。由是而之焉之谓道。"①(《原道》)

他在《原道》中清晰建构了儒学传承谱系:尧、舜、禹、汤、文、武、周公、孔、孟。韩愈认定,孟子死后,儒学已经没有继承的人,至于荀卿和扬雄,他们"择焉而不精,语焉而不详"。

苏轼在《韩愈论》中说:"韩愈之于圣人之道……其待孔子、孟轲甚尊,其距杨、墨、佛、老甚严。"② 而朱熹也认为:"韩子于道见其大体规模极分明……其排佛老,亦据其所见而言之耳。"③(《答宋深之》)以此论《师说》的主旨,韩愈排斥佛老之说,张扬儒学之道是显而易见的。

二、行于闻传的从师之"道"

韩愈在《师说》中不仅旗帜鲜明地提出了复兴儒学的主张,也建构了推行"古道"的基本路径。儒家认为,君子修身须借助"闻见学行"四种方式。《荀子·儒效》说:"不闻不若闻之,闻之不若见之,见之不若知之,知之不若行之,学至于行之而止矣。行之,明也。明之为圣人。圣人也者,本仁义,当是非,齐言行,不失毫厘,无它道焉,已乎行之矣。故闻之而不见,虽博必谬;见之而不知,虽识必妄;知之而不行,虽敦必困。不闻不见,则虽当,非仁也。"④ 显然,韩愈受了荀子的启发,认为复兴儒学始于闻道,然后经历见道、知道、学道,终于行道。

在《师说》中,韩愈建构了两条路线。一条是师者传道的路线,一条是学者闻道的路线(图1)。"推行儒学"("行道")须得传道者和闻道者同频共振,最终才能促进"师道"的形成。

$$\text{古道—行道} \begin{cases} \text{传道(师者)} \\ \text{闻道(学者)} \end{cases} \text{师道}$$

图1 《师说》之"道"路线图

韩愈提出了著名的教师职责论:"师者,所以传道受业解惑也。"他认为

---

① 韩愈著,马其昶校注:《韩昌黎文集校注》,上海古籍出版社,1968年,第13页。
② 张春林编:《苏轼全集(上)》,中国文史出版社,1999年,第491~492页。
③ 朱熹著,郭齐、尹波点校:《朱熹集(五)》,四川教育出版社,1996年,第2970~2971页。
④ 方勇、李波译注:《荀子》,中华书局,2011年,第109页。

"传道"是教师的首要职责。他还认为,"传道"是老师存在的理由与价值所在。他痛感于唐代"师道"衰落:"由汉氏已来,师道日微,然犹时有授经传业者,及于今,则无闻矣。"①(《进士策问十三首·第十二首》)要重振师道,首先得"授经传业"。韩愈认为,重要的是"敢为人师",要有人能站出来传授"道"。而他自己率先垂范,"奋不顾流俗,犯笑侮,收召后学,作《师说》,因抗颜而为师"(柳宗元《答韦中立论师道书》)。这些经韩愈指导而有所成就的后学被称为"韩门弟子"。李翱与皇甫湜是韩门弟子中最有名的两人。二人积极阐发韩愈的思想主张,推广韩愈提倡的古文之道。此外,追随韩愈的"韩门弟子"还有李汉、沈亚之、贾岛、刘叉等。

对于"闻道",孔子已经强调其重要性。《论语·里仁》:"朝闻道,夕死可矣。"韩愈将其纳入师道观中。他说:"生乎吾前,其闻道也固先乎吾,吾从而师之;生乎吾后,其闻道也亦先乎吾,吾从而师之。"一个"吾"字将自己纳入了"闻道"的行列,可见其敢为天下先的精神。"闻道有先后,术业有专攻,如是而已"则是告诉世人,须树立正确的择师观:不避年龄,不囿领域。

在此基础上,韩愈提出了著名的"师道合一"论:"道之所存,师之所存也。"他把师与道统一起来,建立互为因果关系:"闻道必从师","从师必师道"。这为自己力倡儒学奠定了理论基础。

三、倡于师古的为文之"道"

韩愈最早提出"古文"概念。"古文"针对六朝浮艳绮靡的骈文而言,指的是先秦和汉朝的散文。韩愈提倡古文,目的在于恢复古代儒学道统,将文学改革与复兴儒学统一起来。他在提倡古文时,进一步强调要文以明道。他在《送陈秀才彤序》中说:"读书以为学,缵言以为文,非以夸多而斗靡也,盖学所以为道,文所以为理耳。"② 韩愈倡导文以明道,文道统一,因此成为唐宋古文运动的开创者。韩愈门生李汉在《昌黎先生集·序》中写道:"文者,贯道之器也,不深于斯道,有至焉者,不也?"③ 较准确地概述了韩愈关于文与道关系的基本观点。

对于这一点,周敦颐将之表述为"文以载道",《通书·文辞》曰:"文所

---

① 韩愈著:《韩愈集》,凤凰出版社,2020年,第108页。
② 韩愈著,马其昶校注:《韩昌黎文集校注》,上海古籍出版社,1986年,第260页。
③ 韩愈著,马其昶校注:《韩昌黎文集校注》,上海古籍出版社,1986年,序1~2页。

以载道也。轮辕饰而人弗庸，徒饰也，况虚车乎。"① 而这个"文以载道"的"道"依然是儒学思想。朱熹则进一步阐述了韩愈提出的"文道合一"主张。朱熹指出："道者，文之根本。文者，道之枝叶，惟其根本乎道，所以发之于文，皆道也。三代圣贤文章，皆从此心写出，文便是道。"②（《朱子语类》卷一百三十九）朱熹还说"文皆是从道中流出"，"有德者必有言"。从中可知，在韩愈、周敦颐、朱熹等人倡导的"文以明道""文以载道"中，"文"是形式是工具，"道"是内容是灵魂，"文"是来阐明"道"和承载"道"的，而"道"的本质内涵依然是儒学思想。由此可见，韩愈、柳宗元倡导"古文运动"无非是想借助文学改革来推动儒学复兴。李媛媛认为："韩愈所提的'道'，指以儒家文化为主要载体的一整套价值体系，以文统来传承道统、捍卫文统，讲求内圣外王，自上而下，由内而外，一以贯之。"③

与"抗颜为师"一样，韩愈也身体力行，通过自己的文学创作来践行"振兴古文"之道。一方面他摇旗呐喊，写了很多阐述其思想主张的文章。《进学解》力主"觚排异端，攘斥佛老"，《原道》重申："古之欲明明德于天下者，先治其国；欲治其国者，先齐其家；欲齐其家者，先修其身；欲修其身者，先正其心；欲正其心者，先诚其意。"④《答李翊书》《重答翊书》《进士策问（其十二）》《答刘正夫书》等大量文章都在申说崇儒、为师、为文之道。另一方面，他也坚持质朴自由的秦汉散文风格，语言简明生动，彻底摒弃了华丽矫情的六朝文风，深深影响了唐宋散文的发展，《师说》一文也体现了这一点。

为此，苏轼在《潮州韩文公庙碑》中这样评价：

> 自东汉以来，道丧文弊，异端并起，历唐贞观、开元之盛，辅以房、杜、姚、宋而不能救。独韩文公起布衣，谈笑而麾之，天下靡然从公，复归于正，盖三百年于此矣。文起八代之衰，而道济天下之溺；忠犯人主之怒，而勇夺三军之帅：此岂非参天地，关盛衰，浩然而独存者乎？⑤

---

① 周敦颐撰，梁绍辉、徐荪铭校点：《周敦颐集·通书》，岳麓书社，2007年，第78页。
② 黎靖德著：《朱子语类》第八册，中华书局，2012年，第3319页。
③ 李媛媛：《"文以载道"辨》，《文艺报》，2017年7月24日。
④ 韩愈著，马其昶校注：《韩昌黎文集校注》，上海古籍出版社，1968年，第17页。
⑤ 吴楚材、吴调侯选：《古文观止》，中华书局，1959年，第500页。

四、结语

作为时代的清醒者和忧患者，韩愈亲眼见证了中唐社会存在的三大问题——思想界沉湎佛老，儒学式微；学术界不事学习，耻于相师；文学界效仿齐梁，浮华绮艳。韩愈起而振之，以复兴儒学之"道"为发端，以笔为刀，直指学术界、文学界之乱象。《师说》一文可谓三管齐下，既阐发了"崇儒"的观点，也指出了行于闻传的为师之路，还通过写作此文践行了"古文运动"的主张。

观《师说》一文的整体思路，文章立而后破："嗟乎！师道之不传也久矣！""呜呼！师道之不复可知矣。"两语就将中唐时代的流弊指了出来。言辞中，满是无奈和愤激。

在批判之后，转而以古代"圣人"行道之例正面论述，既有对当时士大夫之族耻于师事"位卑"者、"年近"者的微刺，也有对"道之所存，师之所存""师道一体"观的加持。文末交代写作缘由，李蟠"学于余""行古道"，既证明了"德不孤必有邻"，又让作者执意推行古道的人格形象得到了彰显。

由上可见，"师道"不仅是"从师学习"之道，也是"学习古文"之道，是"复兴儒学"之道。复兴儒学之"道"是核心，倡导为学之道、兴起古文运动是双翼，双翼是表，核心是里，三者融为一体，不可决然分开。正可以说，文道正是儒道，师道亦是儒道，三道归一，方成大道。

总之，《师说》中的"道"并不是泛化和虚化的，而是具体而统一的。理解11处"道"，完全可以将其意涵统整到"儒学之道"上来，这样就避免了一文之中同词多解、同词异解的情况。而这一点，也能从后世人对韩愈的评价看出来，如宋人徐钧所作《韩愈》诗将其思想和文学相提并论："排斥异端尊孔孟，推原人性胜荀杨。平生胆气尤奇伟，何止文章日月光。"而元人辛文房在《唐才子传·卷五》中更是全面而深刻地评价其人、其心、其文。

> 公英伟间生，才名冠世，继道德之统，明列圣之心。独济狂澜，词彩灿烂，齐、梁绮艳，毫发都捐。有冠冕佩玉之气，宫商金石之音，为一代文宗，使颓纲复振，岂易言也哉，固无辞足以赞述云。[1]

---

[1] 辛文房撰，关鹏飞译注：《唐才子传·韩愈》，中华书局，2020年，第345~346页。

互证视角下的
《奉和袭美抱疾杜门见寄次韵》解读

中国自古有"文人雅集"的文化传统,"或十日一会,或月一寻盟"。文人雅士相约相聚,诗酒唱和,风韵流传。有名的如王羲之兰亭雅集,三曹邺下雅集等。而此风唐宋尤盛。不少文人结识同道中人,引为知己,惺惺相惜,唱和酬答,成就无数文学佳话。如王昌龄与孟浩然、白居易与刘禹锡、白居易与元稹、苏轼与黄庭坚等。也正是这样的唱和酬答,产生了古代诗歌史上为数不少的唱和诗。

唱和诗是指诗人间应答酬谢所作的诗词。"唱"是指一个人先给自己的好友写一首诗,"和"则是第二人依第一人作的诗词进行酬答。第二人酬答的和诗分依韵、用韵、步韵、和诗四种情况。其中,依韵又叫同韵,步韵又叫次韵,不按原韵的叫和诗。如刘禹锡的《酬乐天扬州初逢席上见赠》,题目中的"酬"就表明此诗是在答谢白居易诗《醉赠刘二十八使君》,两诗不同韵,是唱和诗中的"和诗"。

陆龟蒙《奉和袭美抱疾杜门见寄次韵》则是唱和诗中的"次韵诗"。次韵唱和从元稹白居易开始盛行,后世唱和渐渐以次韵为多。而皮日休、陆龟蒙是元白以后,唱和诗作影响最大的唐朝诗人。据史记载,咸通十年(869年),皮日休到苏州做苏州刺史崔璞的从事。同年,陆龟蒙与皮日休结识,彼此唱和,并称"皮陆"。咸通十二年(871年),陆龟蒙将"皮陆"二人来往唱和的诗歌攒集编辑成《松陵集》。今存明末毛晋汲古阁刊刻本《松陵集》十卷,集中共收二人唱和作品600多首,《松陵集》因此成为收录文人唱和诗数量众多的专辑诗集。

《奉和袭美抱疾杜门见寄次韵》的"唱诗"是皮日休的《鲁望春日多寻野景日休抱疾杜门因有是寄》,和诗是《奉和袭美抱疾杜门见寄次韵》,为方便论述,录二诗于下。

鲁望春日多寻野景日休抱疾杜门因有是寄
皮日休
野侣相逢不待期，半缘幽事半缘诗。乌纱任岸穿筠竹，白袷从披趁肉芝。数卷蠹书棋处展，几升菰米钓前炊。病中不用君相忆，折取山樱寄一枝。

奉和袭美抱疾杜门见寄次韵
陆龟蒙
虽失春城醉上期，下帷栽遍未栽诗。因吟郢岸百亩蕙，欲采商崖三秀芝。栖野鹤笼宽使织，施山僧饭别教炊。但医沈约重瞳健，不怕江花不满枝。

  陆龟蒙采用次韵，依照皮日休诗所押的"支"韵写作，并严格取用皮日休诗歌中的韵脚（"期、诗、芝、炊、枝"），顺序都是一样。这就是陆诗题目中"次韵"这种唱和诗的基本特征。除此之外，两诗内容也紧密相关。所谓一唱一和，和诗往往要依承唱诗的内容、情感而来，或答谢，或勉励，或宽慰等。如白居易的唱诗《春词》："低花树映小妆楼，春入眉心两点愁。斜倚栏杆背鹦鹉，思量何事不回头。"最后一句"思量何事不回头"委婉表达了宦海沉浮的迷茫失意、幽怨激愤。而刘禹锡的和诗《和春词》："新妆宜面下朱楼，深锁春光一院愁。行到中庭数花朵，蜻蜓飞上玉搔头。"则对白居易倍加鼓励，"蜻蜓飞上玉搔头"一句充满对老朋友定将实现政治抱负的美好期许。

  鉴于唱和诗在诗意、题材、风格等方面有紧密关联的这种特征，读解《奉和袭美抱疾杜门见寄次韵》就有了一个有效的策略和方法：文本互证。文本互证是文献学、考据学中的基本方法。考据学有三种基本方法：本证法、外证法、理证法。本证法又叫内证法，陈第在《毛诗古音考》中提出"《诗》自相证"，就是利用文献自身寻找证据来考证问题；"采之他书"的旁证法也叫外证法，就是利用文献以外的关联证据（书证和物证）来进行考证的方法。后来，陈寅恪先生在《元白诗笺证稿》中提出了一种"诗史互证"的文史研究方法，"诗史互证"将诗歌文本和历史文本相互印证，借以考辨两种文本的正误，或以此说明诗歌意旨和揭示历史事实。"诗史互证"包括"以诗证史"和"以史释诗"。通过考察，我们发现"以史释诗"基本由孟子"知人论世"思想演变而来，"知人论世"是后世解诗的基本法则。笔者认为，读解诗歌需要综合利用文本的内外资源进行充分举证，既需要依循文本前后的文脉思路实现文本自证、逻辑自洽，也要通过知人论世、"诗史互证"来剖解疑难之处。这种打通文本内外壁垒的阐释方法就叫文本互证法。

逻辑自洽与视域融合
——中学语文经典文本研究

解读诸如陆龟蒙《奉和袭美抱疾杜门见寄次韵》这样的唱和诗就可充分运用这种文本互证的方法：一是通过"诗史互证"澄清"下帷""百亩蕙""三秀芝"典故用意进而判断其是否言及"教书育人"事；二是通过内外互证，厘清皮陆二诗的行文思路和情感逻辑，比如"下帷"是谁，谁"吟蕙采芝"。

下面，笔者尝试使用相关文献通过文本互证的方法对皮陆二诗做出解读，以就教于方家。

据马丕环《皮日休年谱会笺（上）》考释："咸通十年乙丑（869年），七月，应辟入苏州刺史崔璞幕，为苏州军事院从事。八月，进士陆龟蒙以业见造，彼此结为诗友。"[1] 这一年，皮日休29岁，刚经历了科考失利（868年应宏词不第，拟东游）的挫折，郁郁寡欢之下巧结良友。至此，唐朝诗歌史开启了一段佳话。咸通十一年庚寅（870年），皮日休30岁，结婚苏州，陆龟蒙以诗寄贺。七月，皮日休荐陆龟蒙入崔璞幕。咸通十二年辛卯（871年）一月，抱病杜门，在苏州家中。皮日休《又寄次前韵》写道："病根冬养得，春到一时生。眼暗怜晨惨，心寒怯夜清。妻仍嫌酒癖，医只禁诗情。应被高人笑，忧身不似名。"这年春天（"春到一时生"），皮日休得了眼疾（"眼暗怜晨惨"）。四月，眼疾初愈。此事从《初夏即事寄鲁望》"夏景恬且旷，远人疾初平"句可知。

《抱疾杜门》两诗均收入《松陵集》，结合两人的交往轨迹，两诗可断为作于871年1月至4月间。彼时，皮陆二人均在崔璞幕府中。皮日休官职为"军事院从事"，"从事"亦称从事掾，是汉代刺史的佐吏。汉以后三公及州郡长官皆自辟僚属，多以从事为称。崔璞是苏州刺史，皮日休自然是刺史的属官。后有陆龟蒙入幕府，所任何职则未见典籍记载。似见其只是崔璞幕中一个寄附衣食的幕宾。需要注意的是，在《松陵集序》及诗作中，均未见陆龟蒙设馆授学的信息。陆龟蒙后期隐居甫里，务农游历。倒是皮日休后来做过太常博士，有掌教弟子的经历，但那已经是苏州幕之后的事了。

弄清了这些事实，我们就可以把握《鲁望春日多寻野景》一诗的基本思路：首联写自己与陆龟蒙结缘相识，相逢相交，志趣相投，"不待期"是不需要相约，"幽事"是美景、胜景，"半缘幽事半缘诗"表明两人相交是因为有共同的志趣：喜欢游赏美景、吟诗作赋。颔联、颈联四句是在回忆两位好友纵情山水，诗酒唱和的欢乐时光：曾经与崔璞等人（戴乌纱，披白袷）穿竹林、拾

---

[1] 马丕环：《皮日休年谱会笺（上）》，《宝鸡文理学院学报（人文社会科学版）》，1996年第1期，第66~67页。

互证视角下的《奉和袭美抱疾杜门见寄次韵》解读

菌菇,两位好友晤言一室,或谈论诗书,或对弈棋局,或临水垂钓,或烹食共享。最后一联是表达歉意,安慰好友:现在我病了,你也不用太过思念我,你只需在尽兴游赏后为我折取一枝山樱。山樱是山中樱桃花,夏四五月开花,花白色或略带红。王维有《送钱少府还蓝田》诗:"涧水初流碧,山樱早发红。"通过诗史互证,我们弄清楚了中间两联是回忆两人游赏的情景,而不是想象陆龟蒙游赏的内容,就避免了陆龟蒙并无官职为何"戴乌纱"导致诗句解读抵牾难通的问题。诗题也就容易理解了,皮日休因为自己得了眼病,无法与陆龟蒙共赴游春之约,只能嘱托好友"多寻好景","因有是寄"。

再来看陆龟蒙的《奉和袭美》,首联是为了消除皮日休爽约而生的遗憾和歉意而写的告慰之语。"虽失春城醉上期,下帷裁遍未裁诗"的意思是,虽然错失了春城饮酒后的约定,但正可以"下帷"把先前未裁的诗再重新"裁"一下。"裁诗"即作诗。在诗人笔下,这样的例子很多,杜甫《江亭》诗:"故林归未得,排闷强裁诗。"宋人沉遘《西舍》诗:"少年裁诗喜言老,谁知老大都无心。"前面所说的"裁诗"都是作诗。"下帷"则存在争论,有人说"下帷"是教书,典出《史记·儒林列传》:"下帷讲诵,弟子传以久次相授业,或莫见其面,盖三年董仲舒不观于舍园,其精如此。"[①] 根据前文论述,陆龟蒙并未有设馆讲学的经历,皮日休虽做过太常博士,也是苏州幕之后的事情。所以,将"下帷"讲为"教书"无所依傍,不但无史可据,也无法与"裁诗(作诗)"实现内在情理的自洽。如将"下帷"讲成"闭门深居(放下帷幕)",则句意豁然开朗,诗人应该在安慰好友,你有眼疾不能外出,但正可以在家闭门作诗。

颔联紧承首联,作什么诗呢?作"因吟郢岸百亩蕙,欲采商崖三秀芝"这样的诗。"吟"字本身就在照应"裁诗",古人也称吟诗为作诗。"采"字本义摘取、选取。"三秀芝"即灵芝,灵芝为神秀之物,因此"采芝"也可转为作诗时"选取灵秀之语",与"裁诗"有对应。当然,这两句用了两个典故,前面用典屈原《离骚》"余既滋兰之九畹兮,又树蕙之百亩"。兰蕙在《离骚》构筑的意象体系中,属于"善鸟香草,以配忠贞"(王逸《楚辞章句》)一类,象征的是贤人君子。"滋兰树蕙"则是贤人君子修德的一种行为。于是,我们可以将"滋兰树蕙"理解为屈原自修德行的行为。按此,陆诗"因吟郢岸百亩蕙"可解为:你可以趁着"下帷深居的日子",像屈原那样吟出《离骚》中精美的诗句,借此来标举自己的高洁德行。"欲采商崖三秀芝"则用"商山四皓"的典故。商山四皓指秦末隐居商山的四位高人。他们不愿出山做官,甘愿过安

---

① 司马迁著:《史记》,中华书局,2006年,第703页。

贫乐道的生活，并以《紫芝歌》明志。

此典表达隐逸避世之想并无疑义。陆龟蒙本人淡泊名利，矢志归隐，自称"江湖散人"，又曾说自己是甫里先生、汉涪翁、渔父和江上丈人。晚年隐居故乡松江甫里。用"商山四皓"的典故当然有自托之意，皮日休也曾隐居鹿门山，有脱尘之想。与陆龟蒙结识，二人经常啸傲山林，流连林泉。孙桂平考察皮陆诗作后认为："《松陵集》所蕴含的生活理想是闲、隐、雅三位一体，而这种生活理想恰是中国历史上文人心理更趋成熟的标志。"[1] 按此，"欲采商崖三秀芝"也有对皮日休抱疾杜门过着隐士高人般生活的赞许称颂之情。

颈联也应该是陆龟蒙宽慰皮日休之语。因为前四句都在说皮日休，如果将这两句理解为陆龟蒙说自己，就显得很突兀。笔者认为，这两句由于要符合诗律出现了语序颠倒。正常语序应该是："野鹤栖笼使宽织，山僧施饭教别炊。"皮陆二人在唱和诗中常用野鹤自喻。皮日休《北禅院避暑联句》有"残蝉烟外响，野鹤沙中迹"。《四明山九题·青棂子》有"衔来多野鹤，落处半灵泉"。陆龟蒙《奉酬袭美先辈吴中苦雨一百韵》中则有"君来赞贤牧，野鹤聊簪笏"。"野鹤栖笼"实则是比喻病后困守家中的皮日休。皮日休因病无法外出，就像野鹤被关进了笼子。此处写与鹤为伴，与僧交往，也标榜了二人的高雅情趣。至于"使宽织"则是劝慰皮日休要放宽心，所谓"心宽体胖"，别让自己的养病生活太逼仄，宋人鲍照《拟行路难》之四有句："酌酒以自宽，举杯断绝歌《路难》。"当然，也可解为因为你现在要养病，要让你的长官对你宽松宽容一些。

颈联"施山僧饭别教炊"一句的正常语序是"山僧施饭教别炊"。为修行的僧人施饭是古代礼佛之人的一种行为。王维有诗《饭覆釜山僧》："晚知清净理，日与人群疏。将候远山僧，先期扫弊庐。果从云峰里，顾我蓬蒿居。藉草饭松屑，焚香看道书。燃灯昼欲尽，鸣磬夜方初。一悟寂为乐，此日闲有余。思归何必深，身世犹空虚。"王维迎接山中僧人，一起坐在草垫上吃松果，然后点燃佛香诵读经典。袁宏道《天目》文中有："山中僧四百余人，执礼甚恭，争以饭相劝。"文人雅士与山间僧人高士相往来，以饭执礼，想必也是皮陆二人日常生活内容之一。按此，词句也是在劝慰皮日休，因为你有眼疾，为僧人施饭的事就让其他人去做了。

此诗尾联"但医沈约重瞳健，不怕江花不满枝"更是劝慰之语，只要医好

---

[1] 孙桂平：《〈松陵集〉中皮陆的生活理想：闲隐雅三位一体》，《集美大学学报（哲学社会科学版）》，2001年第2期，第101页。

互证视角下的《奉和袭美抱疾杜门见寄次韵》解读

了你的眼病,我们可以在下一个春花满枝的时节一同出游,充满对好友早日痊愈的美好祝愿之意。

在前面的解读中,我们运用了相关史料来还原诗歌的创作背景和作者的生活状况,这是"以史释诗"的方法;我们也结合原典对疑难的典故进行了索解,这是文本互证法中的旁证法;解读陆诗时,我们联结了皮诗,这是互证法;我们还从陆诗的整体思路出发,借助前后语境的关联以实现语意畅通,这是本证法。所以,我们倡导古诗读解要充分运用文本互证的考据学方法,以期能消除歧解和误读,尽可能还原文本和作者的"原意"。

"乌鹊"考

曹操《短歌行》中有："月明星稀，乌鹊南飞。绕树三匝，何枝可依。"苏轼在《赤壁赋》中引云："此非曹孟德之诗乎？""乌鹊"为何鸟，部编本高中语文教材语焉不详。搜寻文献后发现，对"乌鹊"的解释主要有三种：一是乌鹊即喜鹊，二是乌鹊指乌鸦，三是乌鹊是乌鸦和喜鹊的合称。这样的理解分歧甚至造成了英译的混乱。钱歌川先生曾经谈到一件事，英国汉学大师杰尔斯把"月明星稀，乌鹊南飞"译为："The stars are few, the moon is bright. The raven southward wings his flight.""raven"即"乌鸦"。李杏村先生在翻译《前赤壁赋》时则把这两句诗译成："When the stars are few, And the moon shines brightly, Magpies and ravens are winging their way southward.""乌鹊"被译为"Magpies and ravens"，成了乌鸦和喜鹊的合称。而钱歌川却认为"乌"在这里是个形容词，乌鹊实际上是指那种俗称"喜鹊"的鸟。①

这个问题，其实可以从历史语境和认知习惯出发，在充分分析语料的基础上得到解决。通过北大CCL语料库和《四部丛刊》检索软件对"乌鹊"进行查询，在北大CCL语料库"古代汉语"系统共查到210条语料，在《四部丛刊》查到300多条语料。我们以曹操《短歌行》所处的时代汉魏为界，对语料进行划段分析。汉魏之前考察"鹊""乌""乌鹊"的流变情况，汉魏之后考察"乌鹊"的用典，以期洞察出前人对"乌鹊"的主流认知规律。

《诗经》中，"乌""鹊"均有出现。《邶风·北风》中有"莫赤匪狐，莫黑匪乌"，《召南·鹊巢》中则有"维鹊有巢，维鸠居之"。此时，"乌""鹊"尚未沉积文人的文学情感，也未打上褒贬等文化色彩。"乌鹊"连在一起使用，较早的有《楚辞》《庄子》。《楚辞·九章·涉江》中有"鸾鸟凤凰，日以远兮。燕雀乌鹊，巢堂坛兮"，《庄子·天运》有"乌鹊孺，鱼傅沫，细要者化，有弟而兄啼"。不过，依然可以辨析出"乌鹊"分属两种不同的鸟。分析"燕雀乌

---

① 钱歌川著：《翻译的基本知识（修订版）》，北京联合出版公司，2015年，第4页。

鹊"的构词,"乌""鹊"和"燕""雀"应该是并列的四种鸟。不过,《楚辞》中的"乌鹊"已经被赋予了褒贬感情色彩。东汉王逸注:"燕雀乌鹊,多口妄鸣,以喻谗佞。言楚王愚闇,不亲仁贤,而近谗佞也。"① 王逸将其纳入"比德"系统中,"燕雀乌鹊"成了与"鸾鸟凤凰"相对的意象符号。

"乌""鹊"同属鸦科,因为外形相近,羽毛相似,以致混同。沈德潜《古诗源》载有署名为战国韩凭妻何氏作的《乌鹊歌二首》,其一为"南山有乌,北山张罗。乌自高飞,罗当奈何!"其二为"乌鹊双飞,不乐凤凰,妾是庶人,不乐宋王!"参照两诗,"其二"中"乌鹊"当为"其一"中"乌",即乌鸦。乌鸦终生一夫一妻,此诗以此来表明夫妻的忠贞。

另,王逸《九思》诗有句曰:"乌鹊惊兮哑哑,余顾盼兮忉怛",刘安《淮南子》多次出现"乌鹊之巢""赤肉悬则乌鹊集"等字句,东汉荀悦《前汉纪》也多次记载"乌鹊自斗宫中"。因为乌鸦鸣声嘶哑,故一般认定"乌鹊惊兮哑哑"中"乌鹊"为乌鸦。而"乌鹊自斗宫中"则是乌鸦和喜鹊相斗,《隋书·郭隽传》:"家门雍睦,七叶共居,犬豕同乳,乌鹊通巢,时人以为义感之应。"② 乌鹊争斗指谋乱相斗,乌鹊通巢则比喻和谐共处。可见,最迟在汉代就已经出现了"乌""鹊"连用的情况。

这种连用造成了"乌鹊"混同。但"乌鹊"很多时候专指喜鹊。《淮南子》载:"乌鹊填河成桥而渡织女",这是牛郎织女相会鹊桥的较早记述。此后,涉及牛郎织女典故的"乌鹊"就指向喜鹊。李邕《奉和初春幸太平公主》:"织女桥边乌鹊起,仙人楼上凤凰来。"李商隐《辛未七夕》诗:"岂能无意酬乌鹊,惟与蜘蛛乞巧丝。"即使无关"鹊桥"典故,也有不少诗文中的"乌鹊"指喜鹊。杜甫《喜观即到复题短篇二首》之二:"待尔嗔乌鹊,抛书示鹡鸰。"元好问《送钦叔诗》之五:"遥知慈母心,已为乌鹊喜。"这些诗句已经在"鹊"身上赋予"喜"的文化内涵。在唐宋时代,也已经有直接称喜鹊的,韩愈、李正封《晚秋郾城夜会联句》:"室妇叹鸣鹳,家人祝喜鹊。"苏轼《虎丘寺》有句:"喜鹊翻初旦,愁鸢蹲落景。"

我们发现,古人在诗文中使用"乌鸦"意象时,大多数时候称"乌鸟""乌"或"鸦"。晋代束皙《补亡诗·南陔》:"嗷嗷林乌,受哺于子。"李密《陈情表》:"乌鸟私情,愿乞终养。"孟浩然《送王五昆季省觐》:"斜日催乌鸟,清江照彩衣。"张继《枫桥夜泊》:"月落乌啼霜满天,江枫渔火对愁眠。"

---

① 洪兴祖著:《楚辞补注》,中华书局,1983年,第132页。
② 魏征著:《隋书》,中华书局,1973年,第1667页。

马致远《天净沙》："枯藤老树昏鸦"。还可以看到，乌鸦也逐渐被赋予较为复杂的文化情感：因为反哺成为孝鸟，因为叫声凄凉常用来渲染悲愁。

通过前面的梳理，我们大致可以明白几点：自汉代以后，"乌鹊"混用，所指不一，既有合指乌鸦喜鹊的情况，也有偏指其一的；唐宋时，指乌鸦多用"乌鸟""乌"或"鸦"，指喜鹊时多用"乌鹊"或"鹊"，不过，直接称"乌鸦""喜鹊"的情况尚不多见，由此可知，乌鸦、喜鹊被赋予吉凶悲喜等文化信息是唐宋后逐渐形成的。在诗文中，屈原用乌、鹊来象征奸佞，晋人赋予乌鸦慈孝形象，唐宋诗人用鹊桥典故喻指爱情，"乌""鹊"的文化信息显得驳杂而纷繁。

不过，我们发现，曹操《短歌行》之前，还没有人用乌鹊来比喻人才。曹操《短歌行》之后，以"乌鹊南飞"为典的诗文大量出现。李白《赠柳圆》有："还同月下鹊，三绕未安枝。"杜甫《奉赠太常张卿二十韵》有："槛束哀猿叫，枝惊夜鹊栖。"南宋刘过《寓东阳》有："惜无庐可卧，尚绕鹊枝三。"下面是辑录的一些用例。

  寂寞青陵台上月，秋风满树鹊南飞。（储嗣宗《宋州月夜感怀》）
  中秋朗月静天河，乌鹊南飞客恨多。（刘沧《八月十五日夜玩月》）
  丹桂影空蟾有露，绿槐阴在鹊无枝。（唐彦谦《八月十六日夜月》）
  鹊惊初泛滥，鸿思共裴回。（徐放《奉和武相公中秋锦楼玩月得来字》）
  鹊绕惊还止，虫吟思不喧。（李吉甫《夏夜北园即事寄门下武相公》）
  素娥尝药去，乌鹊绕枝惊。（李华《海上生明月》）
  斗斜人更望，月细鹊休飞。（杜甫《夜二首之二》）
  同悲鹊绕树，独坐雁随阳。（皇甫冉《途中送权三兄弟》）
  昨夜明月满，中心如鹊惊。（钱起《县内水亭晨兴听讼》）
  今夜南枝鹊，应无绕树难。（骆宾王《望乡夕泛》）

分析上述诗文例句，不难发现，唐宋诗人词家在使用此典时多用"鹊"称，这表明后世人更倾向于将曹操《短歌行》中"乌鹊"理解为喜鹊而不是乌鸦。

那么，曹操《短歌行》中"乌鹊南飞"的"乌鹊"又喻指什么呢？生物学知识显示：中国南方和北方均有乌鸦和喜鹊栖息，相对来说，喜鹊在北方更为常见。乌鸦则南北均有分布；乌鸦和喜鹊都是留鸟，并不会像候鸟那样迁徙。因此，"乌鹊南飞"不是直接叙写候鸟迁徙这一自然现象。也就是说，曹操于此写"乌鹊"是"取诸怀抱""因寄所托"。

目前，研究者对"乌鹊南飞"的寄寓之意主要持两种观点：

一是贤才说。持此种观点的人较多。《诗比兴笺》说："虽然，鸟则择木，木岂能择鸟？天下三分，士不北走则南驰耳。分奔吴蜀，栖皇未定，若非吐哺折节，何以来之。山不厌土，故能成其高；海不厌水，故能成其深；王者不厌士，故天下归心。"① 显然，魏源认为"乌鹊"喻指"士"。人民教育出版社2004版《普通高中课程标准实验教科书 语文2必修·教师用书》就持这一观点。只是，《短歌行》中已有"青青子衿""我有嘉宾""明明如月"一类喻指人才的意象，也写人才"越陌度阡"而来，宾主"契阔谈䜩"相聚甚欢，既然人才已经归于曹操麾下，又何来忧虑人才南去，无枝可依呢？"人才说"显然存在上下文语意抵牾的问题。

二是流民说。曹魏时期，因北方连年战乱，生灵涂炭，人口锐减。曹操《蒿里行》说："白骨露于野，千里无鸡鸣。生民百遗一，念之断人肠。"唐人杜佑《通典》记载，战乱导致"人户所存，十无一二。"② 为躲避战乱，大量北人南迁。史料显示，从东汉初平元年（190年）至三国魏正元二年（255年）六十余年间，北方居民有五次大的南迁行动，先后有数十万来自中原、关中、山东等地的居民迁入荆州、汉中、四川和长江下游平原。而这也是曹操耿耿于怀、忧心忡忡的事情。曹操在《苦寒行》中慨叹："溪谷少人民，雪落何霏霏！延颈长叹息，远行多所怀。我心何怫郁？思欲一东归。"他在《度关山》中也说："天地间，人为贵。"曹操忧心人口流失，忧心百姓流离失所、无处安身，符合曹操所处的时代环境和心境。曹操在《军谯令》中直接写道："吾起义兵，为天下除暴乱。旧土人民，死丧略尽，国中终日行，不见所识，使吾凄怆伤怀。"③ 曹操心怀黎民，心忧天下也是实情。将"乌鹊南飞"理解为"百姓南迁"是有史实依据的。因此，一些研究者认为，"乌鹊"泛指"流民"而非特指"人才"。

---

① 魏源著：《老子本义 净土四经 诗比兴笺》，岳麓书社，2011年，第192页。
② 杜佑著：《通典》，中华书局，1988年，第144页。
③ 曹操著：《曹操集》，中华书局，1959年，第31页。

而"流民说"也可以通解唐宋诗词中的"鹊枝"典故。前文辑录的唐宋诗句中,"乌鹊""鹊南飞""南枝鹊"均可视为客居异乡、漂泊转徙的"流民"。

　　刘沧《八月十五日夜玩月》有诗句"乌鹊南飞客恨多",诗人用"乌鹊南飞"的典故在抒发中秋之夜客居异乡的愁苦。考察李华、杜甫、钱起、骆宾王等人的诗借用的"鹊枝"典,则更是通过抒发游子思乡之愁来暗示流离的处境了。更有意思的是,李白有一首《鹊》诗:"五色云间鹊,飞鸣天上来。传闻赦书至,却放夜郎归。"李白参与永王叛乱被流放夜郎,途中遇赦。此诗借鹊鸣表达遇赦的喜悦,但同时也暗示自己"流民"的身份。由此可见,自曹操《短歌行》始,南飞的"乌鹊"逐渐演化为泛指的"流民"——客居异乡的游子和漂泊转徙之人。

王安石《读孟尝君传》质疑

孟尝君素有雅誉，以仁德著称于世。古史载孟尝君、平原君、春申君、信陵君以"得士"齐名，称其为"战国四公子"。有关"孟尝君得士"的说法详见于《史记·孟尝君列传》，司马迁盛赞其"好客自喜"，"倾天下之士"。自此，孟尝君成为后世用事者揽络人才的典范，以至养士之风大行于世。然而，这种状况到了宋代便遭到非议，大名鼎鼎的政治改革家王安石不以为然，为表示对传统看法的不满，他写了一篇短小精悍的史论散文《读孟尝君传》：

> 世称孟尝君能得士，士以故归之，而卒赖其力，以脱于虎豹之秦。嗟乎！孟尝君特鸡鸣狗盗之雄耳！岂足以言得士？不然，擅齐之强，得一士焉，宜可以南面而制秦，尚取鸡鸣狗盗之力哉？鸡鸣狗盗之出其门，此士之所以不至也。

这篇仅有九十多字的文章，一反传统论见、自出机杼，认为旧史中"孟尝君善养士"的说法是错误的，并且推倒重来，提出了一个相反论断：孟尝君并非善养士。的确，这一大胆立论让人耳目一新，使孟尝君这个历史人物的面貌为之一改。王安石在此文中别出手眼之举得到了众多评注者的认可和附和。高步瀛《唐宋文举要》记载了大量的点评文字：

> 楼迂斋曰：转折有力，首尾无百余字，严劲紧束，而宛转凡四五处，此笔力之绝。沈曰：语语转，笔笔紧，千秋绝调、刘曰：寥寥数言，而文势如悬崖断壁，于此见介甫笔力。李曰：此文笔势峭拔，辞气横厉，寥寥短章之中，凡具四层转变，真可谓尺幅千里者矣，吴曰：此文乃短篇之极则，雄迈英爽，跌宕变化，故能尺幅中具有万里波涛之势。后人多喜摹之，莫能拟其万一，前人亦无似者。虽荆公他

长篇文字，亦未有似此者。使其篇篇至此，岂不与昌黎并驾争雄哉？①

不仅古代评论家为此文拍案叫绝，今人也多有褒词。王水照在《宋代散文选注》中说："这篇九十字的短论，写得抑扬反复而转折有力，只用三句话就驳倒世俗的一般看法，给人一种显豁的新鲜感觉。"② 除此之外，许多文学史家在论及该文时，也为王安石的举动拍手喝彩，称该文根据对历史实际的分析，驳斥了孟尝君善养士的传统观念。凡此种种，大有"荆公一言出，尽废众史书"之势。

然而，事实并非如此简单。《读孟尝君传》虽然文笔刚厉、立意超卓，但义理不足为训，其内容和逻辑都有纰漏之处。对此，部分头脑清醒的文史家曾试图加以澄清，并做过一些拨乱反正的工作。刘盼遂、郭预衡在《中国历代散文选》中有过批评，徐北文更是认为，王安石否定旧史对孟尝君的评价"在逻辑上这是偷换概念"③，"这是攻其一点，不计其余的片面观点"④。遗憾的是，这一类文史家没有全面、彻底地指出这篇文章的破绽，以至于"应和之声盖寡"，使这一言过其实的讹谬延续至今。为此，笔者不揣浅陋，拟从历史、逻辑角度深论之，当否，尚祈行家指正。

一、此士非彼士

士，古文字学家大多认为这是一个象形符号，将之解为"士，势也，为雄性之标志"⑤ 或"士，为雄性，在人则为男，与女相对"⑥，即男子性器。《周易》有句"士刲羊，女承筐"，"士""女"对举，可知一斑。后儒将"士"解为"任事之称"，恐有避讳和守礼的深层原因。不过，总起来看，"士"在上古一开始即为"任事之男子"的通称，当属无疑。

士成为专指的社会阶层，大约是在西周春秋时期。起初，士的社会地位并不高，他们依附于奴隶主阶级，大多为卿大夫家臣、食客。有的食田，有的采

---

① 高步瀛选注：《唐宋文举要》，中华书局，1963年，第861页。
② 王水照选注：《宋代散文选注》，上海古籍出版社，2010年，第78页。
③ 徐北文主编：《古文观止今译》，齐鲁书社，1993年，第685页。
④ 徐北文主编：《古文观止今译》，齐鲁书社，1993年，第685页。
⑤ 刘兴隆著：《新编甲骨文字典》，国际文化出版公司，2005年，第973页。
⑥ 康殷著：《古文字形发微》，北京出版社，1990年影印本，第621页。

邑。《国语·周语上》："大夫、士日恪位著，以儆其官。"①《国语·晋语四》："大夫食邑，士食田。"② 可见，士阶层在奴隶社会已存在。然而，"由于西周宗法等级体制的解体，战国士的概念已不完全等同于西周春秋时期等级制中的士，其中，既包括众多像张仪、范雎、商鞅、乐毅这样的贵族庶孽，也有像宁越、毛公、薛公、侯嬴这样处于社会底层的农民、无业游民和低级役吏"③。刘泽华则指出："战国文献中，以'士'为中心组成的称谓和专有名词，粗略统计有百余种。"④ 著名史学家范文澜认为："士大体可分为四类：一类是学士……一类是策士……一类是方士或术士……最下一等是食客，这一类人数最大，流品最杂，其中包括鸡鸣、狗盗、任侠（恶霸）、奸人、罪犯、赌徒、屠夫、刺客等无赖凶人……"⑤ 可见，战国时期，士阶层的成分已十分复杂，不仅流品众多，而且分布广泛，除包括后世传统意义上的学士、策士等在社会政治生活中具有较大影响的人外，甚至还把默默无闻、处于最底层的引车卖浆之徒也容纳在内。

通过对春秋战国"士"阶层历史现状的梳理，我们可以明确两点：

第一点，"士"阶层有一个发展演变的过程，并非一成不变。所以余英时说："'士'是随着中国各阶层的发展而以不同的面貌出现于世的。"⑥ 据此，我们可以认定，春秋战国乃至两汉、魏晋、宋元各个历史时期，"士"的社会成分都有所不同，他们的政治地位也在历史潮流中沉浮不定。《史记·孟尝君列传》中所记载的"鸡鸣狗盗之徒"，无论是战国，还是西汉，都可断定其确乎也是"士"中之人，虽然他们未免要归到"士"之末流——食客之中。笔者曾对《史记》中的"士"类词作过不完全统计分析，其中高频词仍有"卒士""军士""甲士""术士""卿士""游士""士大夫"等，充分说明西汉时"士"的品类仍很杂，差不多具一技之长、学道习艺者均可称"士"，而在司马迁的眼里，"鸡鸣狗盗之徒"仍可忝列"士"类。

第二点，"士"阶层在从古至今的发展演进中，有一个外延逐步缩小的变化。大家很容易辨析出"士"的演变线索：指称男子（上古）—各类游士（先秦）—道艺之士（秦汉）—特权士族（魏晋）—韬略之士（唐宋）—知识分子

---

① 徐元诰著：《国语集解》，上海古籍出版社，1978年，第33页。
② 韦昭注：《国语》，上海古籍出版社，1978年，第371页。
③ 陈桐生：《战国时期的价值观和士林文化心态》，《江汉论坛》，1992年第7期，第61页。
④ 刘泽华：《战国时期的"士"》，《历史研究》，1987年第4期，第42页。
⑤ 范文澜：《中国通史简编·第一编》，人民出版社，1964年，第249页。
⑥ 余英时著：《士与中国文化·自序》，上海人民出版社，1987年，第2页。

（近现代）。由泛指男性到专指"知识分子"，"士"的概念经过几千年的沧桑岁月，外延已经缩小了很多。千载沧桑人已非，此士不与彼士同。显然，王安石所处的北宋时期的"士"已不是孟尝君所在的战国的"士"，而他却以当时的士人观（有经天纬地、治国平天下之才之人方为士）去衡量"鸡鸣狗盗之徒"，进而訾议"孟尝君得士"说，犯了"以今律古"的错误。其论非但有苛求古人之嫌，还未免迂腐固执了些。

二、齐亡于秦，罪不在士

王安石在《读孟尝君传》中不无讥诮地说："擅齐之强，得一士焉，宜可以南面而制秦。"这里面包含一个嘲讽意味颇浓的质问：你孟尝君如果算得上得士之人，那为何不能南面制秦，而最终导致齐亡于秦呢？王安石分明是将齐亡于秦归罪于士之不力了。

这里，我们需要对"士"在战国社会中的政治地位和齐亡于秦的根本原因作进一步澄清。春秋后期，士阶层在列国政治生活中因其异常活跃而显得作用重大，加之部分成功之"士"的范例作用，统治者普遍认识到"得士者昌，失士者亡"的治国道理。于是，在这个烽火延绵、战乱频仍的时代，爆发了一场罕见的人才争夺大战——尊士养士。统治者大量辟馆待士、网罗人才，甚至出现了看谁养的士多的攀比现象。据史料记载，诸侯君主中以赵简子、魏文侯、齐缗王、齐宣王、燕昭王蓄士为最多，每人成百上千，而权臣显贵中，四公子则是代表，所养之士无一下千人。养士之风日烈，士的社会地位日高，甚至曾一度被统治者抬升到"为师为友"的地步。《战国策·齐策》记载孟尝君礼贤下士的做法："饮食，衣服与共。"然而，我们不要因为部分君臣的开明之举而忽视了阶级社会森严的等级制度。充当门客、食客，寄人篱下的生存方式已决定了"士"不可能进入统治高层，他们经常也是与底层人民相提并论，如《史记》中"士民罢敝"语。所以说，"士"在战国政治生活中的地位仍很低，他们并不具有左右国家走向的权力，天下兴亡，自有肉食者谋之，"士"所担当的角色，充其量也只能是"参谋""帮徒"，他们为主子出谋划策，赴汤蹈火，却无法从根本上左右统治阶级的决策。齐亡于秦，则当然不是由于"士"无能，要承担责任，还得首推当政者了。

齐亡于秦，自有其深刻的历史原因。就历史潮流而言，它是生产力与生产关系作用的必然。就军事斗争而言，力量对比悬殊和齐国高层统治者腐败无能、内讧分化、决策失误是其具体原因。战国后期，随着阶级斗争的发展，包括齐国在内的东方六国贵族腐朽虚弱的本质暴露得越来越充分。就连最有实力与秦抗衡的楚国也徒有其表。《史记·张仪列传》载:"楚虽有富大之名,而实空虚;其卒虽多,然而轻走易北,不能坚战。"① 秦国日益强大,一方面是商鞅变法、秦国统治者图强革新后的效应;一方面则是秦国打破合纵,采取"远交近攻"逐步蚕食的军事策略的结果。无怪荀子入秦时,眼见秦国蒸蒸日上的气象,啧啧称说秦国的胜利不是偶然的:"非幸也,数也,是所见也。"

统治者的明暗贤愚,在很大程度上决定着国势的兴衰,齐国正是如此。桓公、威王时,选贤任能,锐意改革,国势日盛,齐国出现了空前繁荣的景象。而到了后期,齐国政治日趋腐败,外交策略连连失误。多次合纵,未见成效,冒险灭宋,却引发五国伐齐之祸。公元前286年,燕将乐毅率五国之师,占齐国70余城。后虽有田单复国,但齐国自此大伤元气,日趋衰颓。又遭遇田氏篡齐、田文逃魏反齐之劫,虽一度中兴,仍不过是油尽灯枯,回光返照。公元前221年,作为最后一个为秦所灭的诸侯国,齐国也终于气数耗尽。所以,侯仰军在《齐国灭亡的文化反思》中说:"齐国的灭亡有策略上的错误,军事上的失当,政治上的腐败,还有文化的局限性。"②

可见,齐亡于秦之罪责并不在"士"身上,而齐由盛转衰的历史教训也许正说明了"士"在战国政治活动中尴尬卑微的境遇——他们无力也无权左右国家机器的前进方向,更无法抗拒历史潮流的轰然涌动——就像螳螂一样,即使有再坚硬的臂膀,也不足以阻挡滚滚而来的历史车轮。他们被王安石无端指责和贬损,确是冤之又冤。有趣的是,这种对"士"估计过高而造成不能承受之重的后果的事也发生在王安石身上。北宋时,王安石推行新法,位极人臣,似乎实现了士大夫的最高政治理想。然而,好景不长,新法的彻底被废表明作为"士"的他在现实面前甚至无法主宰个人命运的尴尬境遇。

三、错误的逻辑推断

历代评论家称道《读孟尝君传》的地方也许主要集中于该文的逻辑推断方面,所谓"语语转、笔笔紧""凡四五层转折",无非说王安石推断正确、逻辑严谨,然而,经过仔细考察,我们发现该文在推理上有极大的疏漏和失误,这直接导致了错误结论的产生。

---

① 司马迁著:《史记》,中华书局,2006年,第435页。
② 侯仰军:《齐国灭亡的文化反思》,《淄博师专学报》,1995年第3期,第43页。

今天看来，在论证方法上，王安石采用了归谬法，即先假设对方的错误观点正确，然后按正常的逻辑推断得出一个荒谬的结果，从而达到否定对方观点的目的。其具体推断过程如下：

如果得一个士，就可以南面而制秦。
孟尝君没有南面而制秦，
所以，孟尝君没有得到一个士。

显然，这里采用的是充分条件假言推理否定后件式，即"如果 P，那么 Q/非 Q/所以非 P"模式。其逻辑特征要求大前提必须正确——"P"与"Q"必须构成充分条件关系；否则，结论便不成立。经过分析后可知，大前提"如果得一个士就可以南面而制秦"是个错误前提，"得一个士"与"南面而制秦"不能构成充分条件关系。导致"南面而制秦"的因素很多，"得士"只是一个子因素，它们之间存在可能条件关系，却无法产生必然结果。

由此可见，王安石的推断思路是：先承认孟尝君确实善养士（a），那么孟尝君门下一定有许多有才干的"士"（b），有才干的"士"就能安邦治国、南面制秦（c），很显然，孟尝君未能南面制秦（d），故孟尝君不善养士（e）。我们已经知道，归谬法在逻辑推导（即"归"）的过程中必须保持一贯性正确的原则；否则，归谬本身就成了讹谬。王安石的推断思路中，（c）这一步是个错误前提，"有才之士"不一定就能实现治国安邦之志，"有才之士"充其量也就具备治国安邦的可能，而要由可能变成行动和现实，还受天时地利人和诸因素制约，（c）存在错误，使归谬在此被截断，进而无法保证结论（e）的正确。

王安石认为，孟尝君门下的士不过是些鸡鸣狗盗之徒，不足以称士。这里，他犯了以偏概全的错误。史料记载，孟尝君门下食客三千，姑且不论这个数目是虚是实，有史可查者，就有冯谖等流芳百世的大士或高士。《史记·孟尝君列传》中对冯谖的远见卓识、雄才大略有详尽记述。《战国策·齐策》载公孙弘对秦昭王问，称说孟尝君门下之士"义不臣乎天子，不友乎诸侯，得志不惭为人主，不得志不肯为人臣，如此者三人"[①]。就这里论，孟尝君门下也至少有三位士人具备治国安邦之才。更何况，像"鸡鸣狗盗"仅具有一技之长者尚且为其所网罗，更不用说那些卓然不群者。史载"鸡鸣狗盗"事，当更可见孟尝君求贤纳才之广，"鸡鸣狗盗"之士尚能容，那些贤良之士自是出其门

---

① 刘向集录：《战国策笺证》，上海古籍出版社，2018 年，第 631 页。

庭，拥其左右。王安石单举"鸡鸣狗盗之徒"来判别孟尝君所有门客之水平，自是"一叶障目，不见泰山"，让人难以置信。至于"鸡鸣狗盗"之士的作用，也不容低估、试想孟尝君被强秦羁禁，若不赖"鸡鸣狗盗"之绝技，是很难脱身的。在那种境地，也许像王安石一类的"士"也无计可施，只得求助于这种"旁门左道"之法。事实上，这种"智取"的方法也是管用的。

话说回来，我们无意去苛责王安石对"孟尝君得士"的偏见，他也许有自己的政治目的，比如想借此阐明自己不同俗见的政治理念和人才观，以致在刻意求新时反致谬误。但后世的研究者须清醒地认识到这一问题。"孟尝君得士"的历史定论不容置疑，这有《战国策》《史记》的记载为证。需附带提及的是，孟尝君是一个复杂的历史人物。他纳贤养士，确乎是后代统治者揽络人才的楷模；而他叛齐，则无疑是人格上的污点。功过是非，我们当一分为二，所以，千万不能因其有不光彩的一面而全面否定他纳士养士的"德绩"。从这个意义上说，《读孟尝君传》也许正是一个深刻的教训。

千古高风识琴音

《中学语文教学》2006年第7期上发表胡延永文章《"调素琴"怎谓"无丝竹之乱耳"》，认为刘禹锡《陋室铭》是"表达其安贫乐道、高洁傲岸的情操"，而"厚素琴""薄丝竹"的原因是，丝竹是达官贵人宴会上的音乐，作者对丝竹的鄙夷就是对官场生活的鄙弃。对于前者，笔者深表赞同，但不敢苟同对"丝竹"的理解，因为"丝指弹弦乐器"，而"琴"作为古代的弦乐器（最初五根弦，后加到七根弦）就属于丝之一。经过索考，笔者认为作者抚弹的素琴本是取典陶渊明，可谓琴本无弦更无声，安得宫商乱耳音。

在古代，琴是一种高雅的乐器。晋嵇康《琴赋序》中说："众器之中，琴德最优。"[1] 在嵇康《琴赋》之前，有无名氏《琴操》《琴铭》，董仲舒《七言琴歌》二首，扬雄《琴清英》，傅毅《雅琴赋》，马融《琴赋》等咏琴诗文。"琴"被冠以"清""雅"之名。从此，弹琴就成为文人雅士的日常活动之一。晋代，许多文人诗歌中都有这方面的内容，阮籍有诗句"夜中不能寐，起坐弹鸣琴"，王粲《七哀诗》有"独夜不能寐，摄衣起抚琴。丝桐感人情，为我发悲音"，陆机《拟东城一何高》有"闲夜抚鸣琴，惠音清且悲"。

"素琴"一词最早出现在《礼记》中："祥之日，鼓素琴，告民有终也；以节制者也。"其后历代诗文皆能觅其踪影。汉代秦嘉《赠妇诗》："芳香去垢秽，素琴有清声。"嵇康《酒会诗》："素琴挥雅操，清声随风起。……但当体七弦，寄心在知己。"江淹《恨赋》："及夫中散下狱，神气激扬。浊醪夕引，素琴晨张。"李白《留别王司马嵩》："他日闲相访，丘中有素琴。"以上"素琴"皆是有弦的琴，可弹有声，"素"取素朴之意，"素琴"即"素朴、不加装饰之琴"。

而《陋室铭》中的"素琴"，却不是"素朴的琴"，它取用晋代陶渊明的典故，是无弦之琴。《宋书·陶潜传》记载："潜不解音声，而畜素琴一张，无

---

[1] 脱脱著：《宋史·乐十七》，中华书局，1977年，第3341页。

弦，每有酒适，辄抚弄以寄其意。"① 昭明太子萧统《陶渊明传》《晋书·隐逸传》《南史·隐逸·陶潜传》皆有此说。参照诗文典籍，可以知道，陶渊明有一张没有弦的素琴，常抚弄来寄意。后世文人遂用"陶琴""素琴""无弦"等称谓无弦之琴。或自示隐逸，或指称意趣高雅不同流俗。黄庭坚《晚发咸宁行松径至芦子》诗"聊持不俗耳，静听无弦琴"，元好问《密公宝章小集》诗"渊明素琴嵇阮酒，妙意所寄谁能量"均有此意。

在刘禹锡生活的唐代，该典故被广泛使用。例如李白《戏赠郑溧阳》："陶令日日醉，不知五柳春。素琴本无弦，漉酒用葛巾。"李白《赠郑秋浦》诗之二："崔令学陶令，北窗常昼眠。抱琴时弄月，取意任无弦。"王建《送于丹移家洺州》："素琴苦无徽，安得宫商全。"白居易《赠苏炼师》："明镜懒开长在匣，素琴欲弄半无弦。"在这些诗文中，我们完全可以看出，唐人心中的"素琴"几乎是指"无弦琴"，而刘禹锡《陋室铭》中的"素琴"也应该把它放置在这样一个大语境下来理解。

让我们再结合文本和相关背景略加分析。刘禹锡年轻时任太子校书，结识王叔文等人，投入了一场政治革新运动，他与柳宗元一起成为骨干人物，人称"二王刘柳"，由于触动了宦官、藩镇的利益，遭到严厉镇压。刘禹锡被贬为朗州司马，后辗转于巴山蜀水之间，担任连、夔、和等州刺史。这篇《陋室铭》是他在和州刺史任上写的，据说当时受地方官排挤，刘禹锡生活起居十分窘迫。古代士大夫讲究"达则兼济天下，穷则独善其身"，此时，刘禹锡仕途失意，自然与众多文人一样，退守到"独善其身"的小我天地。"山不在高，有仙则名，水不在深，有龙则灵"分明流露出的是退居林泉、避世自适的情绪。而文末列举的"子云亭""诸葛庐"分别是扬雄、诸葛亮出仕前隐逸栖身之所。故吴楚材、吴调侯在《古文观止》评："陋室之可铭，在德之馨，不在室之陋也。惟有德者居之，则陋室之中，触目皆成佳趣。末以何陋结之，饶有逸韵。"②

凡此种种，刘禹锡《陋室铭》用陶渊明"素琴寄意"的典故表达的是意欲隐退避世，标举德行高雅之志。而我们从那把无声"素琴"上听到的是一颗文人之心在跨越人生沟谷时起伏跃动的弦外之音。

---

① 沈约著：《宋书》，中华书局，2008年，第2288页。
② 吴楚材、吴调侯选：《古文观止》，中华书局，1959年，第315页。

源于忧郁和苦闷的"悲凉"

——《故都的秋》意旨探微

郁达夫的散文《故都的秋》是中国现代散文史上一篇具有独特个性色彩的文章。对于文章意旨,一直存在一种观点:"在深沉悲凉的故都的秋表面,实则透着作者对故都、故国——祖国的无限眷恋、向往和挚爱之情。"[①]

如果因为"故都"中有与"故国"类似的"故"字而认为有怀古伤今的兴亡之叹,就明显存在过度诠释的问题。如果遵循"知人论世"的原则,关联郁达夫的生平际遇和写作此文时的时代背景,"爱国"似乎有了一些依据。不过,北平不是郁达夫的故乡,彼时的郁达夫已经不是写作《沉沦》时在日本留学的"游子"。所以,"故乡情""爱国情"是架空并且不自洽的。其实,《故都的秋》是一篇私人化色彩明显的作品,它被贴上诸如"爱国主义"这样的高大上标签,应该是语文界长期以来形成的"泛政治化"解读意识使然——因为郁达夫是革命烈士,所以他的作品一定具有革命色彩、革命精神;因为郁达夫身处国家危亡之际,所以秋的"悲凉"就是对"国运衰微的喟叹"。

上述的解读逻辑曾经深深影响一代代人,这种集体无意识让很多人依然习惯用"政治标准"去评判作品的立意高度和思想价值。其依傍的解读理论是"知人论世",类似于西方文艺理论思想中的社会历史批评方法。韦勒克、沃伦在《文学理论》中说:"一部文学作品最明显的起因,就是它的创造者,即作者。因此,从作者的个性和生平方面解释作品,是一种最古老和最有基础的文学研究方法。"[②] 丹纳也在《艺术哲学》中认为"种族、环境、时代"是影响文学的三要素。诚然,人都是时代的产物,作品又是作家的产物。但是,这并不能推定出作品就必然是时代的产物。作品当然无法与时代基因完全切割,但

[①] 邱洪慧:《悲秋情怀与恋国情结的融合》,《新疆师范大学学报(哲学社会科学版)》,1997年第7期,第93页。

[②] 勒内·韦勒克、奥斯汀·沃伦著,刘象愚、陈圣生、李哲明译:《文学理论(新修订版)》,浙江人民出版社,2017年,第63页。

作品未必一定就是时代的镜像。所以，单独遵从"知人论世"或者社会历史批评方法，明显存在不足，因为它弱化和轻视了作品本体，存在视角单一和先验印证的解读缺陷。

我们知道，文学四要素是相互依存、相互渗透、相互作用的。文本是诸要素的核心，它本身存在一个相对完整独立的自足结构。所以，文本解读实际上存在两个大的意义圈层：一是以文本本体为核心的内在意义圈层，它具有相对封闭和完整的自足性；二是以世界、作者、读者为视角的外在影响圈层。文本的意义确立呈现一核三翼的形态。

站在"文本立场"，我们会发现，《故都的秋》的文本系统无法支持"爱国说"的自足意义，我们无法找到哪怕一丁点与时代时局相关的内容。有效信息只有结尾"一九三四年八月在北平"这样的落款，也许正是这个落款中的时间信息导引了一些喜欢"索隐"的文本研究者，他们结合郁达夫的生平经历（子死、迁居）和国内政治大背景（日本侵华），便看似合理地把作品代入了"爱国"语境中，做出了如此"政治正确"的解读。

其实，郁达夫的性格和他的作品有一个最突出的气质特征：忧郁病。家道中落、孤僻敏感、纤弱自卑，形成了他性格上的忧郁气质。这也影响到他的作品。《沉沦》就是一个典型的例子。郁达夫在《自序》中如是写道："《沉沦》是描写着一个病的青年的心理，也可以说是青年忧郁病 Hypochondria 的解剖，里面也带叙着现代人的苦闷，便是性的要求与灵肉的冲突。"[①]

这种忧郁病，有作者自身人生经历的原因，也受日本文学的影响。郁达夫在《海上通信》中指出："在日本现代的小说家中，我所最崇拜的是佐藤春夫。他的作品中的第一篇当然要推他的出世作《病了的蔷薇》即《田园的忧郁》……我每每想学到他的地步，但终于画虎不成……"[②] 而对于日本作家佐藤春夫，吉田精一曾这样评论："……解析自己的孤独，无聊和忧郁，在他的作品里，充满着一种由于精神的倦怠和神经或感觉过敏而来的世纪末的生活气氛……《田园的忧郁》就是强烈的自我意识之下分析了人生的无法忍受的单调和疲倦，从中表现出了一种奇妙的世纪末的美。"[③] 郁达夫逐渐接纳了这样的文学观，并最终形成了在现代文坛独具个性的审美观：忧郁和颓废美。

基于此，曾国繁在《生命形态的选择——对郁达夫〈故都的秋〉主题的探

---

① 郁达夫著：《沉沦》，江苏文艺出版社，2009年，自序，第2页。
② 郁达夫著：《海上通信》，《郁达夫散文集》，人民文学出版社，2021年，第10页。
③ 黄蓉蓉：《从〈沉沦〉与〈田园的忧郁〉看郁达夫与佐藤春夫》，《江苏广播电视大学学报》，2008年第4期，第44~46页。

索》一文中这样评述：

> 在《故都的秋》整篇文章之中，蕴含着一种孤独、忧郁的心态。这种心态的描写与作者的人生经历有着十分密切的关系，作者向往的是一种"深刻厚重"的生命形态，而"故都的秋"正是这种生命形态的象征，这种生命虽然形态悲凉，但是富有内涵。①

从作者的忧郁病到《故都的秋》的"悲凉"，显然遵循的是由作者到作品的解读逻辑。当然，这依然需要文本系统的支撑和印证。

我们来看看文本。几乎所有的论者都认为，《故都的秋》的文眼是"北国的秋，却特别地来得清，来得静，来得悲凉"一句，故此，抓出"清、静、悲凉"来概括"故都的秋味"，似乎没有大问题。联系第二段"秋的味，秋的色，秋的意境与姿态，总看不饱，尝不透，赏玩不到十足"这一句，我们可以看出，郁达夫写故都的秋主要从三个角度下笔：一是视觉层面，用秋的色对应写出"清"；二是从画面感觉层面，从"秋的意境与姿态"层面对应写出"静"；三是从心觉层面，从秋的味对应写出"悲凉"。这是一个由表及里、由浅到深的表达路径。很显然，清、静是表层的，停留于感知；悲凉是深层的，生发于情感。如此看来，"悲凉"当是文眼的内核。郁达夫意在通过写喜欢故都秋天的"悲凉"来表达自己内心浓烈的"悲凉"。

文章第三段，写作者清晨静观，虽然悠闲惬意，但骨子里却满是孤独冷清，百无聊赖。一个人在院子里看天、听鸽哨、数日光，打发着光阴。特别在写牵牛花的颜色时，认为蓝色白色最佳，紫黑次之，清一色的冷色调。从色彩审美看，蓝色除了代表宁静清冷，也代表忧郁悲伤。从这里，我们看到了郁达夫独特的审美趣味和个性气质。

同样，文章第四段写"落蕊轻扫"，我们在赞叹作者纤微细腻的生活洞察力时，更多地看到了这份清闲之外的落寞。

写秋蝉的内容就更明显了，"嘶叫""衰弱的残音"凸显出的是作者心灵的哀鸣。写秋雨的段落，"凉"字一语双关。

在结尾部分，作者宕开一笔，论述到中外文学中悲秋的共同文化现象，此时作者已经不再回避"颓废""深沉""幽远""严厉""萧索"这些字眼。这差

---

① 曾国繁：《生命形态的选择——对郁达夫〈故都的秋〉主题的探索》，《中外企业家》，2014年第17期，第253页。

源于忧郁和苦闷的"悲凉"——《故都的秋》意旨探微

不多是郁达夫在为自己的审美观——"忧郁美""悲凉美"辩护。

日本作家厨川白村在《苦闷的象征》中认为,文学产生的动力是被压抑的内在情感,被压抑产生苦闷,苦闷便不得不发,于是就产生文学。[1] 郁达夫的忧郁气质和悲凉审美也可以得到这样的解释,身处乱世,饱经忧患,十年的异国生活,使他饱受屈辱和歧视;遭遇妻离子丧、母死兄亡,人生的悲苦,身世的不堪,形成了郁达夫忧郁敏感的特质。文学创作成了他最佳的宣泄方式。只不过,在《故都的秋》一文中,作者对"悲凉"的表达很克制,虽源于忧郁和苦闷,但文章的意蕴显得并不消极颓丧,在清冷中见悠闲,在落寞中见优雅,做到了"哀而不伤"。

郁达夫曾在1927年的《文学周报》上发表《五六年来创作生活的回顾》:"至于我的对于创作的态度,说出来,或者人家要笑我,我觉得'文学作品,都是作家的自叙传'这一句话,是千真万真的。"[2]

也许,这句话才是解读《故都的秋》的那把钥匙。

---

[1] 厨川白村著,鲁迅译:《苦闷的象征》,江苏凤凰文艺出版社,2024年,第12~13页。
[2] 郁达夫著:《五六年来创作生活的回顾》,《文学周报》第五卷第十一、十二号合刊,1927年10月。

"艰难苦恨"索解

《登高》是杜甫的代表作之一，清人杨伦在《杜诗镜铨》中评价其"高浑一气，古今独步，当为杜集七言律诗第一"[①]。一般认为此诗作于大历二年（767年）诗人客居夔州之时，其时，杜甫已经五十六岁，安史之乱已经结束四年，严武病死，杜甫失去依靠，离开居住了五六年的成都草堂，买舟南下到了夔州。在夔州，杜甫生活困顿，体弱多病。其年重阳，他独自登上白帝城外一高台，百感交集，发言为诗。

全诗无论是气韵气象，还是声律对仗，皆得论家褒扬。尤其"无边落木萧萧下，不尽长江滚滚来"两句，最为脍炙人口。前句写生命轮回，衰落无常，后句写时空永恒，大浪淘沙。慷慨气概中有沉痛，哀婉心曲里见阔大。

不过，诗歌尾联"艰难苦恨"一处的读解却有异议。人教版《普通高中课程标准实验教科书　语文3（必修）》注释："苦恨：极恨，极其遗憾。苦，极。"[②] 这个注解主要源于一个论断，那就是明人胡应麟在《诗薮》中的观点："一篇之中，句句皆律，一句之中，字字皆律。"[③] 照此，全诗四联均讲究对仗，那么，尾联的"苦恨"就需要与"新停"相对。

杜甫作诗，古体近体兼备，一般被认为是集大成者。元稹在《唐故工部员外郎杜君墓系铭并序》中评价杜甫："至于子美，盖所谓上薄风骚，下该沈宋，古傍苏李，气夺曹刘，掩颜谢之孤高，杂徐庾之流丽，尽得古今之体势，而兼人人之所独专矣。"[④] 只是，杜甫近体诗更多，不但兼长绝句、五律，更是将七言律诗推上了巅峰。杜甫一生写有大量的格律诗，现在保存下来的还有1000多首（据《杜诗镜铨》统计，下同），其中五言律诗620多首，五言排律

[①] 杨伦著：《杜诗镜铨》，上海古籍出版社，1980年，第842页。
[②] 人民教育出版社、课程教材研究所等编著《普通高中课程标准实验教科书　语文3（必修）》，人民教育出版社，2007年，第39页。
[③] 胡应麟著：《诗薮》，上海古籍出版社，1979年，第95页。
[④] 仇兆鳌著：《杜诗详注》，中华书局，1979年，第2235～2236页。

120多首，七言律诗（包括拗律）近150首，七言排律4首，五言绝句（不包括古绝）30多首，七言绝句100多首。在众多的近体诗中，有《绝句》一诗，比较特别：

两个黄鹂鸣翠柳，一行白鹭上青天。窗含西岭千秋雪，门泊东吴万里船。

按照近体格律，绝句并不需要对仗。但我们看到，上引七言《绝句》全篇对仗，且格外工整，全无瑕疵。

在另外两首《绝句》中也看到了这样的现象：

绝句二首

其一

迟日江山丽，春风花草香。
泥融飞燕子，沙暖睡鸳鸯。

其二

江碧鸟逾白，山青花欲燃。
今春看又过，何日是归年？

"其一"四句均是两两相对，"其二"一、二句对仗工整。看得出来，杜甫很讲究近体诗的"对仗"。在五律《春望》中，除了尾联，首颔颈联是对仗的："国破山河在，城春草木深。感时花溅泪，恨别鸟惊心。烽火连三月，家书抵万金。白头搔更短，浑欲不胜簪。"《登岳阳楼》也是如此，首联"昔闻洞庭水，今上岳阳楼"也做到了对仗。

首联对仗，在其他诗人那里可以找到不少作品。但尾联对仗并不多见。杜甫《闻官军收河南河北》结尾"即从巴峡穿巫峡，便下襄阳向洛阳"则是比较特别的，句间对仗之外，句内"巴峡"与"巫峡"，"襄阳"和"洛阳"也是对仗的。按照律诗要求，颔联颈联需要对仗，这是正格。仅颈联对仗的叫蜂腰格，首联对仗颔联不对仗的叫偷春格，一、二联不对仗，三、四联对仗的叫藏春格。按此，杜甫格律诗中的不少作品都是这三种变格之外的创新格式。比如《春望》《闻官军收河南河北》。易伟在《谈谈杜甫格律诗对仗的特点》一文中说："在他的七百七十多首律诗（不包括排律）中三联对仗的占了三百二十多首，四联对仗的近三十首。"① 不过，笔者在逐一检索杜甫1170首诗作后发现，杜甫三联对仗的诗作绝大多数是前三联对仗，比如《南征》首联"春岸桃花水，云帆枫树林"对仗工整。只有个别作品是后三联对仗，如《悲秋》尾联对仗，"始欲投三峡，何由见两京"。

一些研究者认为杜甫《水槛遣心》全篇对仗，但我们看到，首联"去郭轩楹敞，无村眺望赊"除符合对仗"结构相同"的要求外，词性、意义都不符合对仗的要求。尾联"城中十万户，此地两三家"也应该属于准对仗的范畴。倒是杜甫的五律《对雪》《冬至》比较接近通篇对仗。

对 雪

北雪犯长沙，胡云冷万家。随风且间叶，带雨不成花。
金错囊从罄，银壶酒易赊。无人竭浮蚁，有待至昏鸦。

冬 至

年年至日长为客，忽忽穷愁泥杀人。江上形容吾独老，天边风俗自相亲。
杖藜雪后临丹壑，鸣玉朝来散紫宸。心折此时无一寸，路迷何处见三秦。

但我们也看到，《登岳阳楼》等诗作也并不追求首联尾联的对仗。看来，杜甫并不刻意追求"对仗"形式上的新意——为了对仗而对仗，他是在情志表达需要的情况下不断地尝试和创造诗歌格律对仗的新形式。

话说回来，《登高》是不是四联对仗，主要的分歧在尾联两句。"艰难苦恨繁霜鬓，潦倒新停浊酒杯"是否对仗，牵涉到对两句诗的读解，进一步说，就影响到"艰难苦恨繁霜鬓"的读解，再缩小，就影响到"艰难苦恨"或者"苦恨"的读解。胡应麟、查慎行将其视为全诗四联对仗，在这种情况下，无疑，"苦恨"对"新停"，"繁霜鬓"对"浊酒杯"，"苦"自然就是副词，"恨"就是动词，"繁霜"与"浊酒"相对就是偏正结构。教材显然采信了四联对仗这样的说法，于是就有了把"苦"解为程度副词"甚，很，极"，"恨"解为"遗憾"这样的做法。

那么，从"艰难苦恨"的字源意义探求又如何呢？
在所有语料库中检索，"艰难苦恨"四字连用，仅有杜甫《登高》这个例

---

① 易伟：《谈谈杜甫格律诗对仗的特点》，《中国韵文学刊》，1993年第7期，第14页。

子，这说明此前此后"艰难苦恨"并不是熟词成语。按照诗歌节拍停顿，就可能是"艰难/苦恨"。"艰难"早见于《诗·王风·中谷有蓷》："嘅其叹矣，遇人之艰难矣！"郑玄笺："所以嘅然而叹者，自伤遇君子之穷厄。"① 一开始是"困难"的意思，后来有了诸多引申义，比如危难、祸乱义。《尚书·周书·顾命》："用敬保元子钊，弘济于艰难。"韩愈《此日足可惜赠张籍》诗："谁云经艰难，百口无夭殇。"这几处"艰难"，据语境，当指时艰国难。结合杜甫身世和当时唐朝的社会背景，《登高》中的"艰难"应该语含双关，既指"时危国艰"，也指诗人自身世路艰难。前者，可以看出杜甫心怀天下、忧国忧民的大我人格；后者，可以看出诗人人生艰难、老病穷愁的小我现状。

"苦恨"一词，经查，连用入诗的例子较多。较早的用例，除开《登高》，同为唐人的秦韬玉《贫女》诗有"苦恨"一词："苦恨年年压金线，为他人作嫁衣裳。"此处，"苦恨"被解为"深恨"，"苦"是表程度深的副词，意思是"很""极""甚"。不过，《贫女》中的"恨"是怨恨的意思，却并不是胡应麟等注家理解的"遗憾"。唐代诗人齐己《寄友生》"时危苦恨无收拾，道妙深夸有琢磨"类同。卢仝《听萧君姬人弹琴》"中腹苦恨杳不极，新心愁绝难复传"亦然。

在宋代，周邦彦《点绛唇》词有句："苦恨斜阳，冉冉催人去。"联系全词语境，"苦恨"也是极其怨恨的意思。我们还在辛弃疾、朱敦儒、秦观、蒋捷等人的词作中找到了"苦恨"联用的词句，我们对其意涵进行逐一辨析，结果均如前述。

按此，"苦恨"连用，只有"极其怨恨"之义，"苦恨"中的"恨"是怨恨，并非"遗憾"。那么"艰难苦恨"之"苦恨"能不能解为"深恨"呢？为何注家要进一步注为"极其遗憾"呢？

我们猜想，注家也许基于两个缘由。一是"恨"字在古代本义是"怨"。许慎《说文解字》："恨，怨也。"如亡国之恨。后来衍生引申出多种语意，如遗憾、悔恨、违逆。如《长恨歌》，"恨"当作"遗憾"解。二是注家也许认为，杜甫忠厚持重，一生并不曾对朝廷因无能导致国乱有所怨言，故"恨"自然不是怨恨。这其实是一个极大的误解。杜甫对国家战乱忧心如焚，在一些诗作中也是有所指刺的。如《登楼》："可怜后主还祠庙，日暮聊为梁甫吟。"含蓄隐晦地表达了对古今误国昏君的轻蔑。此诗中除了前面的"伤"，还有那沉痛惨怛的亡国之忧。

---

① 李学勤主编：《毛诗正义》，北京大学出版社，1999年，第267页。

逻辑自洽与视域融合
——中学语文经典文本研究

此外，杜甫有一首作于唐肃宗上元元年（760年）秋寓居成都草堂时的诗《恨别》，兹录于下。

> 洛城一别四千里，胡骑长驱五六年。
> 草木变衰行剑外，兵戈阻绝老江边。
> 思家步月清宵立，忆弟看云白日眠。
> 闻道河阳近乘胜，司徒急为破幽燕。

自然，这"恨别"不是对分别的遗憾，而是心中的幽怨。而杜甫的五律《春望》也可以佐证。"感时花溅泪，恨别鸟惊心。"诗人痛感国破家亡的苦恨，越是美好的景象，越会增添内心的伤痛。这联通过景物描写，借景生情，移情于物。表达的是诗人忧伤国事，思念家人的深沉感情。

杜甫一生，可谓"万方多难"，但始终怀有"致君尧舜"的抱负。安史之乱后，虽然杜甫的境况日渐艰难，但对国家中兴的热望一直未曾泯灭。这"苦恨"除了个人际遇的哀怨，也自然有对国家颓弱不振的幽怨，与"艰难"一样，含有双关之意。

众多注家将"苦恨"解为"很遗憾"乃是为了顺应"通篇对仗"这一观点而作的"强解"。因为要与下句"新停"对仗，因为臆断杜甫不会对"时局国事"有怨恨指刺，"艰难苦恨繁霜鬓"就成了"深为憾恨鬓发日益斑白，困顿潦倒病后停酒伤怀"[①]。基于前面的评述，我们认为，即使将"艰难苦恨繁霜鬓"视为"潦倒新停浊酒杯"的对仗句，"苦恨"也应该是"极其怨恨"，而不是"很遗憾"。因此，这两句可解为：正是"艰难"让诗人心中有太沉重的"幽恨幽怨"，最终不堪其重，导致双鬓白发日多；正是"潦倒"让诗人刚停止饮酒。

当然，我们还在想，杜甫的《登高》有无可能并非通篇对仗，而只是如前面列举的众多作品那样首颔颈三联对仗呢？或者说，我们不视"艰难苦恨繁霜鬓，潦倒新停浊酒杯"为对仗的话，"艰难苦恨"可作何解呢？抛开对仗不论，"艰难苦恨"就是两个并列的词构成的短语，"苦恨"就是苦味、痛苦和幽怨、怨恨。"艰难"更多指国事，"苦恨"更多指个人，"万里悲秋常作客，百年多病独登台"充分写出了诗人一生多难、漂泊转徙、老病孤愁的状态。在笔者看来，这样理解《登高》，将避免艰涩诘诎，虽在完美对仗上有所缺憾，但保障了诗意的畅达。

[①] 海兵著：《杜甫诗全集详注》，新疆人民出版社，2000年，第339页。

《爱莲说》的三重意蕴

《爱莲说》的意蕴研究，多集中于文学审美层面，道德哲学层面的研究寥寥。其实，这种以"说"为题的短小文本，与绝大多数咏物言志之作一样，意蕴表达由表及里——由表层的立象尽意抵达内层的比德明志。《爱莲说》有三重意蕴，除了表里，文本核心还贯穿着周敦颐言理载道的理学思想。周敦颐选取"莲"来彰显自己的心志，一方面标举了源自儒学君子观的人格气节，另一方面反映了理学三教合一的融通精神，丰富和成就了"莲"的文化品格。

一、立象尽意——清新洁雅的自然审美

在中国文化体系中，莲常称荷、芙蕖、水华、菡萏、芙蓉等。莲花意象出现在文学作品中最早可追溯至《诗经》。《诗经》中《郑风·山有扶苏》《陈风·泽陂》出现了莲花形象。《郑风·山有扶苏》有句"山有扶苏，隰有荷华"，"荷华"即"荷花"。《陈风·泽陂》有句"彼泽之陂，有蒲菡萏"，"菡萏"乃莲之别名。不过，《诗经》两诗中，莲虽有比兴，却更多是衬托"美人"等女性形象。之后，屈原在《离骚》中赋予"莲"高洁美好、异于流俗的人格品性。"制芰荷以为衣兮，集芙蓉以为裳"表达诗人不愿同流合污的意志精神。自此，莲或者荷作为香草之一，成为贤人君子的譬喻之物。汉代王逸《离骚经序》："《离骚》之文，依《诗》取兴，引类譬谕，故善鸟、香草、以配忠贞……灵修、美人，以譬于君。"[1] 不过，汉魏之后，"莲""荷"更多被用来写爱情，由于"莲""怜"谐音，"莲子"谐音"怜子"，因此六朝大量的采莲曲多与男女欢爱有关。唐以前的诗绝大多数亦然。不过，唐肇始，受道家、佛家的影响，莲与"清净"联系起来。孟浩然《题大禹寺义公禅房》"看取莲花净，应知不染心"，杜甫《宿赞公房》"雨荒深院菊，霜倒半池莲"，均立意于

---

[1] 洪兴祖著：《楚辞补注》，中华书局，1983年，第1~3页。

莲身上的清净品性。

特别需要注意的是李白《古风（五十九）》中的莲意象。

> 碧荷生幽泉，朝日艳且鲜。秋花冒绿水，密叶罗青烟。秀色空绝世，馨香为谁传。坐看飞霜满，凋此红芳年。结根未得所，愿托华池边。

李白笔下的莲鲜艳美丽，秀色馨香，却芳华凋零，无人赏识。与同期诗人着重书写"洁净"寓意不同。不过，在描摹莲的形象时，与所有咏物诗一样，此诗也从形色香质方面着笔。

直到周敦颐《爱莲说》，重新回归"莲"之高洁物性，立象尽意，微言大义，使短短110余字的小品文，跻身咏莲甚或咏花之不朽篇章之列。

从文本的表层意蕴看，《爱莲说》呈现出咏物诗文的基本特征。咏物之作常常对物象进行形象特性摹写，然后借机抒发作者的感情。《爱莲说》中对"莲"的直接摹写主要是这几句："予独爱莲之出淤泥而不染，濯清涟而不妖，中通外直，不蔓不枝，香远益清，亭亭净植，可远观而不可亵玩焉。"作者从生长环境、体态香气和风度三个方面，勾勒了莲的物性形象。"出淤泥""濯清涟"写其生长环境，"中通外直，不蔓不枝"写其外形，"香远益清，亭亭净植"写其气味姿态。除此之外，"可远观而不可亵玩焉"则写其风度。寥寥数语外写其形，内表其神，用五个"不"字逐一凸显"莲"的四个特性：洁、真、正、雅。"莲"清新本色的形象跃然纸上。

当然，莲的洁、真、正、雅四大特性中，"洁"当是周敦颐心中之莲的核心特性。周敦颐"独爱莲"实则是对于"清新洁雅"审美风骨的情有独钟。这个"清新洁雅"融合了李白诗中"清水出芙蓉，天然去雕饰"的清新和李商隐诗"唯有绿荷红菡萏，卷舒开合任天真"的本色，内里也充溢着"荷风送香气""一番荷芰生池沼，槛前风送馨香"之类"惟吾德馨"的美学神韵。

周敦颐曾建莲池，将屋前溪水命名濂溪，并自号濂溪先生。魏瀛领修、钟音鸿等纂《赣州府志》载，爱莲书院在城北，其地原为督学试院，有周茂叔莲池遗迹。① 北宋仁宗嘉祐八年（1063年）五月十五日，周敦颐在虔州雩都刻下《爱莲说》，并由四明人沈希颜书写，由太原人王搏题写篆额，由江东人钱拓上

---

① 魏瀛领修，钟音鸿等纂：《赣州府志》重印本，卷二十，江西人民出版社，1986年，第905页。

石。"莲""廉""濂"三字谐音,爱莲即是爱廉,濂溪是莲溪也是廉溪,对莲的称颂流露的是对士人君子清廉自守的标举。而这与《爱莲说》中"清新洁雅"的审美取向是契合互证的。

二、比德明志——君子自守的道德标举

孔子也许是最先把自然美的特性与人的精神道德情操相比附的人,《论语》中说"智者乐水,仁者乐山",并说"知者动,仁者静""知者乐,仁者寿"。把山水自然之物与人的品性联结起来,就是比德。《礼记·聘义》记载孔子的一段话:"昔者君子比德于玉焉。"① 将儒家核心思想比于一物,蔚为大观,亦可谓是比德的滥觞。

用花卉草木比德在后世成为一个特殊的文学现象。文人们常常从人的伦理道德角度去审视自然世界,把自然物看作人的某种精神品质的对应物,即"以我观物,故物皆著我之色彩",一些花木被赋予人的某些个性气质、品格精神。如松竹梅被称为"岁寒三友",梅兰竹菊被称为"四君子",而"莲"也一样,被赋予"清洁、高洁、雅洁"等德性内容。司马迁《史记·屈原列传》中说"其质洁,故其称物芳"。周敦颐更是在《爱莲说》中直言:"莲,花之君子者也。"

据前文,我们看到了莲的四种特性,即洁、真、正、雅。"出淤泥而不染"言其"洁",可谓质本洁来还洁去,强于污淖陷渠沟。此句中"淤泥"喻指俗世,出淤泥言其能从俗世中超拔出来,君子置身俗世而坚守本心,不为其污染,近墨者而不黑,可谓有屈子"举世混浊而我独清"和"濯淖污泥之中,蝉蜕于浊秽,以浮游尘埃之外,不获世之滋垢,皭然泥而不滓者也"的精神品格。"濯清涟而不妖"言君子纯真,保持本色而不妖艳炫耀,质朴中脱却"孤傲",避免了"深思高举,自令放为"的命运。"中通外直,不蔓不枝"言其正派。"中通外直"写君子内心通达,行事正直;"不蔓不枝"指不学蔓草攀爬缠绕之术,不攀附高枝,行枝附叶连之事。可见,此句写君子不攀附权贵,保持独立正派的人格。"香远益清,亭亭净植,可远观而不可亵玩"言君子高雅,"香远益清"标举"惟吾德馨","亭亭净植"标举风神高雅,"可远观而不可亵玩"言君子当保持清高,自尊自爱。

自此之后,莲花的出淤泥而不染,与君子的洁身自好、独善其身成为固定

---

① 陈澔注,金晓东校点:《礼记》,上海古籍出版社,2016年,第699页。

联想，屡屡出现在文人诗作中。

  所至如君子，草木有嘉声。（苏轼《与王郎昆仲及儿子迈绕城观荷花登岘山亭》）
  实里中怀独苦心，富贵花非君子匹。（包恢《莲花》）
  争似泥涂隐君子，褐衣怀玉古人风。（王迈《莲花》）

  上述诗文均赋予"莲"君子品性，"富贵花非君子匹""争似泥涂隐君子"都指向了《爱莲说》中"莲，花之君子者也""牡丹，花之富贵者也""出淤泥而不染"等文本信息。众所周知，君子乃儒家理想人格。"达则兼济天下，穷则独善其身"是儒学士人终生信奉并付诸实践的信条。周敦颐生活的北宋中叶，吏治腐败，贪腐盛行，而他为官30余载，自始至终恪守君子信条，入世而不阿世，有为而不自为，真正做到了如同"莲"一样出淤泥不染，濯清涟而不妖。《濂溪先生墓志铭》记载，宋至和元年（1054年），周敦颐病危，好友潘兴嗣赶来为他料理后事，却发现其家"服御之物，止一敝箧，钱不满百"[1]。《宋史·周敦颐传》则记载了黄庭坚对周敦颐的崇高评价：

  其人品甚高，胸怀洒落，如光风霁月。廉于取名而锐于求志，薄于徼福而厚于得民，菲于奉身而燕及茕嫠，陋于希世而尚友千古。[2]

三、言理载道——三教合一的哲学思辨

  不过，《爱莲说》并不是一篇单纯的咏物小品。我们从题目"说"字上也可见其议论说理的性质。《文章辨体序说》："说者，释也，解释义理而以己意述之也。"[3] 按此，《爱莲说》必然包含周敦颐所要述说的义理。而义理，恰好是宋以后，讲求儒家经义的学问，谓之理学。

  故此，阐发《爱莲说》的意蕴，自然无法回避周敦颐作为理学开创者这一背景。理学是唐宋时期产生的一种"新儒学"，是儒道佛三教合一的哲学思想，

---

[1] 周敦颐著，陈克明点校：《周敦颐集》附录一，中华书局，2009年，第104页。
[2] 脱脱、阿鲁图著：《宋史》，中华书局，1977年，第12711页。
[3] 吴讷著，于北山校：《文章辨体序说》，人民文学出版社，1998年，第43页。

"儒表佛里""儒表道里"是其显著特征。《爱莲说》中"莲"之形象也或多或少反映出或者说寄寓了周敦颐的理学思想。

周敦颐发挥了《中庸》关于"诚"的思想。他从宇宙论推演出人道观，建立了以诚为本的理学思想体系。围绕这一点，周敦颐提出了"主静、至诚、无欲、顺化"等核心概念，将儒学与道学进行了融合，尤其是在宇宙生成学说基础上，提出"至诚"和"主静"的道德论。他认为，人性有五品，适中是最完善的人性。只有达到"至诚"境界，人性才能完善。为达到"至诚"，须用"主静"的方法进行自我修养，做到无私无欲，方能够"安闲恬静，虚融淡泊"。

在《爱莲说》中，周敦颐通过对三种花进行比较阐发了自己的思想。"菊"的形象实际上代表的是道家。"菊"作为四君子之一，气韵高洁，素雅坚贞，代表的是隐逸退让。陶渊明是一位隐士，归隐田园，淡泊遁世。"牡丹"的形象实际上代表的是儒家，"牡丹，富贵者也"，世人皆爱牡丹，言世人都以仕进为人生目标，因为仕进意味着高官厚禄、名利双收。而"予独爱莲"，不爱牡丹与菊，一方面见其不愿彻底皈依老庄，遁世无为；另一方面又见其不愿陷于官场、追名逐利。作者选择的人生之路是，既不逃避现世，又要保持自己的洁雅节操；既要努力生长，"出淤泥"，又要"香远益清"。一方面胸怀坦荡，光明磊落，为人正直，具有独立人格；另一方面不避世，敢于担当，"知其不可而为之"。从这一点可以看出，"君子""中庸"思想在"莲"身上的鲜明体现。

显然，周敦颐在"莲"身上寄寓了自己儒道互补，以儒为主的人生思想。周敦颐构建起的理学体系，其主体内容来自儒学、"太极"概念来自道教、"莲花"意象来自佛教，他并不偏执一端，而是佛教、道教、儒教兼用。《爱莲说》中"中通外直"一语即可视为此思想融合的表述。"中"指心性，"通"即透脱通达，"直"指立身的端毅刚直。"中通"则"外直"，这是理学实现人格完善与达成体用结合的思想超越。

《爱莲说》一文将莲进行本质力量对象化，一方面歌颂了儒家君子人格洁身自好，守正融通的精神节操；另一方面也阐发了理学思想儒道互补、佛道儒三教合一的微言大义。从整体上看，《爱莲说》显现出了作为理学家的周敦颐通过文学表达阐发哲学思想的实践特征。

"长余佩之陆离"释解

教育部组织编写的《普通高中教科书 语文 选择性必修 下册》节选爱国主义诗人屈原的《离骚》，其中名句"高余冠之岌岌兮，长余佩之陆离"歧解颇多，教材注为："加高我高高的帽子啊，再加长我长长的佩带。岌岌，高耸的样子。陆离。修长的样子。"此注将"佩"解为"佩带"令人疑惑。从语境分析，"佩"与"冠"（帽子）相对，作"长"的宾词，理应是名词。而在现代汉语语汇系统中，"佩带"只有动词性，无名词性。《现代汉语词典（第7版）》"佩带"词条有两个义项：（1）动词（把手枪、刀、剑等），插在或挂在腰部：佩带武器。（2）同"佩戴"。而"佩戴"词条也注明"佩戴"为动词。[①]可见，教材将"佩"解为动词性的"佩带"是不妥帖的。

那么，"佩"当作何讲，"长余佩"又是加长何种佩带的饰物呢？

古有束带之俗。《论语·公冶长》载"束带立于朝，可使与宾客言也"[②]，而这个"带"就是腰带。带分大带和革带两种。大带称绅，加于革带之上，为古代礼服所用腰带，天子、诸侯均在大带四边加以缘饰。许慎《说文》："佩，大带佩也。从人从凡从巾。佩必有巾，巾谓之饰。"[③]"大带佩"即为古人系于腰带上的装饰物。这些装饰物有多种，有的是玉，《礼记·玉藻》载："古之君子必佩玉。"[④]《礼记·聘义》借孔子之口，认为玉有十一"德"："温润而泽，仁也；缜密以栗，知也；廉而不刿，义也；垂之如坠，礼也；叩之，其声清越以长，其终诎然，乐也；瑕不掩瑜，瑜不掩瑕，忠也；孚尹旁达，信也；气如白虹，天也；精神见于山川，地也；圭璋特达，德也；天下莫不贵者，道也。"

[①] 中国社会科学院语言研究所词典编辑室编：《现代汉语词典（第7版）》，商务印书馆，2016年，第985页。
[②] 杨伯峻译注：《论语译注》，中华书局，2006年，第49页。
[③] 许慎撰，段玉裁注，许惟贤整理：《说文解字注》，凤凰出版社，2007年，第642页。
[④] 陈澔注，金晓东校点：《礼记》，上海古籍出版社，2016年，第350页。

因此"君子比德于玉焉"[①]。当然也有金饰，甚至有象牙制品。因此，段玉裁注曰："从人者，人所以利用也。从凡者，所谓无所不佩也。"[②]

在屈原《离骚》中，佩饰多是香草。除了"长余佩之陆离"，含"佩"字的诗句另有七处。

> 扈江离与辟芷兮，纫秋兰以为佩。
> 佩缤纷其繁饰兮，芳菲菲其弥章。
> 解佩纕以结言兮，吾令蹇修以为理。
> 户服艾以盈要兮，谓幽兰其不可佩。
> 何琼佩之偃蹇兮，众薆然而蔽之。
> 椒专佞以慢慆兮，樧又欲充夫佩帏。
> 惟兹佩之可贵兮，委厥美而历兹。

上述含"佩"的诗句中，指明佩饰为香草的有5处，其中3处提到"佩兰"。西汉学者王逸在《楚辞章句》中认为，《离骚》用大量的香草形象是一种"引类譬喻"的手法，以此来比喻诗人的忠贞品格。据统计，《离骚》共提及植物23种，其中6种恶草，17种香草。香草分别名为兰、芷、椒、蕙、荃、荷、江离、木兰、宿莽、菌桂、留夷、揭车、杜衡、秋菊、薜荔、胡绳、琼茅。据此，有学者认为，在战国时期，南方楚地有以香草类植物为主要佩饰的习俗，这区别于《诗经》里呈现的北方中原文化以"佩玉"为主的习俗。中国人民大学李炳海先生认为："《诗经》出现的佩饰由玉制成，《离骚》出现的佩饰则是用香草编结而成。"[③] 他进一步指出："《离骚》中的佩饰由多种香草编结而成，暗示抒情主人公具有多种美德，是以多为善，由此也以多为美。"[④] 结合"高余冠之岌岌兮，长余佩之陆离"的前后语境，此说具有逻辑上的合理性。诗句前面说"制芰荷以为衣兮，集芙蓉以为裳。不吾知其亦已兮，苟余情其信芳"，后面又紧接"芳与泽其杂糅兮，唯昭质其犹未亏"。其中"芰荷""芙蓉"等香草形象和"芳与泽"等特征描写都指向抒情主人公身上"佩饰"

[①] 陈澔注，金晓东校点：《礼记》，上海古籍出版社，2016年，第699~700页。
[②] 许慎撰，段玉裁注，许惟贤整理：《说文解字注》，凤凰出版社，2007年，第642页。
[③] 李炳海：《〈离骚〉抒情主人公的佩饰意象》，《华中师范大学学报（人文社会科学版）》，2008年第9期，第99页。
[④] 李炳海：《〈离骚〉抒情主人公的佩饰意象》，《华中师范大学学报（人文社会科学版）》，2008年第9期，第99页。

的品类——与"芰荷""芙蓉"相类的兰芷等香草。照此,"长余佩之陆离"中加长的就是腰带上的"香草佩饰"。

除了束带饰佩,男子成年另有加冠之礼。古人着冠,一是礼仪所需,二是表明身份地位,三是显示国族。王逸《楚辞章句疏证》卷一:"言己怀德不用,复高我之冠,长我之佩,尊其威仪,整其服饰,以异于众人之服。"① 汤炳正先生在《楚辞类稿》中认为,"高冠"为楚民族服装之特征,屈原"高冠",自是彰显念念不忘的忠楚爱国之心。② "高冠长佩"成了后世文人坚持高尚情操和美好理想,孤芳自赏,不愿与世俗同流合污的象征。东汉冯衍《显志赋》:"披绮季之丽服兮,扬屈原之灵芬。高吾冠之岌岌兮,长吾佩之洋洋。"宋代蔡襄《四贤一不肖诗·右余安道》:"高冠长佩丛阙下,千百其群诃尔愚。"马迁鸾《水调歌头·隐括楚词答朱实甫》:"服以高冠长佩,扈以江蓠薜芷,御气独乘清。"

但历代研究者仍然对此争论不休。其中一种观点颇有影响,就是将"佩"解为佩剑,"长余佩"就是"加长我的宝剑"。佩剑自西周始,彼时,剑除了是兵器,也是贵族地位身份的标志,由此佩剑成为贵族群体的一种时尚。《史记·秦本纪》:"简公六年,令吏初带剑。"③ 据考古发掘,1973年在长沙城东南弹子库的战国楚墓中发现了人物御龙帛画,画中人物身材修长,高冠长袍,腰间佩长剑。综合各方资料,在屈原生活的时代,贵族佩剑已成寻常。《楚辞·九章·涉江》也有屈原佩剑的记述:"带长铗之陆离兮,冠切云之崔嵬,被明月兮佩宝璐。""长铗"即长剑。自此,"高冠长剑"成了屈原的形象标准。后世诗也多有用典。西晋张华《壮士篇》云:"长剑横九野,高冠拂玄穹。"李白《古风》云:"高冠佩雄剑,长揖韩荆州。"宋代梅尧臣《庙子湾下作》云:"高冠长剑乃不畏,沙雨夜起喷腥涎。"明代柳溪府君《送汤公子应荐之京》云:"高冠长剑并嵯峨,许国筹边感慨多。"

正是如此,后世画师绘屈原像皆以"高冠长剑"为本。明末清初陈洪绶依照屈原《九歌》绘《屈子行吟图》。图中清晰可见高冠与腰间斜佩之长剑。清萧云从绘《离骚图》,称"宋史艺作《渔父图》,李公麟作《郑詹尹图》,皆有三闾真仪,如沈亚之《外传》,戴截云之冠,高缨长铗,拭巾以明洁也。今合为一图矣"④。

---

① 王逸撰,黄灵庚点校:《楚辞章句》,上海古籍出版社,2017年,第15页。
② 汤炳正撰:《楚辞类稿》,巴蜀书社,1988年,第320页。
③ 司马迁著:《史记》,中华书局,2006年,第35页。
④ 萧云从著:《钦定补绘萧云从离骚全图》,上海古籍出版社,2011年,"凡例",第2页。

"长余佩之陆离"释解

上述对"佩"的歧解也导致了对该句中"陆离"的歧解。在《楚辞》中，含"陆离"的诗句共七例。

屈原《离骚》：纷总总其离合兮，斑陆离其上下。
屈原《离骚》：高余冠之岌岌兮，长余佩之陆离。
屈原《九章》：带长铗之陆离兮，冠切云之崔嵬。
屈原《九歌》：灵衣兮披披，玉佩兮陆离。
屈原《远游》：叛陆离其上下兮，游惊雾之流波。
宋玉《招魂》：长发曼鬋，艳陆离些。
刘向《九叹》：薜荔饰而陆离荐兮，鱼鳞衣而白蜺裳。

综合各家训释评注资料，"陆离"的释义共有七种：（1）参差错综；（2）光彩绚丽；（3）分散；（4）长剑低昂貌；（5）美玉；（6）神名；（7）修长的样子。各家众说，不一而足。但后世多将"陆离"与"长剑"相联系。如唐聂夷中《胡无人行》："腰间悬陆离，大歌胡无行。"皎然《送穆寂赴举》："剑光既陆离，琼彩何璘玢。"陆龟蒙《江湖散人歌》："所以腰欲散，不散佩陆离。"清黄景仁《太白墓》诗："高冠岌岌佩陆离，纵横击剑胸中奇。"虽然在前面的引诗中"陆离"的具体含义不尽相同——有"绚丽"义，如"剑光既陆离"；有"修长"义，如"高冠岌岌佩陆离"——但"陆离"基本被用来描述"长剑"，甚至借代为"长剑"。

高中教材取"修长"义，则源于清代经学家王念孙。他在《读书杂志余编》中认为，岌岌为高貌，则陆离为长貌，而不是参差的意思。他还认为《九章》"带长铗之陆离兮，冠切云之崔嵬"中的"陆离"也与之一样。[①]

近年来，还有一种视"陆离"为"琉璃"的观点。郗政民主编的《古书未释词语荟释》认为"陆离"即琉璃，后引申为色彩光亮。[②] 不过，如将"陆离"解为"琉璃"，"长余佩之陆离"中的"佩"就该是动词，上下两句互对的结构（"高余冠"与"长余佩"相对）就遭到了破坏，何况"琉璃"说的佐证材料明显不足，此说当不足为训。

综上所述，对"长余佩之陆离"的释解主要还是两种看法。一是"加长我腰带上的长长的饰物（香草）"，二是"加长我修长的佩剑"。前解自然是标举

---

① 王念孙著：《读书杂志》，江苏古籍出版社，2000年，第1036页。
② 郗政民主编：《古书未释词语荟释》，江西教育出版社，1991年，第192页。

屈原芳香高洁的人格，后解则增加屈原孤傲奇崛的意气。各尽其妙，各有其理。高中教材《普通高中教科书　语文　选择性必修　下册》将其解为"再加长我长长的佩带"无疑太过模糊化，因此建议将其修改为："再加长我长长腰带上的佩饰。佩，屈原所佩香草等佩饰，一说佩剑。"

从幽人到闲人

苏轼因为乌台诗案被贬黄州后，创作了一大批诗文，其中有被后世公认的代表作"两赋一词"。不少人将这之后的苏轼视为完成了人生突围，最终走向旷达和乐观的文人典范。这些认识很大程度上受到林语堂《苏东坡传》的影响，余秋雨在《苏东坡突围》中也这样认为：

> 成熟是一种明亮而不刺眼的光辉，一种圆润而不腻耳的音响，一种不再需要对别人察言观色的从容，一种终于停止向周围申诉求告的大气，一种不理会哄闹的微笑，一种洗刷了偏激的淡漠，一种无须声张的厚实，一种并不陡峭的高度。勃郁的豪情发过了酵，尖利的山风收住了劲，湍急的细流汇成了湖。[①]

这种铺排明显的抒情语言，无非告诉读者，苏东坡在黄州走向了人生成熟，这种成熟不只是对世事的态度，也是人生观的成熟或者思想的成熟。但是，我们应该看到，苏轼的人生突围并不是一夜之间一蹴而就的突变，黄州是苏轼不断进行自我突围的一个触点，是一个标志，但不是全部。苏轼在黄州四年，有过苦闷，有过郁愤，有过徘徊和挣扎；然后是平静、开解、释然；最后才达到通透。我们在"两赋一词"中清楚地看出苏轼的人生观在实现最终融通过程中的摇摆、矛盾、纠结。《赤壁赋》一文似乎在结尾达成了现实与理想的和解。但《后赤壁赋》结尾却用道士化鹤来隐隐流露人生的虚幻与怅惘。同一年写下的两篇作品，看得出苏轼心中情绪的反复，而《念奴娇·赤壁怀古》"一尊还酹江月"前后也鲜明地表现出苏轼对建功立业的期盼和年华老大的无奈，最终也有"人生如梦"的哀伤。看得出来，苏轼在《赤壁赋》中的超脱豁达并不是苏轼此后一成不变的静态思想表现。起码，黄州时期的苏轼经历了一

[①] 余秋雨著：《山居笔记》，文汇出版社，2002年，第94页。

段痛苦选择与艰难顿悟的过程。

有人认为，苏轼思想上的痛苦纠结源于儒与释道的碰撞，说苏轼最终完成了三者的融通，达成了平衡，实现了自我超越，为后世知识分子树立了旷达的典范。不可否认，苏轼黄州之后的诗词绝大多数流露出开解和释然。如《定风波》中"一蓑烟雨任平生""也无风雨也无晴"，《江城子·密州出猎》中"老夫聊发少年狂""鬓微霜，又何妨？持节云中，何日遣冯唐"，《惠州一绝》中"日啖荔枝三百颗，不辞长作岭南人"。淡泊释然、豪迈雄放、随遇而安，类似词句俯拾皆是。

那么，该如何理解苏轼这种心态与人生上的转变呢？我们发现，被贬黄州后的苏轼在诗文中有很多有意思的自称，比如《赤壁赋》中的"苏子"，开垦东坡修筑雪堂，自谓"东坡居士"。当然，苏轼更多的自我形象称谓是"老夫"（"老夫聊发少年狂"）、闲人（"几时归去、做个闲人"）、幽人（"谁见幽人独往来，缥缈孤鸿影"）、野人（"市人行尽野人行"）。而这些自我称谓恰好能够成为我们研究并认识苏轼人生突围的一个巧妙视角。

一、幽人——贬谪幽居的孤独抑郁

黄州期间，"幽人"形象多次在苏轼诗词中出现："清风弄水月衔山，幽人夜度吴王岘。"（《过江夜行武昌山闻黄州鼓角》）"幽人无事不出门，偶逐东风转良夜。"（《定惠院月夜偶出》）"谁见幽人独往来，缥缈孤鸿影。"（《卜算子·黄州定惠院寓居作》）

《易·履·九二》："履道坦坦，幽人贞吉。""幽人"原指幽囚之人。引申为冤屈之人，或幽居之人，或孤寂之人。后来多指隐士。苏轼多次自称"幽人"，其中必然包含复杂的情感：一是戴罪贬谪的身份认同，作者以罪人身份贬黄州，以之自指。"得罪以来，深自闭塞，扁舟草履，放浪山水间，与樵渔杂处，往往为醉人所推骂。辄自喜渐不为人识。"[1]（《答李端叔书》）二是幽居独处的自我宽慰。苏轼把在黄州与世隔绝的生活等同于隐逸，把自己认同为隐士。苏轼说："我谪黄冈四五年，孤舟出没风波里。故人不复通问讯，疾病饥寒宜死矣。"[2]（《送沈逵赴广南》）

我们来看苏轼的《卜算子·黄州定慧院寓居作》：

---

[1] 苏轼著：《东坡全集》，吉林人民出版社，1997年，第234页。
[2] 曾枣庄、舒大刚主编：《苏东坡全集》，中华书局，2021年，第427页。

缺月挂疏桐，漏断人初静。时见幽人独往来，缥缈孤鸿影。惊起却回头，有恨无人省。拣尽寒枝不肯栖，寂寞沙洲冷。①

文本中"孤""独""寂寞""恨"等语词符号都指向了苏轼贬谪黄州时低落的情绪、孤独的情感、苦闷的精神。清人黄苏《蓼园词选》评："此词乃东坡自写在黄州之寂寞耳。初从人说起言如'孤鸿'之冷落，第二阕专就鸿说，语语双关。格奇而语隽，斯为超诣神品。"②

二、闲人——随遇而安的自嘲自解

苏轼诗文中有两处自称"闲人"，一是词作《行香子·述怀》，一是《记承天寺夜游》。先看《行香子·述怀》的内容：

清夜无尘。月色如银。酒斟时、须满十分。浮名浮利，虚苦劳神。叹隙中驹，石中火，梦中身。虽抱文章，开口谁亲。且陶陶、乐尽天真。几时归去，作个闲人。对一张琴，一壶酒，一溪云。③

这首词写作者月夜把酒抒怀。有对名利的弃置，有对人生苦短的慨叹，有对自由快乐生活的认同，最后则抒发退隐出世之意。作品中的"闲人"虽是隐士，但也是闲雅之人，有酒消愁，有琴寄意，坐看云起，纵情山水。这个"闲人"是摆脱了名缰利锁的自由身，这个"闲人"是追求天真快乐生活的野游人。

另一处"闲人"出自《记承天寺夜游》。该文出自《东坡志林》。该书汇集作者自元丰至元符年间二十年中之杂说史论，内容广泛，无所不谈。其文则长短不拘，或千言或数语，而以短小为多。所收文章多类似于日记随笔。《四库全书总目》以为"盖轼随手所记，本非著作，亦无书名。其后人哀而录之，命曰《手泽》；而刊轼集者不欲以父书目之，故题曰《志林》耳"④。

---

① 苏轼著：《东坡乐府笺》，上海古籍出版社，2018年，第191页。
② 唐圭璋著：《词话丛编》，中华书局，1986年，第3032页。
③ 苏轼著：《东坡乐府笺》，上海古籍出版社，2018年，第428页。
④ 纪昀、永瑢撰：《钦定四库全书总目》，中华书局，1997年，第168页。

元丰六年十月十二日夜，解衣欲睡，月色入户，欣然起行。念无与为乐者，遂至承天寺寻张怀民。怀民亦未寝，相与步于中庭。庭下如积水空明，水中藻荇交横，盖竹柏影也。何夜无月？何处无竹柏？但少闲人如吾两人者耳。

《记承天寺夜游》虽短小，但发自真情，信笔写来，行云流水，结构完整，可谓"一语天然万古新，豪华落尽见真淳"。作者见月生发快乐兴致，但又惜于无人共赏，于是深夜寻友，与友同赏清幽月色美景，文末抒发心境之叹。

文末"闲人"一词，一语双关。作者与张怀民都是清闲之人（贬谪为闲官），"无案牍之劳形"，能见月色如水，能悟人生真谛——何夜无月？何处无竹柏，与《赤壁赋》中"惟江上之清风，与山间之明月"一样"是造物者之无尽藏也"，当尽情享受（"吾与子之所共适"），此可谓"闲雅"。而作者与张怀民均为贬谪之人，流落黄州，仕途无望，壮志难酬，"闲人"已成无事可做的多余人，这里边有无尽的自伤自嘲。清人汪琬有诗《月下演东坡语》两首，颇有意味。

其一
自入秋来景物新，拖筇放脚任天真。
江山风月无常主，但是闲人即主人。

其二
隐隐清规吐远山，酒枪茗碗颇相关。
人间何处无风月，欠个闲人似我闲。

汪琬显然沉淀了自己的遭际和心境，从而引发人生感慨"江山风月无常主，但是闲人即主人"——心闲方能成为大自然的主人，若心为俗务牵累，是不可能欣赏到大自然的美色的。只是，汪琬心中的"闲人"无非空闲之人，除了借此而生"闲适""闲雅"，却并不真正懂得苏轼笔下的"闲人"还有"壮志成空"的隐隐痛楚。

三、从幽人到闲人——借助道家力量的自我突围

在苏轼诗文集中，"闲"字大量出现。据研究者统计，"闲"字在苏轼集共出现400多次，在诗中出现180余次。我们也很容易发现，在苏轼的笔下，既

有"闲人""闲官",又有"闲趣""闲愁""闲放";既有"归闲""优闲""病闲""身闲""心闲""长闲""暂闲""自闲",又有"闲居""闲谈""闲看""闲燕""闲游""闲试""闲临""闲作""闲咏"。这构成了以"闲"为核心的语义系统。沈广斌先生认为,黄州时期的苏轼正是借助于"闲"初步实现了对政治的消解和对现实生存的超越,形成了随缘任运的人生态度和自由人格。苏轼被贬惠州、儋州后,对"闲"的追求也由自发升华到了一个自觉的阶段:"我适物自闲""吾生如寄耳,岭海如闲游"。由"闲"生趣,苏轼通过体味"闲"的真谛,实现了人生艺术化的蜕变。①

清代文学家张潮曾说:"人莫乐于闲,非无所事事之谓也。闲则能读书,闲则能游名胜,闲则能交益友,闲则能饮酒,闲则能著书。天下之乐,孰大于是。"②苏轼在大量诗文中写到自己的"闲情""闲趣"。他在《书临皋风月》中说:"江山风月,本无常主,闲者便是主人。"在《和陶归园田居六首》中说:"禽鱼岂知道,我适物自闲。悠悠未必尔,聊乐我所然。"在《李行中秀才醉眠亭三首》中说:"已向闲中作地仙,更于酒里得天全。"此外,还有"自知乐事年年减,难得高人日日闲"(《病中独游净慈》),"报道先生春睡美,道人轻打五更钟"(《纵笔》),"乘闲携画卷,习静对香炉"(《雨中邀李范庵过天竺寺作》),"万事会须咨伯始,白头容我占清闲"(《次韵胡完夫》),"朝随白云去,暮与栖鸦还"(《祈雪雾猪泉出城马上作赠舒尧文》),"一炷烟消火冷,半生身老心闲"(《和黄鲁直烧香二首》)。这些诗文处处表现出苏轼恬淡悠闲的心境,涉及日常生活的方方面面,无论闲居坐卧、游山玩水、参禅悟道,还是饮食穿着、读书作画、养花种竹,都能生出闲趣,生出雅意,触发艺术灵感与人生哲思。

苏轼从刚到黄州的"幽人"最终蜕变成了一个"闲人"。而这个闲人,由闲余闲暇衍生出苏轼的闲思闲趣,先是空闲,再是闲适,然后是闲雅。由一个无事可做的闲官到寄情山水的闲雅之人,苏轼完成了人生的蜕变,也完成了文学艺术生涯的升华。

不得不说的是,"闲"还是道家思想系统的一个符码,如《庄子·知北游》"今日晏闲,敢问至道"③,《在宥》"闲居三月,复往邀之"④,《寓言》"向者弟

---

① 沈广斌:《"性命自得"与苏轼之"闲"》,《兰州学刊》,2008年第4期,第179~182页。
② 张潮著,王峰评注:《幽梦影》,中华书局,2008年,第104页。
③ 王先谦集解,方勇点校:《庄子》,上海古籍出版社,2013年,第254页。
④ 王先谦集解,方勇点校:《庄子》,上海古籍出版社,2013年,第122页。

子欲请夫子,夫子行不闲,是以不敢"①,等等。庄子以此来指称人由"身闲"而及"心闲"的精神性活动,如《天道》有"以此退居闲游,则江海山林之士服"②,《知北游》有"尝相与无为乎,淡而静乎,漠而清乎,调而闲乎"③,《刻意》有"就薮泽,处闲旷,钓鱼闲处,无为而已矣,此江海之士,避世之人,闲暇者之所好也"④。

能实现从幽人到闲人的蜕变,苏轼显然是借助了道家思想的力量。苏辙在《东坡先生墓志铭》中这样介绍苏轼:"初好贾谊、陆贽书,论古今治乱,不为空言;既而读《庄子》,喟然叹息曰:'吾昔有见于中,口未能言。今见《庄子》,得吾心矣。'"又说:"先君晚岁读《易》,玩其爻象,得其刚柔、远近、喜怒、逆顺之情,以观其词,皆迎刃而解;作《易传》,未完疾革,命公述其志。公泣受命,卒以成书,然后千载之微言焕然可知也。复作《论语说》,时发孔氏之秘。最后居海南,作《书传》,推明上古之绝学,多先儒所未达。既成三书,抚之曰:'今世要未能信,后有君子,当知我矣。'"⑤ 可见,儒道两家思想在苏轼的精神世界不仅已经共存,并且融会,尤其是道家思想,在苏轼贬谪的人生经历中逐渐占据主流,给予苏轼启迪,也促进了苏轼走向人生超越境界。

四川大学文学与新闻学院周裕锴教授认为,苏轼的精神世界有两个系统——入世和出世。由此可见,苏东坡完成人生突围并最终走向成熟是自身对于儒道思想做出的伟大选择,其价值在于为后世知识分子树立了人生融通的标杆。

---

① 王先谦集解,方勇点校:《庄子》,上海古籍出版社,2013年,第342页。
② 王先谦集解,方勇点校:《庄子》,上海古籍出版社,2013年,第150页。
③ 王先谦集解,方勇点校:《庄子》,上海古籍出版社,2013年,第257页。
④ 王先谦集解,方勇点校:《庄子》,上海古籍出版社,2013年,第176页。
⑤ 苏轼著:《东坡乐府笺》,上海古籍出版社,2018年,第11页。

品诗三题

一、古代诗论中的"品"

清代许慎《说文解字》曰:"品,众庶也。从三口。人三为众,故从三口。会意。丕饮切。七部。凡品之属皆从品。"[①] 从字源学看,"品"本意是多人、众人。后来,引申出名词和动词义。名词义主要是"品类""类别";作为动词时,含有辨别、评定、分析、感悟的意思。

诗歌鉴赏中出现"品",演进流脉大致如此:一开始从官员品第、品级到魏晋"品藻人物"的传统,再是对诗歌文本进行分级分类,如刘勰《文心雕龙》、钟嵘《诗品》、司空图《二十四诗品》等,一直延续到清代王国维《人间词话》,"品"最终成为诗歌鉴赏的活动形式。

把"品"作为诗歌审美活动的著作首先是钟嵘的《诗品》。《诗品》是仿汉代"九品论人,七略裁士"的著作先例写成的一部品评诗人的著作,共品评了两汉至梁代的诗人一百二十二人,按照等次划分上品十一人,中品三十九人,下品七十二人。品评标准是赋比兴、风骨词采、诗味等。在《诗品》中,按照作者自己的审美标准对诗人划分等级。

唐人司空图则另辟蹊径,把诗歌的艺术风格和意境分为雄浑、冲淡、纤秾、沉着、高古、典雅、洗练、劲健、绮丽、自然、含蓄、豪放、精神、缜密、疏野、清奇、委曲、实境、悲慨、形容、超诣、飘逸、旷达、流动二十四品类,每品用十二句四言韵语来加以描述,名曰《二十四诗品》。至此,"品"成为诗歌风格的描述。

综上所述,"品"成为古代诗论的一个重要词汇,主要含义大致有两个方面:一是指诗人的等级分类,二是指诗歌的风格分类。到后来,诗论家更多地

[①] 许慎著:《说文解字》,中华书局,2013年,第42页。

通过诗歌鉴赏、批评活动来阐述自己的审美趣味和文学观。本文所论的"品"则是基于鉴赏批评的品读、品味、品评等文学活动。

二、品读：吟咏入境

欣赏诗歌，第一重要的事是入境。进入诗歌的意境、语境，方能做到与作者"共鸣"。品诗者如若始终是个门外人，是个旁观者，就无法深入诗人的精神、情感世界，而最终只能浮在诗歌文字的水面上。

入境的第一个办法是通过品读感受音韵。读书须要高声朗诵。朗读多了，自然会通过音韵语气、平仄律动来获得对诗词节奏律动、音韵意脉的感知，有助于感受诗人词家的感情变化和情绪起伏，有助于体会诗歌的意蕴和情调。

李清照的《声声慢》在韵和调上是很独特的。在韵脚方面，全词押 ī 韵，发音低沉。如凄（qī）戚（qī）息（xī）急（jí）识（shí），积（jī）滴（dī）摘（zhāi）黑（hēi）得（děi）。它们具有发音柔和、细微的特点，恰好能抒发哀伤悲戚的情感。此外，《声声慢》在声调上也特别讲究，用了不少双声叠韵字。如凄凄、惨惨、戚戚、将息、黄花、憔悴、黄昏、点滴，都是双声；冷清、暖寒、盏淡、得黑、次第，都是叠韵。这些双声叠韵词的运用既增添了词的音乐美，又表达出忧郁伤痛之情。《声声慢》的曲调，韵脚押平声字，调子也比较舒缓。而李清照这首词却改押入声韵，并屡用叠字和双声字，这就变舒缓为急促，变哀婉为凄厉。《荆轲刺秦王》："高渐离击筑，荆轲和而歌，为变徵之声，士皆垂泪涕泣。"荆轲要出发去刺秦王，在易水分别时唱的《易水歌》用的就是变徵之音，生死离别，悲凉凄惨。

《声声慢·寻寻觅觅》起句七个叠词，破空而来，旷古未有，但又不拖沓累赘，"寻寻觅觅"音调是平平仄仄，后面"冷冷清清"则是仄仄平平，"凄凄惨惨戚戚"按古音则是平平仄仄仄仄。在吟诵时自然会感受到词人晚景凄凉，不能自已的苦处。头脑中想象的画面就是词人在家东翻翻西找找，屋子里空空荡荡，再也没有当年人声鼎沸的热闹，回想自己的遭际，感觉人生凄凉悲惨，心中自是伤心不已。如按今音，语调也会随着七个叠词跌宕起伏，"寻寻觅觅"语调低低高高，由低到高略升，"冷冷清清"语调高高低低，由高到低渐降，"凄凄惨惨戚戚"语调低低高高低低，到"戚戚"时已经气若游丝。从孤寂挣扎到无望放手，词人动荡不安的心绪电波显露无遗。夏承焘先生在《唐宋词欣赏》中说："'梧桐更兼细雨，到黄昏，点点滴滴。这次第，怎一个愁字了得！'二十多个字里，舌音、齿音交相重叠，是有意以这种声调来表达她心中的忧郁和惆怅。"① 教师在带领学生吟咏《声声慢》"到黄昏点点滴滴"时,"点点滴滴"就应该舒缓绵长,一字一顿,把雨打梧桐、声声敲击、以声衬静的韵味读出来。

今天的语文课堂已经无法唱读古诗词,但今人改编较成功的一些作品,可以推介给学生,在品读这些作品时,教会学生吟唱,想必是一种不错的尝试。如李清照的《一剪梅》,安雯演唱的版本旋律婉转,唯美古典,一代代学子在中学时代吟唱默会,料想终生都会记忆深刻。

通过吟咏来品读古诗词,是诗歌读赏的第一道功夫。通过口齿的活动进而达到心灵的融会,通过还原诗境进而达到对意味的参悟,这是一种由感性到理性的文本理解过程。叶圣陶先生说:"吟咏的时候,对于探究所得的不仅理智地理解,而且亲切地体会,不知不觉之间,内容和理法化而为读者自己的东西了,这是最可贵的一种境界。"② 李白的《将进酒》,我们可以进行演读,可以唱读,可以吟咏。"君不见黄河之水天上来,奔流到海不复回",破空而来,高昂慷慨。"君不见高堂明镜悲白发,朝如青丝暮成雪",则黯然神伤,不能自已。前句恍若站在壶口瀑布之下,豪壮之气充塞宇宙;后句置身斗室,揽镜自照,年华之伤溢于言表。教师带领学生通过这些方式走进诗仙的精神世界,自然就能一步步把握作品豪迈奔放、雄奇飘逸的风格特征。

三、品味:披文入情

刘勰说:"缀文者情动而辞发,观文者披文以入情。"③ 诗歌创作者因情而动,品味诗歌者披文入情。诗歌是抒情的艺术,传情达意是诗歌的核心。但诗歌也是含蓄的艺术,诗歌的情感幽微多于直露,含蓄多于晓畅。要解读诗歌的"真意",就得有披沙拣金的本领。

诗歌的创作过程,大致可以概括为"生活积累—选材立意—艺术构思—语言表达"。鉴赏者"沿波讨源",可从"语言表达"入手,追溯到诗人的"艺术构思""选材立意"和"生活积累",即先从作品的"语言形式"入手——谓之"披文",进而探讨艺术、情感等。

从教学策略上看,可以抓意象、诗眼、典故等。从操作层面看,诗歌鉴赏

---

① 夏承焘著:《唐宋词欣赏》,百花文艺出版社,1980 年,第 68 页。
② 叶圣陶著:《叶圣陶语文教育论集》,教育科学出版社,2015 年,第 13 页。
③ 刘勰著:《文心雕龙》,中华书局,2012 年,第 555 页。

逻辑自洽与视域融合
——中学语文经典文本研究

教学的基本步骤是：

1. 读题目。了解题材、体裁，引疑：写了什么？为什么这样写？
2. 读作者。了解其生平、人生经历、人生观、创作风格。
3. 读背景。联系历史朝代、文化文学常识。
4. 读注释。了解与诗歌文本有关的信息。
5. 读文本。运用联想和想象，再现诗人意境画面；逐联分析，连结语意，理清脉络肌理；深入品味诗歌意蕴，洞悉诗歌的艺术特色。

这是一种"步步为营"的策略，在"读文本"这个核心环节，需要教师通过对意象、诗眼、典故等"硬核"内容进行敲击，带领学生深入到诗歌文本的"情感"中间。

叶嘉莹先生认为："在一个历史文化比较悠久的民族中，有些语言的符号经过长久的使用往往形成了某些固定的联想，而且只有属于这一文化传统之内的人，才熟悉这种联想。"[1] 如松、竹、梅代表坚毅，菊是隐逸的别名，莲、蝉象征着高洁，杨柳、芳草象征惜别，杜鹃啼叫悲苦……

品味杜甫的《登高》，紧紧抓住该诗的诗眼"悲"，我们会梳理出贯穿该诗的主线，诗歌四联始终以"悲"为主题，如起句"风急天高猿啸哀"既有意象营造出的悲景，又有"哀"这样的情词；诗歌尾联"潦倒新停浊酒杯"中，"潦倒"是个人窘迫境况的抒写，"新停浊酒杯"也含蓄地表达了无法消愁的悲苦。牵一发动全身，紧扣诗眼进行整篇诗歌的分析，一直是诗歌鉴赏时四两拨千斤的巧实力。

诗贵含蓄，重暗示，诗人不便明说或不想明说的意思，可以通过典故曲折地予以表达。品味辛弃疾的词，要抓住辛词长于用典这一特点。辛弃疾《水龙吟·登建康赏心亭》《永遇乐·京口北固亭怀古》词，使用多个典故。典故包含的思想情感丰富而复杂。抓住了典故的含义，就抓住了"词中之龙"心中的幽微情愫：豪气与愤懑交织，忧国与自伤混杂。

品味诗歌，还要有语言敏感。读李白《将进酒》"古来圣贤皆寂寞，惟有饮者留其名"，我们抓住"皆""唯"这一似乎不合情理之语，就会发现：若从逻辑论之，李白此语太过绝对，属于以偏概全；若从李白的精神论之，与众多圣哲怀才不遇、孤独忧世一样，李白也命运不济，产生共情又合情合理。这是诗人之语、率性之语、沉痛之语，属于李白独特个性之诗语。

品味诗歌是个综合工程，需要阅读经验的积累，需要调动想象与联想，需

---

[1] 叶嘉莹著：《古诗词课》，生活·读书·新知三联书店，2018年，第30页。

要知人论世和以意逆志。通过披文入情，我们才能读懂诗歌，读透诗歌。

四、品评：游心入理

诗歌鉴赏不能停留于文本读解，不能止步于弄懂诗句含意。对诗歌做出有创见的评论，是品诗的高级活动。《诗品》《历代诗话》《历代词话》以及前文提到的古代品诗文献都是这种高级活动留下的经典成果。这些文献记载了大量的评论性语言，不少评语流传后世，成为对某些作品的经典性评论。如王国维《人间词话》评宋祁"红杏枝头春意闹"为"一闹字则境界全出"，可谓精辟深刻。

从语文教育的角度看，诗歌鉴赏要借助语言实践来实现，涉及分析、综合、评价等高阶思维，着力培养文学审美趣味，实现优秀传统文化的传承与理解，是全面提升语文学科核心素养的重要教学策略和必然途径。侧重"评价"的诗歌评论，处于布鲁姆目标分类系统"认知领域"的最高层次，它要求不凭借直观感受或观察现象作出评判，而是理性地、深刻地对事物本质的价值作出有说服力的判断，即综合内在与外在的资料、信息，作出符合客观事实的推断。诗歌文本具有鲜明的抒情特征，所以我们把诗歌情感内涵作为评论或者评价的主要内容。探究文本的情感主旨往往成为诗歌鉴赏的首要任务。其次则是诗歌的语言、风格、修辞等艺术特征。

作为教学中的诗歌评价题，命题形式有印证性评价和开放式评价两种。印证性评价题往往是先引用一段古代诗评家或后世名人对诗的评论语，要求先判断这个评论是否正确，是否合理，然后阐明理由。而开放式评价，则是摆出两种不同意见，让学生谈论观点与理由。

对诗歌做出评论或者评价殊非易事。在诗歌品鉴教学中，我们一方面可以借鉴前人对作品的评价来获得思考的方向和角度，引发我们自己的独立思考和个性化评论；另一方面我们也可以倚重自身学养积淀实现对作品的独创性认知和评判。要么站在前人的肩膀上扩展充实，要么批驳前人成见、另立新说。

比如钟嵘在《诗品》中把汉至齐梁的122个诗人分为上中下三品，对作家的风格渊源、诗歌的继承发展、诗歌的语言等问题，提出了许多精辟的见解。但在对诗人划分品第时也有不妥之处，如把陆机列为上品，陶渊明列为中品，曹操列为下品，认为"曹（植）、刘（桢）殆文章之圣，陆（机）、谢（灵运）

为体贰之才"①。我们可以展开对上述诗人的研究，就其整体成就及后世影响力做出独立的评论，提出修正性的观点和看法。

笔者曾在诗歌品鉴教学中推行类似古代诗话的评点法，促使学生把自己的阅读发现表达、分享出来。评点教学先要让学生动笔写，再让学生动口说。前者是个人独立评点环节，后者是交流环节。评点法诗歌品鉴的基本教学步骤：品味诗美—发现探究—扩展整合—表达分享。基本的策略：语词推敲—延伸联结—批判追问。

以柳永《雨霖铃》品鉴为例。在欣赏时，我们引用刘熙载《艺概》中的评语："词有点有染。柳耆卿《雨霖铃》云'多情自古伤离别，更那堪冷落清秋节。今宵酒醒何处，杨柳岸、晓风残月'。上二句点出离别冷落，'今宵'二句，乃就上二句意染之。点染之间，不得有他语相隔，隔则警句亦成死灰矣。"② 然后组织学生进行分组讨论，就文本的"情与景""虚与实"进行交流发言。在对柳永婉约风格进行讨论时，引述俞文豹《吹剑录》："东坡在玉堂日，有幕士善歌，因问：'我词何如柳七？'对曰：'柳郎中词，只合十七八女郎，执红牙板，歌"杨柳岸晓风残月"。学士词，须关西大汉，（执）铜琵琶，铁绰板，唱"大江东去"。'"③ 其后通过拓展柳永其他词作和拓展苏东坡其他词作来使学生认识两人风格差异，并深度追问"是什么因素导致了两人的风格差异"，最终布置诗歌评论写作任务。

南朝梁简文帝《与慧琰法师书》："对玩清虚，既在风云之表；游心入理，差多定慧之乐。"虽是谈佛，但宜乎论诗。

五、结语

诗乃文学之祖，艺术之根。品诗是一种高雅的艺术鉴赏活动。"不学诗，无以言。"不品诗，无以雅。品一首好诗，就是一种"艺术发现"，甚至是一种"艺术创造"。品诗者需要不断提高艺术修养和增进学识，入境、入情、入理方能登堂入室。入境是敲击、砸开诗歌文本的过程，入情是泡开诗意的过程，入理则是创生文本的结果。三个阶段逐级递升，构成诗歌品鉴的完整链路。

---

① 周振甫著：《诗品译注》，中华书局，2018年，第27页。
② 刘熙载著：《艺概》，浙江人民美术出版社，2017年，第123页。
③ 施蛰存、陈如江辑录：《宋元词话》，上海书店出版社，1999年，第502页。

古典诗词是中华优秀传统文化的重要组成部分。品鉴古典诗词就是继承和发扬中华传统文化。在语文教学中开展古诗词品鉴教学，既要有审美视野，也要有文化意识。教会学生发现诗歌之美，弄清品诗的理路，形成能力和素养，是语文教师需要长期研究的课题。

《我与地坛》：一部关于自我救赎的启示录

　　1991年，《上海文学》1月号头条发表了史铁生的长篇散文《我与地坛》。为此，作家韩少功高度评价："我以为1991年的小说即使只有他一篇《我与地坛》，也完全可以说是丰年。"后来，《我与地坛》的第一、第二部分被收入教育部组织编写的《普通高中教科书　语文　必修　上册》。长期以来，不少人将其定义为一篇讴歌母爱、纪念母亲的作品。笔者在知网以"我与地坛""母爱"为关键词检索相关文献，发现近20篇公开刊发的文章将"母爱"界定为作品主题。诚然，《我与地坛》第二部分有大量的内容写母亲的苦难与坚韧、宽厚与慈爱，史铁生的《秋天的怀念》等文章也是专门来回忆母亲、纪念母亲的。但笔者认为，母爱只是文章的思想内容之一，而并非全部或者主要内容。

　　从题目看，文章不是《我与母亲》《地坛与母亲》，而是《我与地坛》。作者着力"强化"的是"我""地坛"，"地坛"给予"我"思考和启示，也最终促成了"我"的颖悟；"我"在地坛完成了对生命的觉解，实现了自我救赎。"地坛"和"我"合在一起，共同构成了文章的主旨。

　　有人会问：母亲呢？母亲在文章中居于一个什么地位呢？笔者认为，《我与地坛》有一个独特的意义结构，地坛是神性世界的隐喻，它与"我"形成了交互关系，促使"我"思考受难、生死；而母亲是人类世界的隐喻，促使"我"思考如何活。"地坛"与"母亲"是史铁生人生中的两部启示录，促使史铁生最终完成了"向死而生"的灵魂救赎。

一、地坛是一部神性启示录

　　《我与地坛》一共七部分。第一部分写了初遇地坛，由地坛的景与物感悟自己的生死；第二部分写母亲；第三部分再写因为地坛，常感恩自己的命运；第四部分写来地坛的各种人；第五部分写有智障的姑娘带来的关于苦难与救赎的思考；第六部分写地坛引发的作者对于三个问题的思索；第七部分写作者对

《我与地坛》：一部关于自我救赎的启示录

于人生的彻悟。可以看到，文章绝大多数篇幅都在围绕地坛思考生与死、生命、人生等重大哲学问题，只不过作者把这些内容文学化了。

在第六部分，史铁生塑造了一个园神的形象。

> 设若有一位园神，他一定早已注意到了，这么多年我在这园里坐着，有时候是轻松快乐的，有时候是沉郁苦闷的，有时候优哉游哉，有时候凄惶落寞，有时候平静而且自信，有时候又软弱，又迷茫。其实总共只有三个问题交替着来骚扰我，来陪伴我。第一个是要不要去死？第二个是为什么活？第三个，我干吗要写作？①

> 我在这园子里坐着，园神成年累月地对我说：孩子，这不是别的，这是你的罪孽和福祉。②

我们看到，史铁生已经把地坛神化了，在对文章前后内容勾连时我们发现，基于"地坛"生发的宗教精神，包括苦难意识、忏悔意识、博爱意识和命运意识等鲜明地引导着作者一步步走向自我开解、自我救赎之路。在《想念地坛》一文中，史铁生写道："在满园弥漫的沉静光芒中，一个人更容易看到时间，并看见自己的身影。""惟一缕清魂在园中游荡，刹那间清风明月，如沐慈悲，于是乎我听见了那恒久而辽阔的安静，那中间确有如林语堂所说的，一种温柔的声音，同时也是强迫的声音。"

"园神""罪孽""福祉"，这些字眼混杂着中国佛教和西方基督教的教义，呈现的是史铁生对"生"的思考和彻悟。2010年12月31日，文学评论家雷达听闻史铁生去世后，这样评价："他最后有没有信奉宗教，我并不清楚。但是他的小说、散文中有对生命本体的追求、对人生存在的追求，像宗教式的笃定和深刻。中国不缺作家，但唯独缺乏史铁生这类形而上的甚至具有神性的作家。"

史铁生最终完成了关于自己、生命、人生的哲学彻悟和精神超越。在这种超越中，他把这种个人化的"宗教精神"视为一种精神生活方式和精神倾向——一种看待人生、苦难和命运的生活态度；一种对自我灵魂关注、净化和救赎的方式；一种高度自省的神性境界。作家曹文轩在《我与地坛》的"封

---

① 史铁生著：《我与地坛》，人民文学出版社，2008年，第16页。
② 史铁生著：《我与地坛》，人民文学出版社，2008年，第19页。

底"这样评价:"《我与地坛》像是与整个人类精神的对话与探寻,字字句句昭示'生命偶然,但不能轻视'主题,那些同期作品也揭示了'人生是一个经受磨难的过程'。"

二、母亲是一部有关宽厚与隐忍的书

在中国文化意识里,一向有天为父、地为母的观念。按照易经中的说法,乾为阳,为天;坤为阴,为地。男为阳,女为阴;父为阳,母为阴。大地与母亲很早就产生了思想和文化连接。

地坛坐落在北京城安定门外,是明清两朝帝王祭祀"皇地祇"神的所在地,也是中国历史上连续祭祀时间最长的一座坛。自1531—1911年,先后有明清两朝的皇帝在此连续祭地。故此得知,地坛是祭地之坛。而地为人类之母,这里面有着自然而深沉的隐喻。

在人类的文化心理中,大地或者土地常常包孕着付出、隐忍、博爱、苦难等精神内涵。在《我与地坛》中,"母亲"身上恰好呈现出传统母亲形象具备的精神:爱的宽厚、命的隐忍。

> 她情愿截瘫的是自己而不是儿子,可这事无法代替;她想,只要儿子能活下去哪怕自己去死呢也行,可她又确信一个人不能仅仅是活着,儿子得有一条路走向自己的幸福;而这条路呢,没有谁能保证她的儿子终于能找到。——这样一个母亲,注定是活得最苦的母亲。[①]

> 母亲生前没给我留下过什么隽永的哲言,或要我恪守的教诲,只是在她去世之后,她艰难的命运,坚忍的意志和毫不张扬的爱,随光阴流转,在我的印象中愈加鲜明深刻。[②]

无须太多分析,读读上面的文字就能懂得在史铁生的文中"母亲"蕴含了什么样的形象内涵。史铁生的另一篇散文《秋天的怀念》在写到"我"因双腿瘫痪后厌世发泄情绪时,"母亲"扑过来抓住我的手,忍住哭声说:"咱娘儿俩在一块儿,好好儿活,好好儿活……"母亲用自己平凡而伟大的一生为残疾的

[①] 史铁生著:《我与地坛》,人民文学出版社,2008年,第5页。
[②] 史铁生著:《我与地坛》,人民文学出版社,2008年,第7~8页。

儿子无声地诠释了"什么是生"。

在散文《合欢树》中有这样一段话：

> 我摇着车躲出去，坐在小公园安静的树林里，想：上帝为什么早早地召母亲回去呢？很久很久，迷迷糊糊地，我听见回答："她心里太苦了。上帝看她受不住了，就召她回去。"我的心得到一点安慰，睁开眼睛，看见风正从树林里穿过。①

母亲在世的时候，作者不理解母亲，甚至给母亲带去很大的痛苦。母亲逝世后，作者开始在悔恨中理解母亲的痛苦，理解母亲的角色定位。慢慢地，史铁生理解了母亲，读懂了母亲。母亲完全是在苦难的折磨中度完了她自己的生命。母亲的"活法"，其实解答了作者应该怎样活、怎样面对命运、怎样面对苦难的问题。从这个意义说，母亲是用自己的一生引导了史铁生懂得如何活：受难、坚韧。在这样的描写中，我们仿佛看到了西方宗教人物"圣母"的影子。

除了地坛神性的指引，母亲的爱、母亲的生命历程对史铁生实现自我救赎也产生了重要影响："多年来我头一次意识到，这园中不单是处处都有过我的车辙，有过我的车辙的地方也都有过母亲的脚印。"

三、"我"最终完成自我救赎

经历了人生巨大变故的史铁生，很长时间一直在思考三个问题：第一个是要不要去死？第二个是为什么活？第三个是我干吗要写作？

史铁生在《我与地坛》中写道："那么，一切不幸命运的救赎之路在哪里呢？设若智慧的悟性可以引领我们去找到救赎之路，难道所有的人都能够获得这样的智慧和悟性吗？"②

如果我们把地坛比作一部启示录，我们会看到这里面写满了诸如荒芜与宁静、苦难与坚韧、命运与感恩、变迁与永恒、不幸与怜悯、欲望与人生等哲学词汇。在《我与地坛》第四部分中，史铁生叙写了那些在地坛与他在同一个时间流程里的生命故事：那对长年互相搀扶着散步的夫妻，热爱唱歌的小伙子，悠闲喝酒的老头儿，耐心等待奇迹出现的捕鸟汉子，无法摆脱"失败"宿命的

---

① 史铁生著：《我与地坛》，人民文学出版社，2008年，第38页。
② 史铁生著：《我与地坛》，人民文学出版社，2008年，第16页。

长跑家,优雅而朴素的中年女工程师……一个灵魂又一个灵魂隐去了,一个场景又一个场景消失了。从这些纷纷纭纭的生命形式里,史铁生体验到生命的挚爱与激情、执着与洒脱、不屈与从容。在第五部分,作者重点写了一个漂亮而不幸的有智障的姑娘,作者除了满怀怜悯之情,也最终明白:"就命运而言,休论公道。""苦难——人类的全部剧目需要它,存在的本身需要它。"[①]

承受命运—感恩命运—超越个人苦难—拯救人类苦难,这是史铁生回答三个问题的过程,也是完成自我救赎、自我超越的人生路径。在《我与地坛》这篇文章里,他通过对地坛的环境描写、四时变化以及在地坛中遇到的人物的描述,阐释了几个有关命运的问题。特别是对母亲命运的描写,表达了他对生存的看法,对爱的感激,对命运的叩问与思索,对生命的热爱和感怀。其中,他对个人命运的理解更是引人深思。

> 因为这园子,我常感恩于自己的命运。

地坛的人、事、自然物,其盛衰荣枯引发了史铁生对于生命的思考。借助地坛和母亲,史铁生与命运对话,与上帝对话,与自我对话。从迷茫开始,再是询问质问叩问,甚至一度哀求、试探,最终达成与世界、自我的和解,从而走出了人生困境,实现了自我救赎。

他在文章结尾写道:"有一天,在某一处山洼里,势必会跑上来一个欢蹦的孩子,抱着他的玩具。当然,那不是我。但是,那不是我吗?"可以看出,"我"已不是曾经的"我",一个完成了精神蜕变、脱胎换骨的史铁生诞生了。

后来,史铁生在《想念地坛》一文中说:"有人跟我说,曾去地坛找我,或看了那一篇《我与地坛》去那儿寻找安静。……恰如庄生梦蝶,当年我在地坛挥霍光阴,曾屡屡地有过怀疑:我在地坛吗?还是地坛在我?现在我看虚空中也有一条界线,靠想念去迈过它,只要一迈过它便有清纯之气扑面而来。我已不在地坛,地坛在我。"[②] 毫无疑问,地坛已经在史铁生的精神世界里成了一种信念、信仰,史铁生后来走上了文学创作之路,找到了生活的意义,实现了灵魂的皈依。

从"我在地坛"到"地坛在我",史铁生实现了人生的华丽转身。

---

① 史铁生著:《我与地坛》,人民文学出版社,2008年,第16页。
② 史铁生著:《我与地坛》,人民文学出版社,2008年,第226页。

荆轲《易水歌》探疑

荆轲《易水歌》作为一首舍生取义的壮歌豪曲，千百年来凝聚成无数仁人志士的英雄情结。斯人已逝，弦歌不断。早在魏晋，阮瑀、左思、陶潜等人就有诗文咏叹，至唐宋元明清，贾岛、柳宗元、韩愈、李东阳、陈子龙、袁枚等名流宿儒共留存百余首长歌短吟，这构成了中国文学史上奇特的诗歌景观。明代诗评家胡应麟在《诗薮》中说："《易水歌》仅十数言，而凄婉激烈，风骨情景，种种具备。亘千载下，复欲二语，不可得。"① 的确，荆轲其人侠肝义胆，浩然之气充塞宇宙，当为不朽；《易水歌》雄浑悲怆，荡气回肠撼天动地，实为绝唱。

但，《易水歌》的内容、出处、作者存在诸多疑点，本文试作一些探究。

一、《易水歌》的内容

在刘向编订的《战国策》和司马迁撰写的《史记》中，《易水歌》仅有两句，即"风萧萧兮易水寒，壮士一去兮不复还"。南朝梁太子萧统在《文选·卷二十八》杂歌类中收录的《易水歌》也仅存这两句。但清人沈德潜《古诗源》收录的《易水歌》则多出了"探虎穴兮入蛟宫，仰天呼气兮成白虹"这两句。有人认为，这后面的两句是后人伪托加上去的。那么，后人为什么要伪托增加这两句呢？古代典籍在流传过程中被后人伪托的情况并不少见，如岳飞词《满江红·怒发冲冠》并不见于孙子岳珂辑录的《金佗粹编》，而被后世研究者视为伪托之作。

司马迁《史记》有"临终作歌"的现象，如《曳杖歌》《大风歌》《垓下歌》《鸿鹄歌》等。这些"歌"的来源复杂，有的来自民间，如《卫子夫歌》；有的转录典籍，如《采薇歌》《楚狂接舆歌》；有的可能来自传闻或经过了作者

---

① 胡应麟撰，王国安点校：《诗薮》，北京科学技术出版社，2023年，第40页。

逻辑自洽与视域融合
——中学语文经典文本研究

改造，如《大风歌》《垓下歌》等。不过，有一些"歌"明显具有相似性，如《麦秀歌》《采薇歌》《楚狂接舆歌》《易水歌》《垓下歌》《大风歌》等，它们具有楚歌的特征。林庚先生在《〈楚辞〉真正创造了"兮"字》中认为，"兮"在楚辞中主要是构成节奏。郭预衡先生在《中国古代文学史》中认为，"兮"字是楚辞语言的显著标志之一。

我们研究《易水歌》，会自然想到《史记》中类似的作品，如据传项羽作的《垓下歌》，据传刘邦作的《大风歌》，这些作品的相同之处在于都使用了"兮"字句式，不同的是这两首"歌"都有四句，而《战国策》《史记》中的《易水歌》却只有两句。也许是后人觉得只有两句的《易水歌》并不完整，于是就一厢情愿地增加两句使之成为与上述两歌一样的完整内容和结构。不过，千百年来，人们在传唱《易水歌》时已经习惯并接受了前面两句，或者认为前面两句已经足以摹写出荆轲的英雄形象，后两句纯属多余，于是不在乎这《易水歌》是否完整，仅保留这残存的两句。

二、《易水歌》的出处

一般认为，《易水歌》最早出自汉人传记小说《燕丹子》，内容如下：

> 荆轲起为寿，歌曰："风萧萧兮易水寒，壮士一去兮不复还。"高渐离击筑，宋意和之。为壮声则发怒冲冠，为哀声则士皆流涕。二人皆升车，终已不顾也。二子行过，夏扶当车前刎颈以送。二子行过阳翟，轲买肉争轻重，屠者辱之，武阳欲击，轲止之。[1]

《史记》记载的"易水送别"内容为：

> 太子及宾客知其事者，皆白衣冠以送之。至易水上，既祖，取道。高渐离击筑，荆轲和而歌，为变徵之声，士皆垂泪涕泣。又前而为歌曰："风萧萧兮易水寒，壮士一去兮不复还！"复为慷慨羽声，士皆瞋目，发尽上指冠。于是荆轲遂就车而去，终已不顾。[2]

---

[1] 王天海译注：《穆天子传译注 燕丹子译注》，上海古籍出版社，2018年，第232页。
[2] 司马迁著：《史记》，中华书局，2006年，第518页。

容易看出，《燕丹子》在文字上与《战国策》和《史记》有很大的不同，但也有相同的。如：

> 轲顾武阳前，谢曰："北蕃蛮夷之鄙人，未见天子。愿陛下少假借之，使得毕事於前。"秦王曰："轲起，取督亢图进之。"
>
> 秦王发图，图穷而匕首出。轲左手把秦王袖，右手揕其胸，数之曰："足下负燕日久，贪暴海内，不知厌足。於期无罪而夷其族。轲将海内报仇。今燕王母病，与轲促期，从吾计则生，不从则死。"①

通过比较可知，《燕丹子》很有可能就是刘向、司马迁著录时依据的那个较早的文献。在此基础上，刘向或者司马迁率先进行了润饰改写，并在《战国策》或者《史记》中编写了这些关于荆轲刺秦的内容。

三、《易水歌》的作者

《易水歌》的作者肯定不是荆轲。原因有二：一是荆轲所为之事在战国末期，荆轲在易水离别时的细节场景已无法完全从历史上还原，《战国策》《史记》中的描述当为文学加工，易水送别的核心信息也许是符合历史真实的，但荆轲所言所歌自是难以证实。二是我们注意到，《易水歌》中采用"兮"字句，带有鲜明的"楚地歌谣"色彩（如以《离骚》为代表的"楚辞"），但荆轲为卫人，在《战国策·燕策三》《史记·刺客列传》的记述中均未有其与南方楚地产生关联的内容。所以，荆轲作为长期活跃在中原的北方人，是断然唱不出南方楚歌的。之所以《史记》中"临终作歌"存在大量的"兮"字句，是因为汉代盛行的骚体赋由屈宋楚辞发展而来，这些"歌"因此被打上了骚体赋的典型特征。

《易水歌》的作者很大可能是最先记录荆轲事迹的那个人，或是《战国策》的编订者刘向，或是《史记》的编撰者司马迁，或是其他人。据清华大学人文学院张海明考证："《风俗通义》引《太史公记》、《春秋后语》所据《史记》并无《易水歌》，唐代类书及宋初《太平御览》不从《史记》引《易水歌》，《易水歌》实始见于南朝江淹所作之《燕丹子》，今本《史记·荆轲传》与《战国策·燕太子丹质于秦章》所载《易水歌》乃后人自注文中窜入，时间或在北宋

---

① 司马迁著：《史记》，中华书局，2006年，第519页。

前期，并非出自太史公的手笔。"①

　　这里面还有太多难解的疑点。《战国策》与《史记》中记述荆轲的内容毫无二致。到底刘向、司马迁二人谁据谁本，还是两人同据别本，因为文献阙如，已经无法定案。就现有史料，如果《战国策》《史记》古本并无其诗的记述，这就无疑是后世好事者伪托加入，那么始作俑者可能是谁呢？张海明教授认为是江淹，确实，魏晋六朝时期，不少人以荆轲入诗，包括陶渊明的《咏荆轲》和左思的《咏史》，内容中也都涉及易水送别、荆轲和歌等内容，但尚不见与"风萧萧兮易水寒，壮士一去兮不复还"相关的词句。在唐代诗人贾岛的诗歌《易水怀古》中，则出现了"至今易水桥，凉风兮萧萧"等词句，我们大致可以判定，在唐代，《易水歌》已经广为流传，其内容多已传播。这样的话，我们就确定了《易水歌》内容形成的历史时段应该在汉之后、唐之前，极有可能就是魏晋时期，再联系萧统《文选》已经著录，而《燕丹子》在《文选》之前已经有此二句这一事实，可以推测，《易水歌》的真正作者就极有可能是《燕丹子》的作者。只不过，《燕丹子》的作者已不可考，到底是不是江淹还需要更多的证据支撑。

---

① 张海明：《司马迁作〈易水歌〉献疑》，《文艺研究》，2013年第4期，第43页。

在东晋乱流中沉浮的哀痛者和清醒者

王羲之的《兰亭集序》被誉为"天下第一行书"。其书法地位,不需赘述。辞章文采,也颇得名家盛赞。有人称其"雅人深致,玩其抑扬之趣"。诚然,曲水流觞,饮酒赋诗,兰亭盛事,古今艳羡,信可雅也。但围绕文本内容和主旨的疑问颇多,既然选入教材,尤需解析澄清。

一、从《临河序》到《兰亭集序》

《兰亭集序》在东晋并无文献载录,萧统《文选》亦无收录。南朝梁刘孝标注引《世说新语》始收录其文,但全文较短,包括最后的附注,共153个字,且名为《临河序》。其文为:

> 永和九年,岁在癸丑,莫春之初,会于会稽山阴之兰亭,修禊事也。群贤毕至,少长咸集。此地有崇山峻岭,茂林修竹。又有清流激湍,映带左右。引以为流觞曲水,列坐其次。是日也,天朗气清,惠风和畅,娱目骋怀,信可乐也。虽无丝竹管弦之盛,一觞一咏,亦足以畅叙幽情矣。
>
> 故列序时人,录其所述。右将军司马太原孙丞公等二十六人,赋诗如左,前余姚令会稽谢胜等十五人不能赋诗,罚酒各三斗。[①]

通过比较,我们发现,《临河序》与《兰亭集序》在内容上有两个很大的不同:一是有一处语序颠倒和一处异文,二是《兰亭集序》增加了不少文字内容。下面的文字是增加的。

[①] 刘义庆著,刘孝标注:《世说新语》,上海古籍出版社,2013年,第265页。

> 夫人之相与，俯仰一世。或取诸怀抱，悟言一室之内；或因寄所托，放浪形骸之外。虽趣舍万殊，静躁不同，当其欣于所遇，暂得于己，快然自足，不知老之将至；及其所之既倦，情随事迁，感慨系之矣。向之所欣，俯仰之间，已为陈迹，犹不能不以之兴怀，况修短随化，终期于尽！古人云："死生亦大矣。"岂不痛哉！
>
> 每览昔人兴感之由，若合一契，未尝不临文嗟悼，不能喻之于怀。固知一死生为虚诞，齐彭殇为妄作。后之视今，亦犹今之视昔，悲夫！

对于这个情况，有学者研究后认为，我们今天看到的《兰亭集序》是后人在梁朝《临河序》的基础上加以删改、增扩而成的。并且认为，萧统之所以不收此文，是因为《临河序》文意太过悲伤低沉。

《兰亭序》是在《临河序》的基础上增改的这个说法有一定的可信度，今传《兰亭集序》书文，多为唐人临摹本，据传，真迹已殉葬昭陵，后世看到的都是摹本。文献记载，唐太宗李世民尤喜《兰亭集序》真迹，常与欧阳询、虞世南、冯承素、褚遂良等书家赏鉴临摹。那么一个可能是，在唐太宗之前，《临河序》已经被人增改为《兰亭集序》——当然，也有可能就是唐太宗和虞世南等人所为。有意思的是，现在通行的《兰亭集序》选自《晋书·王羲之传》，而《晋书》又是唐太宗李世民诏令房玄龄、褚遂良等21人完成的，并且唐太宗李世民曾亲自为宣帝（司马懿）、武帝（司马炎）二纪及陆机、王羲之两传"御撰"了四篇史论，这些证据都大大增加了《兰亭集序》是由唐人在《临河序》基础上增改的可能性。

不过，这样的增改明显改变了《兰亭集序》的思想情感。《临河序》的情感集中在"信可乐也"一句，"畅叙幽情"自然是表达文人雅士宴饮唱和之欢乐。《兰亭集序》在后面增加的两段文字中则多出了"岂不痛哉"和"悲夫"这样的情感变化。由此，文本的情感脉络是沿着"乐—痛—悲"这样的链路行进下去的。这样的情感推进是古代文人在游记小品写作时的常用路数，如王勃的《滕王阁序》、苏轼的《赤壁赋》等，都是以良辰美景开端，以"乐"作为情感起点，然后笔锋一转，带出快乐易逝、人生苦短等悲情，再阐发对人生、社会、宇宙的思考。只不过，不同作者的人生际遇、思想识见、证解参悟有别，后面对"理"的思考就千差万别。如苏轼《赤壁赋》以旷达作结，王勃《滕王阁序》以愤懑作结，而《兰亭集序》则以悲伤作结。

既然以"悲"作结，《兰亭集序》的情感主旨自然也就落在"悲"上，而不再是《临河序》的"乐"上。

二、东晋世风与王羲之

王羲之生活的东晋，清谈之风盛行，文人雅士崇尚佛老，大谈玄理，饮酒服药，寄情山水，放荡不羁，不少士人精神颓废委顿，而这偏偏被尊为名士风流，风行一时。

先来看看南朝刘义庆《世说新语》对王羲之的记载：

《言语》：王右军与谢太傅共登冶城。谢悠然远想，有高世之志。王谓谢曰："夏禹勤王，手足胼胝；文王旰食，日不暇给。今四郊多垒，宜人人自效。而虚谈废务，浮文妨要，恐非当今所宜。"谢答曰："秦用商鞅，二世而亡，岂清言致患邪？"①

《赏誉》：殷中军道王右军云："逸少清贵人，吾于之甚矣，一时无所后。"②

《文学》：王逸少作会稽，初至，支道林在焉。孙兴公谓王曰："支道林拔新领异，胸怀所及乃自佳，卿欲见不？"王本自有一往隽气，殊自轻之。后孙与支共载往王许，王都领域，不与交言。须臾支退，后正值王当行，车已在门。支语王曰："君未可去，贫道与君小语。"因论《庄子·逍遥游》。支作数千言，才藻新奇，花烂映发。王遂披襟解带，留连不能已。③

从《言语》可以看出，王羲之对"虚谈废务，浮文妨要"忧心不已。《赞誉》见王羲之"清雅高贵"，无人能比。《文学》则见王羲之最初恃才傲物、目无下尘到后来为高僧支道林所折服。王羲之的清高自许，可以明了，这自然是整个东晋崇尚名士风流使然。需要关注的是，《言语》记述谢安（谢太傅）与王羲之对清谈的不同态度，可以看出王羲之对当时虚谈浮文是很抵触和反对的，而谢安却相反，站在了卫护"清谈"的一边。

在《兰亭集序》中，此种风气也有所记述："或取诸怀抱，悟言一室之内；

---

① 张㧑之撰：《世说新语译注》，上海古籍出版社，2012年，第69页。
② 张㧑之撰：《世说新语译注》，上海古籍出版社，2012年，第271页。
③ 张㧑之撰：《世说新语译注》，上海古籍出版社，2012年，第128页。

或因寄所托，放浪形骸之外。""悟言一室"即指当时文人们相聚一室，谈玄说理。教材解读为"在室内畅谈自己的胸怀抱负"是不妥帖的。后面的"放浪形骸之外"，是指当时盛行的纵酒服散（五石散）之风，而服食"五石散"的风气自被何晏倡导并开始流行后，由魏晋至唐，名士们趋之若鹜，历整整五六百年而未有间断。身处其时的王羲之，虽未有文献记述他曾随波逐流，但目见耳闻定当有之。

按照这样的逻辑，我们也就能理解《兰亭集序》中情绪情感的变化动因：一是身处的大环境让作者无力脱身于虚无泛滥的时代洪流，二是作者心中依然保持着未曾泯灭的务实有为的自我清醒。正是这样的矛盾和纠结，在文章中表现出乐极生悲的思想感情。经过梳理，可以看出，文中之乐，乃雅集之乐，良辰美景、赏心乐事之乐；乐而转痛，乃生命俯仰，老之将至，修短随化，终期于尽；由痛到悲，乃"固知一死生为虚诞，齐彭殇为妄作"，悲世风不振，无力改变。

从《兰亭集序》的"生死之辩"也可以看出这一点。

一方面，引述道家言论"死生亦大矣"来阐发道家思想。"死生亦大矣"有三个出处，但都跟道家有关。两处见于《庄子》：一处为"死生亦大矣，而无变乎己，况爵禄乎"[1]；一处为庄子引孔子语，"仲尼曰：死生亦大矣，而不得与之变；虽天地覆坠，亦将不与之遗；审乎无假而不与物迁，命物之化而守其宗也"[2]。另一处见《淮南子·精神训》："是故死生亦大矣，而不为变，虽天地覆育，亦不与之掺抱矣。"[3]

《庄子·德充符》借孔子之口讲王骀这样的圣人了解万物（甚至生死这样的大事）而不随之改变，任凭万物变化而信守根本。这显然是庄子借儒家圣人之口在阐发"生死一体，齐同生死"的观点。陈鼓应先生认为，道家认识到万物间存在的共同特点是变化，万物与人的关系是"天地与我并生，万物与我为一"[4]，人之生命是"方生方死，方死方生"，没有绝对意义上的终结，生死是一体的存在，所谓"万物一府，死生同状"[5]；"孰能以无为首，以生为脊，以死为尻；孰知死生存亡之一体者，吾与之友矣"[6]。

---

[1] 王先谦集解，方勇校点：《庄子》，上海古籍出版社，2013年，第248页。
[2] 王先谦集解，方勇校点：《庄子》，上海古籍出版社，2013年，第60页。
[3] 陈广忠译注：《淮南子》，中华书局，2012年，第350页。
[4] 陈鼓应著：《庄子今注今译》，中华书局，2001年，第54页。
[5] 陈鼓应著：《庄子今注今译》，中华书局，2001年，第298页。
[6] 陈鼓应著：《庄子今注今译》，中华书局，2001年，第188~189页。

另一方面,《兰亭集序》又在否定道家"生死同一"的观点:"固知一死生为虚诞,齐彭殇为妄作。"通过分析可见,《兰亭集序》里表现出来的思想观是游移或者说漂浮不定的。就此,我们自然无法简单地给作者或者《兰亭集序》下一个一元化的结论——"消极厌世"或者"积极用世"。我们看到的是作者在时代乱流中或沉或浮的身影,我们从中感受到的是作者"留一半清醒留一半醉"的无奈和彷徨。

三、不该忽视的兰亭诗

研究《兰亭集序》的人生观,还有一个间接的角度,那就是《兰亭诗》。在永和九年(353年)这次"流觞曲水"的盛事中,王羲之还留下了一组在席间写成的《兰亭诗》。为方便析解,兹录于下。

悠悠大象运,轮转无停际。陶化非吾因,去来非吾制。
宗统竟安在?即顺理自泰。有心未能悟,适足缠利害。
未若任所遇,逍遥良辰会。

三春启群品,寄畅在所因。仰望碧天际,俯磐绿水滨。
寥朗无厓观,寓目理自陈。大矣造化功,万殊莫不均。
群籁虽参差,适我无非新。

猗与二三子,莫非齐所托。造真探玄根,涉世若过客。
前识非所期,虚室是我宅。远想千载外,何必谢曩昔?
相与无相与,形骸自脱落。

鉴明去尘垢,止则鄙吝生。体之固未易,三觞解天刑。
方寸无停主,矜伐将自平。虽无丝与竹,玄泉有清声。
虽无啸与歌,咏言有余馨。取乐在一朝,寄之齐千龄。

合散固其常,修短定无始。造新不暂停,一往不再起。
于今为神奇,信宿同尘滓。谁能无此慨?散之在推理。
言立同不朽,河清非所俟。

诗分五章。第一章讲聚会缘起。宇宙运行永无停歇，人生去来不能自我主宰，唯有顺理自泰，逍遥度日。可以看出，这一章有很浓烈的玄学色彩。第二章，写雅集所见所思。写了心中的畅快，写了俯仰自然美景，由自然引出玄理。"寓目理自陈"，以玄学的态度反思这种愉悦，则天地之大美，自然呈现，"适我无非新"，感悟自然又成为体玄悟道的一种方式。第三章，承接上章，写每个人都是过客，我们要相互勉励，共同探求大道的本源。第四章，讲悟道对人之气格的影响。写这次聚会的意义和价值，可以谈玄，可以咏言，可以享受快乐。第五章，回应首章，讲集会将散。"造新不暂停，一往不再起"，乐往哀来，良会不再，但立言将不朽。

宗白华先生说："王羲之的《兰亭诗》……真能代表晋人这纯净的胸襟和深厚的感觉所启示的宇宙观。'群籁虽参差，适我无非新'两句尤能写出晋人以新鲜活泼自由自在的心灵领悟这世界，使触着的一切呈露新的灵魂、新的生命。于是'寓目理自陈'，这个理不是机械的陈腐的理，乃是活泼泼的宇宙生机中所含至深的理。"[①] 孙绰在《兰亭后序》中说："为复于暧昧之中，思萦拂之道，屡借山水，以化其郁结。"[②] 其实，《兰亭诗》中反映的思想情感是很复杂的，谈玄论理的内容占了主流，这说明王羲之并未独善其身，彻底摆脱东晋世风的影响。但我们也看到了这首诗中有诗酒唱和的快乐和生命易逝的无奈，结尾甚至有"立言不朽"追求人生有为的积极表达。

四、结语

基于文章前面的论述，如果《临河序》为王羲之原本，那么它的思想内容其实是很单一的，就是"信可乐也"，即写了雅集盛事。但《兰亭集序》在《临河序》的基础上多出了"痛"和"悲"的内容，就使文章的思想变得复杂了些。如果参照《兰亭诗》的内容，我们发现，"痛"和"悲"的思绪感情也是存在的，所以，我们无法认为后人增改的内容有舛讹之处。

需要提及的是，人教版《全日制普通高级中学教科书（试验修订本·必修）第二册教师教学用书语文》认为，王羲之批判了当时士大夫阶层中崇尚虚无的思想倾向。这个结论是值得商榷的，《兰亭集序》对东晋时代的文人士大夫崇尚老庄、喜好虚无有所指刺，但也有虚无情绪的流露。王羲之本人纵论玄

[①] 宗白华著：《美学散步·论〈世说新语〉和晋人的美》，上海人民出版社，1981年，第217页。
[②] 严可均辑：《全上古三代秦汉三国六朝文》，中华书局，1999年，第1808页。

理，又说"虚谈废务，浮文妨要"。他否定老庄，认为"固知一死生为虚诞，齐彭殇为妄作"；又拥抱老庄，说"大矣造化功，万殊莫不均"。

这恰好证明了一点：真实的王羲之应该是一个思想并不成熟的王羲之，一个兼具乐天派和忧患主义的王羲之，一个在儒家和佛老两端游走的王羲之，一个在东晋乱流中沉浮的哀痛者和清醒者。

《晋书·王羲之传》也多有文字佐证：

> 羲之雅好服食养性，不乐在京师，初渡浙江，便有终焉之志。①
> 羲之既去官，与东土人士尽山水之游，弋钓为娱。又与道士许迈共修服食，采药石不远千里，遍游东中诸郡，穷诸名山，泛沧海，叹曰："我卒当以乐死。"谢安尝谓羲之曰："中年以来，伤于哀乐，与亲友别，辄作数日恶。"羲之曰："年在桑榆，自然至此。顷正赖丝竹陶写，恒恐儿辈觉，损其欢乐之趣。"②

最终，王羲之还是未能从时代乱流中彻底摆脱出来，晚年"服食养性"，"采药石不远千里"，"穷诸名山，泛沧海"，最终选择了"因寄所托，放浪形骸之外"的生活方式。

---

① 房玄龄等著：《晋书》卷八十，中华书局，1996年，第2098页。
② 房玄龄等著：《晋书》卷八十，中华书局，1996年，第2010页。

《项脊轩志》中的"花木物语"

花草树木除了具有观赏价值,也被中国文人赋予了一些文化寓意。从《诗经》比兴寄意,到《离骚》善鸟香草"比德",再到后世诗人词家托物言志,大量的花草树木被赋予了人性精神和文化品格。如松竹梅岁寒三友、梅兰竹菊四君子,它们都成了具有人性、德性文化内涵的象征物。明人张潮《幽梦影》中讲:"梅令人高,兰令人幽,菊令人野,莲令人淡,春海棠令人艳,牡丹令人豪,蕉与竹令人韵,秋海棠令人媚,松令人逸,桐令人清,柳令人感。"[①]可见,花草树木身上日渐沉淀的人文内涵均为历代文人墨客的移情比德。

归有光的《项脊轩志》虽以一破旧的"百年老屋"为记,但依然秉承"斯是陋室,惟吾德馨"的"比德"传统。作者除了叙写家庭变故、人事伤怀和个人悲欢,还标举了自己虽遭坎坷,但仍胸怀抱负、独善其身的人格品性。而这些人格品性,则更多通过几处"花草树木"来烘托寄寓。虽寥寥数语,文字简洁,看似闲笔,但一经玩味,也觉清雅别致,寄慨遥深。

文中提及"花草树木"的文字仅如下几处:

> 又杂植兰桂竹木于庭,旧时栏楯,亦遂增胜。
> 明月半墙,桂影斑驳,风移影动,珊珊可爱。
> 庭有枇杷树,吾妻死之年所手植也,今已亭亭如盖矣。

具体涉及的花草树木是兰、桂、竹、枇杷四种。在项脊轩庭院中种植这些花木,自然是对环境的美化,正如文中所说"旧时栏楯,亦遂增胜",但同时也是移情比德。明代黄凤池辑有《梅竹兰菊四谱》,兰、竹与梅、菊入选四君子,分别对应幽、澹、傲、逸四种品质。其文化寓意为:兰,深谷幽香,世上贤达;竹,清雅澹泊,谦谦君子;梅,深披傲雪,高洁志士;菊,凌霜飘逸,

---

[①] 张潮著,王峰评注:《幽梦影》,中华书局,2008年,第27页。

《项脊轩志》中的"花木物语"

世外隐士。小小轩室,在兰桂竹木的点染辉映之下,陋室不陋,成为幽雅的书斋。一个穷苦书生,也通过这些兰桂竹木,传达出"穷且益坚"的高雅志趣。

据载,归有光自幼聪颖过人,九岁能文,十二岁"慨然有志古人",弱冠之年精通六经三史和大家之文。年少成名让归有光对自己的前途充满自信。《项脊轩志》前四段写于明世宗嘉靖三年(1524年),时年归有光18岁,倾力科考,以博取功名、重振家族荣光。"借书满架,偃仰啸歌,冥然兀坐,万籁有声"一句足见其在轩中闭门读书之情态,虽疲累却意气扬扬,虽清苦却信心满满。归有光在《项脊轩志》第四段中曾吐露心迹:

> 项脊生曰:"蜀清守丹穴,利甲天下,其后秦皇帝筑女怀清台;刘玄德与曹操争天下,诸葛孔明起陇中。方二人之昧昧于一隅也,世何足以知之,余区区处败屋中,方扬眉、瞬目,谓有奇景。人知之者,其谓与坎井之蛙何异?"

身居斗室一隅,却"谓有奇景",以蜀清、孔明自喻,兼济天下、建功立业的远大抱负和清高自守、孤高自傲的君子人格溢于言表。

先看兰,《孔子家语》云:"芝兰生于深林,不以无人而不芳;君子修道立德,不为穷困而改节。"[①] 兰生幽谷,虽无人欣赏,但芳香自溢;君子立德,虽遭困厄,但志节不改。兰生幽谷,故名利无争,馨香远溢,高洁脱俗。故兰以淡远幽雅成为花中君子。陶渊明《饮酒》云:"幽兰生前庭,含薰待清风。清风脱然至,见别萧艾中。"崔涂《幽兰》云:"幽植众宁知,芬芳只暗持。自无君子佩,未是国香衰。"韩愈《幽兰操》有"兰之猗猗,扬扬其香"。伟大的无产阶级革命家陈毅有诗《幽兰》云:"幽兰在山谷,本自无人识。只为馨香重,求者遍山隅。"诗人们一路浅斟低唱,咏兰之作从未断绝,兰花也因此赢得"王者香""花中君子""空谷佳人"等美誉。受文人影响,历代画家也以其为对象,创作了大量"写兰"之作,其中尤以南宋的赵孟坚和宋末元初的郑思肖为佳。之后,兰花作为君子性格的象征,成为文人画家笔下的常见形象。文人种兰咏兰以兰自喻,画家画兰写兰标举志趣,修炼人格,完善自我。归有光植兰于庭,也必然有以此烘托自我品格的"良苦"用意。

桂,指桂花,即木樨。为花木中高洁之物。神话传说中有"吴刚斫桂"的故事,说嫦娥所居广寒宫有棵桂树,因而月亮被称作桂宫、桂月、桂魄。《晋

---

① 王肃注,太宰纯增注,宋立林校点:《孔子家语》,上海古籍出版社,2019年,第171页。

书·郤诜传》:"武帝于东堂会送,问诜曰:'卿自以为如何?'诜对曰:'臣鉴贤良对策,为天下第一,犹桂林之一枝,昆山之片玉。'"①后来,科举考试称及第为"折桂",又叫"月宫折桂"或蟾宫折桂。元人施惠《幽闺记·士女随迁》:"胸中书富五车,笔下句高千古,镇朝经暮史,寐晚兴夙,拟蟾宫折桂之梯步。"②项脊轩杂植桂树,当然寄寓着祖母、母亲等人对于作者科考顺利、蟾宫折桂、金榜题名的美好期许。在《项脊轩志》中,归有光少见地描画了"桂树"的形貌:"三五之夜,明月半墙,桂影斑驳,风移影动,珊珊可爱。"个中意味,阅读者自可心领神会。归有光后来乡试连连落第,寒窗苦读十五载,直到35岁才选拔为举人,年近60岁方中进士,科考之路并不轻松如意,令人唏嘘感喟。

宋朝李清照有一词《鹧鸪天·桂花》:"暗淡轻黄体性柔,情疏迹远只香留。何须浅碧轻红色,自是花中第一流。梅定妒,菊应羞,画阑开处冠中秋。骚人可煞无情思,何事当年不见收。"③词人将"桂"置于梅菊之上,责备屈原在《离骚》中未曾收录桂花,为桂鸣不平,也有几分个人的幽怨和清高自许的意味。

当然,兰桂合在一起,也有丰富而浓郁的文化意味。兰桂有两个喻义。一是比喻美才盛德或君子贤人。《文选·刘琨诗》云:"虚满伊何,兰桂移植。"北齐颜之推《颜氏家训·省事》云:"今世之所睹,怀瑾瑜而握兰桂者,悉耻为之。"唐人李华《木兰赋》云:"节劲松竹,香浓兰桂。"二是比喻子孙。顾炎武《哭顾推官》诗:"二子各英姿,文才比兰桂。"曹雪芹《红楼梦》第一百二十回:"现今荣宁两府,善者修缘,恶者悔祸,将来兰桂齐芳,家道复初,也是自然的道理。"兰桂齐芳就指儿孙同时显贵发达,或比喻子孙后代一起取得荣华富贵。《项脊轩志》中兰桂并称,也当是兼有君子自喻和祈望家族荣昌、儿孙富贵的心理。而这也是旧式家族在庭院种植兰桂的深层文化根源。

在《项脊轩志》中,归有光还写到了"竹"。从唐代始,文人日渐塑造竹子的"君子贤人"形象。白居易《养竹记》赋予竹子"本固、性直、心空、节贞"之"四德"。刘岩夫《植竹记》赋予竹子"刚、柔、忠、义、谦、常"之"六德"。白刘二人建构了竹身上君子人格的完整内涵,合成了"竹"的十德:挺直不弯,曰正直;有节向上,曰奋进;外直中通,曰虚怀;素面朝天,曰质

---

① 董洪杰著:《国学知识全知道》,北京联合出版公司,2014年,第41页。
② 王涛等编:《中国成语大辞典》,上海辞书出版社,1987年,第141页。
③ 李清照著:《李清照词选》,大众文艺出版社,2009年,第5页。

朴；花后即枯，曰奉献；玉竹顶天，曰卓尔；卓尔优松，曰善群；犹石成器，曰性坚；苏武秉节，曰操守；载文传世，曰担当。苏东坡在《于潜僧绿筠轩》中说："可使食无肉，不可居无竹。无肉令人瘦，无竹令人俗。人瘦尚可肥，士俗不可医。"[①] 借竹表达了文人阶层追求高雅的思想境界。清代郑燮《竹石》"咬定青山不放松，立根原在破岩中"则赋予竹顽强不息的生命力，坚韧不拔的意志力。竹呈现出无所畏惧、慷慨潇洒、积极乐观的精神风貌。项脊轩中植竹，一则是为了营造出清幽的环境；二则是"君子比德于竹"，以竹之十德、竹之谦虚、竹之有节、竹之坚韧来明志。让人钦服的是，归有光后来也是这样践行了竹身上的君子精神，他在坎坷人生之路上的坚韧不拔，他在仕途中的刚直耿介都与竹的"德"一脉相承。让人感慨的是，在《项脊轩志》中，因为家庭不和导致"诸父异爨"，进而伐竹为篱，"已为墙，凡再变矣"，流露出对于家庭离析的无奈和感伤。

文章结尾两段，乃四年后补记内容，主要记述与亡妻魏氏的琐事。

作者把失妻的悲痛寄托一棵枇杷树。枇杷本是无情物，但归有光把它与妻子联系起来，移情于物；在"亭亭如盖"四个字的前面加上"今已"时间词，流露的是物是人非的慨叹，"矣"字收束全篇，写出了疾痛惨怛、悲哀伤怀！

古代文人描写枇杷"树繁碧玉叶，柯叠黄金丸"，把枇杷比为黄金丸。唐宋时期，枇杷被视为高贵、美好、吉祥、富裕和恒久的象征。除了在园林美学上有极高的价值，枇杷也有美好的文化寓意：枝如华盖，寓意显贵；金果挂枝，寓意富足；果多伴生，寓意夫妻和美；果实繁多，寓意子嗣昌盛。庭中枇杷，作为归有光对家庭、前途等复杂情感的寄寓，虽寥寥一笔，却也在简笔中见风致，略笔中露深婉。

---

① 缪钺等著：《宋诗鉴赏辞典》，上海辞书出版社，1987年，第349页。

王维后期诗歌中的"空"

王维，字摩诘，唐代太原人。赵殿成《王右丞集笺注》《全唐文》和《旧唐书》等文献记载，其思想以40岁为界分前后两个时期。早年王维积极用世，是至情至性之人；40岁后，则清心寡欲，流连山水，寄情田园，他在长安东南置下宋之问的辋川别墅，过着半官半隐的生活。从此，暮鼓晨钟，青灯黄卷，沉迷于佛法禅理当中。众所周知，佛教禅宗讲究三种境界：一是"落叶满空山，何处寻行迹"，写寻禅而不得；二是"空山无人，水流花开"，写似悟非悟；三是"万古长空，一朝风月"，写瞬间永恒。可见，在禅宗的三种境界中，"空"是一个核心概念，而"悟空"也就成了参禅悟道者孜孜以求的终极境界。也许正是与佛法有着千丝万缕的联系，王维在诗歌中大量地使用了"空"字。

下面是笔者从《王维诗集》中摘录的十几首诗歌：

山路元无雨，空翠湿人衣。（《山中》）
兴来每独往，胜事空自知。（《终南别业》）
一生几许伤心事，不向空门何处销。（《叹白发》）
眼界念无染，心空安可迷？（《青龙寺昙壁上人兄院集》）
碍有固为主，趣空宁舍宾？（《与胡居士皆病寄此诗兼示学人二首》其一）
独坐悲双鬓，空堂欲二更。（《秋夜独坐》）
自顾无长策，空知返旧林。（《酬张少府》）
银筝夜久殷勤弄，心怯空房不忍归！（《秋夜曲》）
薄暮空潭曲，安禅制毒龙。（《过香积寺》）
郡邑浮前浦，波澜动远空。（《汉江临眺》）
峡里谁知有人事？世中遥望空云山。（《桃源行》）
空居法云外，观世得无生。（《登辨觉寺》）
夜坐空林寂，松风直似秋。（《过感化寺》）

王维后期诗歌中的"空"

寒空法云地,秋色净居天。(《过卢员外宅看饭僧共题七韵》)

欲问义心义,遥知空病空。山河天眼里,世界法身中。(《夏日过青龙寺谒操禅师》)

在注意到王维诗歌的"空"现象后,张法做出了这样的评价:"眼看见了,耳听闻了,身感受了,但却是用一颗无我之心去看,去听,去感受的。而当人以无心的空灵去体味外景外物,那么,空境呈空,静境呈静,动境也呈静。这空不是人为地把实境变为空境。那种非无心的空,乃是有意的执,乃是王维深知的'空病','空'成了他诗中一个不经意出现而又有暗示意义的重要词汇。"[①] 是的,"空"字的大量使用几乎形成了王维诗歌的"空病",而在以"空"为核心的诗歌语汇系统中,有"空门""心空"等直接表明参禅礼佛之心的语符,也有"空潭""空林""空山""空翠""空房""空堂""空云"等形象,从这些诗歌形象中我们也可以窥测到诗人对佛境和禅意的"暗示意义"。按此,我们基本可以将王维晚期诗歌分为两类:一类是以山水田园为内容的自然诗歌,一类是以佛理教义为内容的禅理诗。

在以"空"为语词核心的山水田园诗语汇系统中,不光空间浩大的"山"是空的,茂密葱郁的林也是"空"的,连一泓清波的潭也是"空"的,甚至还有湿人衣的"空翠"。在王维眼中,世间万象都归于一个境界——"空",人生意义都归于一个字——"空"。在王维诗歌中,"空林"和"空山"是两个值得注意的意象。以空林为意象的诗句有"夜坐空林寂,松风直似秋""寂寞柴门人不到,空林独与白云期""食随鸣磬巢乌下,行踏空林落叶声"等。以"空山"为内容的诗共三首。

空山不见人,但闻人语响。(《鹿柴》)

人闲桂花落,夜静春山空。月出惊山鸟,时鸣春涧中。(《鸟鸣涧》)

空山新雨后,天气晚来秋。(《山居秋暝》)

就《山居秋暝》看,"空山"应该包含以下四层意思:一指山中林木繁茂,翠绿成荫,遮掩了人们活动的痕迹;二指此处远离尘嚣,人迹罕至,有如世外桃源,遗世独立,又如洞天福地,快乐怡人;三指山雨初霁,万物一新,银辉

---

① 张法著:《中国美学史》,上海人民出版社,2002年,第185页。

四射,天地生辉,呈现在诗人眼前的是一派空明洁净,熠熠生辉的灿烂图景;四指禅宗所谓的空寂、虚无的境界。这里的"空林""空山"和《过香积寺》中的"空潭"、《山中》的"空翠"一样本身就是禅学中的"无我者,即空也""心乐清净解脱,故名为空"的形象表达,说得再明白一点,空山也正是诗人皈依佛法之悠悠禅心的显露,不是山空,是诗人心空。由于长期研习佛法,王维认为,任何事物都有其过去(因)和将来(缘),不必在意它存在,也不必在意它不存在,世间万物,一切皆空,因而山与所有事物一样是空的,是为"空山"。

王维以佛教修行为主题的禅理诗更是大量地使用了"空"字。许多诗都记录了他从事佛事活动的情况。如《夏日过青龙寺谒操禅师》:"欲问义心义,遥知空病空。山河天眼里,世界法身中。"有人统计,王维所传诗歌300多首,而禅理诗就有160多首。这些诗一方面显露了王维在参禅方面对"空"的证悟,另一方面也大肆宣扬佛教教义。如《与胡居士皆病寄此诗兼示学人二首》"其一"有"浮空徒漫漫,泛有空悠悠。无乘及乘者,所谓智人舟"的句子,所宣扬的是佛教"非空非有方能成就佛道"的思想。

基于此,今人张法得出这样一个结论:"在王维的诗境中,佛境得到了完全的体现,而且,他的诗思与境谐,含禅意于不言中,具有禅宗的空即是色,色即是空之意境。"①

王维的一生,寄情山水,出世之想多于入世之念。清幽淡泊的情怀驱动其创作,在沉静中回味,心境安逸平和,在自我与情趣、意象之间,拉开了距离,以致"远人无目,远树无枝,远山无石,远水无波"(王维《山水论》)。这就是说,王维身上虚静淡泊之心性,使之能更好地进入自然美的最深层内核,通过遗貌得神,对客观世界作审美静观,就能在下笔时表现出自然物象最具魅力的神理,创构出空灵清妙的意境。

例如《鹿柴》:"空山不见人,但闻人语响。返景入深林,复照青苔上。"空空的山中,杳无人迹,显得无限空阔虚无。而听到的人语回响,宛如来自另一个世界。当我们置身于诗中所描绘的山中,感受那空谷之音,愈见空谷之空,空山人语,愈显空山之寂。本诗开首一语点出"空"字,接着,一缕夕阳的返照透过密林射在青苔上,更点缀了环境的空寂与凄寒,令人顿生身临其境之感。

再如《竹里馆》:"独坐幽篁里,弹琴复长啸。深林人不知,明月来相照。"这是《辋川集》中的一首山水名作。读它时很容易想起阮籍的《咏怀诗》第一

---

① 张法著:《中国美学史》,上海人民出版社,2002年,第185页。

首:"夜中不能寐,起坐弹鸣琴。薄帷鉴明月,清风吹我襟。……"《竹里馆》和阮诗的表现手法基本上是一致的,甚至连"独坐""弹琴""明月"等词汇的运用,都如出一辙。两诗最大的不同在于从文字传达出来的诗人的思想情感。阮诗以清冷的自然景色为衬托来抒写对孤独的伤感和愤慨,而王维的诗则是表明自己与自然融为一体,静如不波古井的心境。我们从中看到一个空灵澄澈的自然境界、一个入定沉寂的心灵世界和一个淡远空灵的艺术境界。为此,明人胡应麟在《诗薮》中指出:"太白五言绝句,自是天仙口语,右丞却入禅宗。如'人闲桂花落,夜静春山空。月出惊山鸟,时鸣春涧中。''木末芙蓉花,山中发红萼。涧户寂无人,纷纷开且落'。读之身世两忘,万念皆寂,不谓声律之中,有些妙诠。"[①] 从中可以得知,王维诗歌中浓郁的禅意,主要表现为空寂的境界。由于他的心灵自幼浸染了佛教清静无为的色彩,所以他笔下的山水田园被描写得那么宁静安详,淡远空灵。

佛教世界观对王维诗歌创作影响是显著的,禅宗思想对其诗歌艺术风格的浸润是深刻的。正是由于这点,王维诗歌意象空灵、境界清幽,呈现出一种闲淡冷寂,悠然自在的情趣,在唐代诗坛独树一帜,成为中国古代诗歌繁荣时代独特的"这一个"。

[①] 胡应麟撰,王国安点校:《诗薮》,北京科学技术出版社,2023年,第115页。

说说《芣苢》中的"采采"

《诗经》中叠词甚多。据统计,《诗经》305篇作品中使用叠词的就有200多篇。这些叠词多为AA式,有的位于名词之前,如"关关雎鸠""灼灼其华"等,有的则置于名物之后,如"桃之夭夭""杨柳依依"等。有的直接摹物之声,如"喈喈黄鸟";有的描物之形,如"杲杲日出"。刘勰在《文心雕龙·物色篇》中说:"诗人感物,联类不穷,流连万象之际,沉吟视听之区,写气图貌,既随物以宛转,属采附声,亦与心而徘徊。故灼灼状桃花之鲜,依依尽杨柳之貌,杲杲为出日之容,漉漉拟雨雪之状,喈喈逐黄鸟之声,喓喓学草虫之韵。"[①]

在《诗经》中,叠词数量庞大,种类也较多。从词性上分,主要是拟声词和形容词。如《周南·关雎》里的"关关雎鸠,在河之洲","关关"模拟雌雄雎鸠互相和鸣的声音,这种声音容易引起读者的情景联想。又如《魏风·伐檀》的"坎坎伐檀兮"的坎坎,通过描绘伐木的声音,表现伐木的场面,也塑造出伐木者的形象。拟声词读起来节奏感强,具有音乐回环之美。形容词则可以分为摹状形容词、写景形容词、写人形容词等三类。比如,"绿竹猗猗""桃之夭夭""彼黍离离""鹑之奔奔"是状物形容词,"申伯番番""行迈靡靡""忧心炳炳"是摹人形容词。这些叠词突出景物特征,给读者以视觉形象,增强诗的形象性和生动性。这样的用例特别多:雨雪霏霏、赫赫师尹、习习谷风、萋萋白兔、行道迟迟、秩秩斯干、幽幽南山、青青子衿、悠悠我心、维叶莫莫、室家溱溱、英英白云……

少见的是叹词叠词。《诗经·周颂·臣工》:"嗟嗟臣工,敬尔在公。""嗟嗟"一词认为是一个叹词词性的叠音合成词。孔颖达疏:"将戒,先嗟而又嗟,重叹以乎之曰:我臣之下诸官,谓诸侯之卿大夫也。"[②] 由此可以看出,单独

[①] 刘勰著,王志彬译注:《文心雕龙》,中华书局,2012年,第520页。
[②] 李学勤主编:《十三经注疏·毛诗正义》,北京大学出版社,1999年,第1321页。

一个"嗟"表示感叹之意，叠词形式的"嗟嗟"则使感叹加深。

关于《诗经》中是否存在动词叠用，则存在争议。支持的一方认为，《国风·周南》里的《卷耳》和《芣苢》第一句"采采卷耳""采采芣苢"就是动词叠用的例子。毛亨《毛诗诂训传》曰："采采，事采之也。"朱熹《诗集传》则说："采采，非一采也。"陈奂《诗毛氏传疏》有言："古采事同声。《尔雅》：采，事也。云'采采'，事采之也者，言勤事采之而不已也。"① 王先谦《诗三家义集疏》也认为"采采"当为"采而又采"义。但也有人不认同。《诗·秦风·蒹葭》中有句："蒹葭采采，白露未已。"毛传注曰："采采，犹萋萋也。"同为"采采"，毛亨将前两例视为动词叠用，后一例则视为形容词叠用，显然有些自相矛盾。"采采"叠用在《诗经》中还有一处，《诗经·曹风·蜉蝣》中有句："蜉蝣之翼，采采衣服。"朱熹释曰："采采，华饰也。"显然，朱熹也是将"采采"当作了形容词叠用。

通过对《诗经》所有叠词进行研究，笔者发现，除"采采"这一争议之处外，动词叠用再无他例。

这是否在说明一个问题，在《诗经》的语汇系统中，根本就没有动词叠用这一现象呢？或者说，"采采"根本就不是动作的反复——"采了又采"的意思呢？

来看《周南·芣苢》，全诗采用重章叠唱的结构，描写采摘芣苢的场景。全诗每句仅变换一个字且全是动词，分别是"采、有、掇、捋、袺、襭"。通过对六个字的意义分析，我们发现，"采、有、掇、捋、袺、襭"都是采摘芣苢的具体动作。"有"是"择取"，"掇"是"拾取"，"捋"是"用手握物而脱取"，"袺"是"提着衣襟兜着"，"襭"是"兜入衣襟系在腰带上"。我们知道，"薄言"没有实在意义，因此"采采芣苢，薄言采之"一句只剩下"采采芣苢"和"采之"表意。如果都是"采"的意思，这一句就成了"采了又采芣苢，采啊"，意义逻辑都有不通之处。如果把"采采"视为形容词叠用，解为"茂盛，众多貌"，全诗则更为晓畅，此句就可以理解为"鲜嫩繁盛的芣苢呀，快点采起来"。

"采采"置于名词之前，构成"采采+名词"的形式，在后世的很多诗文中都可以找到用例。东晋陶潜《荣木》诗："采采荣木，结根于兹。"南朝谢灵运《缓歌行》："习习和风起，采采彤云浮。"孟郊《清东曲》："采采《清东曲》，明眸艳珪玉。"明人高启《菊邻》诗："采采霜露余，繁英正鲜新。"这些

---

① 陈奂著：《诗毛氏传疏（壹）》，凤凰出版社，2018年，第28页。

123

逻辑自洽与视域融合
——中学语文经典文本研究

用例虽然具体释义有些不同，但相同之处在于它们都是作为一个形容词存在的叠词。

清代学者戴震在《诗经补注》中指出："诗曰'采采芣苢'，又曰'蒹葭采采'，又曰'蜉蝣之翼，采采衣服'，皆一望众多者。卷耳、芣苢，又见其多而易得之物。"① 而马瑞辰则在《毛诗传笺通释》中指出："《蒹葭》诗'蒹葭采采'，传：'采采，犹萋萋也。''萋萋'犹'苍苍'，皆谓盛也。……此诗及《芣苢》诗俱言'采采'，盖极状卷耳、芣苢之盛。《芣苢》下句始云'薄言采之'，不得以上言'采采'为采取。此诗下言'不盈顷筐'，则采取之义已见，亦不得以'采采'为采取也。《芣苢》传：'采采，非一辞也。'亦状其盛多之貌。"② 戴震与马瑞辰将《芣苢》《卷耳》两篇中"采采"都训为"鲜明茂盛貌"，而现代许多学者也都认可此观点，指出《卷耳》中"采采"是形容词。丁声树先生认为上古无动词重叠式，"采采"应是形容词。王力先生在《古代汉语》第二册中也将《卷耳》"采采"注释为"茂盛鲜明的样子"。王松山在《〈诗经〉中"采采"小释》中明确提出："古汉语中，动词重复连用的复音词，便作为摹情状物的形容词使用，以求其形象化效果，而仍作动词用，表示动作的重复，是不存在这种语法现象的。"③

综上所述，将"采采"看作形容词，解为"茂盛的样子"，不只是更符合《芣苢》的语用环境，还能适用《卷耳》《蒹葭》《蜉蝣》等篇，是最适切的解释。

---

① 戴震撰，杨应芹、诸伟奇主编：《戴震全书（第贰册）修订版》，黄山书社，2010年，第16页。
② 马瑞辰著：《毛诗传笺通释》，中华书局，1989年，第58页。
③ 王松山：《〈诗经〉中"采采"小释》，《文献》，1995年第2期，第256页。

时代侧影之下的攀登者之歌

——《峨日朵雪峰之侧》读解

读昌耀的短诗《峨日朵雪峰之侧》，马上就会联想到电影《攀登者》，主题曲有这样的词句："背朝灯火/面朝星光/下一步就在前方/白云之上/哪来悲伤/万古只见雪茫茫/每寸冰霜/每寸锋芒/每一步都是信仰。"也能联想到歌曲《孤勇者》，"致那黑夜中的呜咽与怒吼/谁说站在光里的才算英雄""你一样骄傲着/那种孤勇/谁说对弈平凡的不算英雄"。

教育部组织编写的《普通高中教科书 语文 必修 上册》选录了昌耀的短诗《峨日朵雪峰之侧》，这是一个很特别的现象：其一，这是新教材所选中国当代诗歌作品中为数不多的一首。其二，这首短诗自创作到删定跨时二十多年，其间诗人经历了中国社会曲折发展的重要历史时期，也经历了异常艰难且痛苦的人生历程——他参加过抗美援朝战争，负伤后在中学读书，1954年开始发表诗作；他曾被划为右派，参加过大炼钢铁运动，"文化大革命"后被平反；前后遭遇两次婚变，晚年得了癌症，不堪病痛跳楼自杀，终年64岁。其三，诗人昌耀在当代诗人群体中是非常"独特的一个"，一方面，他与他的诗歌很长时间不为诗坛和读者所知；另一方面有人拿他和里尔克相提并论，"昌耀是用苦难造就的诗人，他和里尔克一样，经受着心灵和肉体的折磨"[1]。

《峨日朵雪峰之侧》落款注明："1962年8月2日初稿 1983年7月27日删定"。这20多年是中国社会曲折发展的20多年。这期间，有诸如"文化大革命"这样的时代剧痛，也有改革开放的新希望。诗人作为时代的敏感神经，总是要通过文字来表达自己的感受和思考。这20多年，昌耀的人生也是复杂坎坷的——1962年左右被错误划为右派，参加大炼钢铁运动，经历第一次婚变，1979年获得平反，加入中国作协。可以想象，这首历经20多年才定稿的短诗，一定经过了多次大幅度的删改——起于1962年前后的原诗，免不了受

---

[1] 田暖、唐力：《永恒的玫瑰和命运的荆冠》，《文艺报》，2016年12月7日。

到时代、社会、政治、意识形态等外在因素影响,诗人昌耀定会在自己的作品中涉及苦难等内容的书写,诸如心灵和肉体遭受的折磨,对命运的挣扎,等等。而止于1983年的定稿,必然有着对新生活的憧憬,诸如对希望的欣喜和对奋斗的歌颂。可以这样说,《峨日朵雪峰之侧》既烛照出一段时代的侧影,也反映了诗人那段人生经历和心路历程。读这首诗,既是读昌耀的心灵史,又是读时代的演进史。

一、征服者之自我确证

《峨日朵雪峰之侧》塑造了一个征服者的自我形象。一位登山者一心要征服峨日朵雪峰,登山者攀爬在山腰薄壁,脚下是一片"山海","我的指关节铆钉一样楔入巨石的罅隙/血滴,从撕裂的千层掌鞋底渗出"。此处描写带有强烈的象征色彩和人生哲理。无论是表层还是底层,意味都很丰沛。首先我们看到的是攀爬者登山的疲惫和艰难,"仅能征服的高度"告诉读者,虽未登顶,但也攀爬到了一定高度,这里面有自我价值的确证,也有能力受限的慨叹。其次写到攀爬者面临进退两难的境地,向上是绝顶,向下临"深渊",处在攀爬的"中段",这是每一个攀登者最为艰难的阶段。这里面蕴含着强烈的象征或者隐喻意味——这与诗人正在或者曾经经历的那段进退两难的"中年"境况何其神似。我们从中看到了诗人锐意进取的一面,也看到了无助失力的一面。但无论多么艰难,攀登者依然选择了乐观,选择了享受奋斗的"快慰"。这一点,昌耀的诗有别于新诗潮中盛行的"北岛式抒情",有别于热衷控诉的"暴力美学",我们看到的不是一个自怨自艾和怨天尤人的时代弃儿,而是一个虽然卑微如蜘蛛,但依然渴望成为"雄鹰"或"雪豹"的"平民英雄"。作品描画的更多是或静穆或壮美的时代剪影和人生背景,作品流露的更多是健康而积极的情绪。

二、孤勇者之悲壮抒写

孤独,几乎是一切诗人的共同精神境遇。他们要不因为个性而形单影只,要不因为与环境的冲突而变得沉寂。他们常常忍受时代和人生施加的巨大失落和痛苦,唯有通过文字抒写心灵深处最幽微的声音。昌耀也不例外,从初登诗坛到生命终结,可谓命运多舛、苦难深重。诗人长期转徙西北,几乎在青海各地度过了人生的多数时光。虽然昌耀穷尽一生在西北贫穷偏远之地建造了一座

时代侧影之下的攀登者之歌——《峨日朵雪峰之侧》读解

属于自己的诗歌高原，但却长时间不为人知。在昌耀的诗歌中，孤独意识是深沉而刻骨铭心的。在《峨日朵雪峰之侧》中，"我"没有随行者，我是一个孤独的攀登者，"渴望有一只雄鹰或雪豹与我为伍"，但最终只能与"一只小得可怜的蜘蛛"互相安慰。

这首诗表现了对孤绝之境的超越：一个孤独的诗人，怀着忧郁和伤感，去完成对尊严的追求和捍卫。这首诗中，诗人既是一个旁观者也是实践者。两种形象互为观照，在孤绝的人生之路上努力攀爬也彼此怜悯，他们互相安慰也互相鼓励，在孤独地攀爬中孤独地享受快乐和慰藉。

昌耀诗歌中的这种孤独本质上体现为一种酒神精神，攀登者形象身上有着鲜明的英雄情结和悲剧意识。这样的攀登类似于"朝圣"等原型神话结构，也自然让人联想到西绪弗斯——推石上山又跌落山谷，周而复始，永无休止。这样的原型结构指向了孤勇者的悲壮和崇高。

昌耀的诗作中不时出现"英雄""战士""鼓手""建设者"等形象，这可以看作昌耀的英雄主义情结。《激流》《哈拉库图人与钢铁》《鼓与鼓手》《水手》《建筑》《赞美：在新的风景线》《边关：24部灯》等诗歌文本中，都有其时代气质和精神塑形。诗人把自我设定为新中国成长起来的先进青年的代表，在《峨日朵雪峰之侧》等诗作中不畏艰险、迎难而上，宁愿忍受痛苦也要面朝"太阳"。

1986年，昌耀在《一百头雄牛》一诗中写道："一百头雄牛噌噌的步伐。一个时代上升的摩擦。"生动形象地为时代做了线条式勾勒，百牛向前奔腾的场景，正是中国社会意气昂扬、百业竞进的建设场面。"犄角扬起，一百头雄牛，一百九十九只犄角。一百头雄牛扬起一百九十九种威猛。立起在垂天彤云飞行的牛角砦堡，号手握持那一只折断的犄角/而呼呜呜……血洒一样悲壮。"磅礴的气势中辉映出的是英雄时代的豪迈和自信，折断的犄角成为号手手中催人奋进、不断前行的号角，悲壮中蓄满慷慨激昂之情，大有燕赵悲歌、汉魏风骨的气象。

三、奋斗者之自我宣示

教育部组织编写的《普通高中教科书 语文 必修 上册》将《峨日朵雪峰之侧》这首诗编在第一单元，隶属于"青春的价值"这一人文话题。在教材的"学习提示"中，要求"感受其中蕴含的谦卑而强劲的生命力量"。在这一单元的五首诗中，《沁园春·长沙》告诉我们，"青春的价值在于以天下为己任的凌云壮志";《立在地球边上放号》告诉我们,"青春的价值在于激情和斗争";《红烛》告诉我们,"青春的价值在于奉献和牺牲";《峨日朵雪峰之侧》告诉我们,"青春的价值在于奋斗";《致云雀》告诉我们,"青春的价值在于爱与自由"。

在诗中,我们看到了奋斗的高远目标——峨日朵雪峰之巅,我们看到了"奋斗"的艰难历程以及奋斗者所承受的巨大痛苦投射出来的心路历程,我们还能看到奋斗者的孤独和个体生命的渺小与卑微。短短的诗行涵盖了一部奋斗史的所有要素。青海民族大学文学与新闻学院教授雷庆锐说:"昌耀的诗,有着独具个性的诗体语言和灵性诗意的审美意象,透露出对人的生存境地彻悟的洞察,表现了对命运的反思和对生命本体形而上的哲思。但在奇崛的意象、陌生化的语言之中却流露出他坚守人生信念的执着精神,以及贯穿其中的对人类未来的忧患意识和使命感。"[1]《峨日朵雪峰之侧》既塑造了"不屈的诗人"这一个体生命形象,也塑造了那个时代奋进者的群体形象。教材"提示"中的"谦卑"指向的是个体生命形象,而"强劲"则指向时代群体精神。

有人梳理了昌耀的诗歌创作轨迹:"凶年"时期(1955—1967)、"慈航"时期(1978—1984)、"斯人"时期(1985—1991)和烘烤时期(1992—2000)。[2] 他人生的前半段主要是颂歌,后半段主要是对抗和阵痛。昌耀经历了从崇高(前期和中期)到悲壮(后期和晚期)的转变,诗风也从雄辩式抒情转变为嚎啕式抒情。定稿后的《峨日朵雪峰之侧》因为跨越中期和后期,应该是崇高与悲壮的混合,也因此,我们在诗中读到了"英雄"的悲剧性,也读到了悲剧的崇高性。

---

[1] 雷庆锐:《以"赶路人"和"攀登者"的姿态向前》,《光明日报》,2020年10月7日第6版。
[2] 昌耀著,程一身编:《冷太阳:昌耀的诗》,百花文艺出版社,2020年,第1~2页。

《林黛玉进贾府》的叙事"匠心"

《红楼梦》前五回是全书序幕，分别从不同角度，对全书环境、主要人物、核心情节作了必要交代。各回之间既有联系，又有侧重。《林黛玉进贾府》节选自《红楼梦》（庚辰本）第三回，原回目为"贾雨村夤缘复旧职　林黛玉抛父进京都"。本回内容借黛玉之眼，来描写贾府的一干人等以及荣宁二府的环境陈设、人物关系，是全书逐步推展故事情节的精彩篇章，因而具有独特的意义和地位。

《林黛玉进贾府》曾长时间入选各版高中语文教材，研究文章甚多，不少教例从小说三要素出发聚焦环境和人物分析，诚然是不错的。在直接描写贾府这个"诗礼簪缨之族，钟鸣鼎食之家"时曹雪芹是颇费心思的。繁复之笔自是想让读者产生"庭院深深深几许""侯门深似海"之感，简略之笔则是通过留白为读者提供想象空间。曹雪芹聚焦人物刻画亦是苦心孤诣，小说主要人物悉数登场，繁简合度，人物形象举手投足，各领风骚，莫不表现出独特的气质个性。在方法运用上，或正面重彩，或侧面烘托，或先抑后扬，或明褒暗贬。

不过，作为传统叙事文学的经典篇目，《林黛玉进贾府》与《林教头风雪山神庙》一样，均可见作者在叙事艺术上的独特"匠心"。具体来看，主要体现为三处：一是贾赦、贾政不出场显其用心，二是王熙凤、贾宝玉姗姗来迟见其周全，三是宝黛初会进行了视角转换。在对众多人物的叙述中，尊卑主次处理妥帖，详略繁简合乎规制，可谓舒徐有度、从容不迫，足见曹雪芹一等一的叙事功力。

一、贾赦、贾政不出场显其用心

黛玉这次去母舅家，贾母尚健在，理当首先拜见贾母这位贾府辈分最高的老祖宗，这是封建社会礼法和人伦的要求，所以黛玉一出场就见了贾母。然后就要见处于贾母之下的贾赦贾政母舅这一辈。但是，黛玉首次拜见两位母舅却

逻辑自洽与视域融合
——中学语文经典文本研究

未能成功。看似不合情理，却也巧妙至极。曹雪芹未能让贾赦贾政正面出场，可谓独具匠心，书中给出的理由是"不方便""不凑巧"。写贾赦，曹雪芹是这样安排的：

> 一时人来回话说："老爷说了：'连日身上不好，见了姑娘彼此倒伤心，暂且不忍相见。劝姑娘不要伤心想家，跟着老太太和舅母，即同家里一样。姊妹们虽拙，大家一处伴着，亦可以解些烦闷。或有委屈之处，只管说得，不要外道才是。'"

贾赦本来在家，未曾公干，不见黛玉是找了两个极不合理的理由来推脱。"连日身上不好"，是说身体有恙，已经生病多日；不见黛玉是怕彼此伤心。有人一眼识破贾赦的真面目："一时进入正室，早有许多盛妆丽服之姬妾丫鬟迎着，邢夫人让黛玉坐了，一面命人到外面书房去请贾赦。"贾赦有没有在书房，本就可疑，如在书房，身体有恙就是托词，贾赦本就是不愿见黛玉的；如不在书房，去请的人一时回话，贾赦当时在做什么，就显得神秘蹊跷。有人抓住"盛妆丽服之姬妾丫鬟"一处，联系书中后面的内容断想贾赦正在寻欢作乐，忙得不亦乐乎，哪有时间和心思来见一个晚辈呢？脂砚斋先批"指东击西打草惊蛇"，后批"追魂摄魄"，明见贾赦虚伪，暗见贾赦好色。就连贾母都不喜欢他，"放着身子不保养，官儿也不好生做去，成日里和小老婆喝酒"。试想，这样一个大舅舅，如果要正面出场，该以一副什么面孔出现呢？还不如不让他出来。

未能见贾政，书中这样写道：

> 王夫人因说："你舅舅今日斋戒去了，再见罢。"

中国古代的斋戒需要古人在祭祀前沐浴更衣、整洁身心，以示虔诚。其主要是到寺庙或者道观进香，祷告先人，为自己的亲人祈福。古礼有"三日斋，七日戒"的说法，如《史记·廉颇蔺相如列传》中记述："赵王乃斋戒五日。"贾政不信佛法，此处斋戒恐是参加朝中举行的某个祭祀仪式，故脂批"点缀官途"。张新之评曰："（贾政）与贾赦不见同是省笔，而彼在家不见，此外出不见,写赦、政既有轩轾,而文字亦不板。斋戒去了,妙事,妙语,令人失笑。"①

我们发现,在文中,人物出场顺序是极讲究的。在众多初见面的人中,绝大多数为女性,这当然有曹雪芹的心思,本来就是"千红一窟"、红楼、金陵十二钗,书中的人物自是以女性为重心。第一次拜见母舅家的人,又有三个地位特殊的男人绕不开,这三个男人如何出场又至关重要,曹雪芹故意让贾赦贾政二人不正面出场,一是考虑这二人应该淡化,为后面宝玉的闪亮登场让路。二是出于对封建时代纲常礼法的深刻认识:地位尊长的两位舅舅是可以不见作为晚辈和女眷的外甥女(黛玉)的,封建等级制的冷漠和封建礼教的森严可见一斑。

于是,黛玉进贾府后见到的第一位男性就只有男一号贾宝玉了。而我们知道,这正是曹雪芹的精明之处。因此,与其说未能见两位舅舅看似是"不巧",不如说这恰好是曹雪芹有意为之的匠心。只是,曹雪芹给贾赦贾政准备的理由(托词、借口)来得那么自然,又来得那么耐人寻味。

二、王熙凤、贾宝玉姗姗来迟见其周全

《林黛玉进贾府》中,人物出场尽见贾府作为"诗书簪缨之族"的礼数法度,可谓先后适宜,详略得体,虚实兼用。对王熙凤、贾宝玉等主要人物详写,对贾母、邢夫人、王夫人、李纨和贾氏三姊妹则略写;对贾母、王熙凤等出场人物是实写,对贾政、贾赦等未出场的人物则虚写;对贾宝玉、王熙凤等是单独特写,而对邢夫人、王夫人、李纨、迎春、探春、惜春等只作整体介绍。这种写法不但富有变化,而且可以在众多人物中突出重点。选文情节有两个高潮:一是王熙凤亮相,二是最后宝玉与黛玉初次相见。这样使情节有了波澜和起伏,不至于太过平淡乏味。不过,曹雪芹也不是为了起伏而写起伏,而是在符合封建礼法规范的前提下安排情节的波澜和起伏。

黛玉先是见了贾母,然后是见了邢夫人、王夫人和李纨,再是"三春"姐妹,再是王熙凤,这是黛玉见到的贾府女眷。这样写,是符合封建大户人家礼数的。先见尊长者,然后再是按辈分依次下来,有条不紊,详略得当。贾母早就在等候黛玉的到来,足见贾母的慈祥和对刚丧母、年纪尚幼的黛玉的怜爱。

---

① 曹雪芹、高鹗著,张新之评:《妙复轩评石头记(第一卷)》,北京图书馆出版社,2002年,第167~168页。

逻辑自洽与视域融合
——中学语文经典文本研究

我们看到，贾母的出场是自己"迎上来"的，邢、王二夫人的出场是贾母"带出来"的，迎春、探春、惜春三姊妹的出场是贾母"请出来"的。贾母的出场可见其形、声、神；邢夫人和王夫人两个人则一笔带过；"三春"姐妹群体亮相，有服饰和外貌描写。王熙凤则是浓墨重彩，全方位摹形绘神。在王熙凤前出场的人都是黛玉的血缘亲属。所以，安排王熙凤出场的顺序也是颇费心思的，她不能太早出场，否则，乱了辈分和尊卑，不合礼数；也不能太晚出场，那样显得倨傲无礼，要知道，黛玉可是贾府的最高统治者——"老祖宗"贾母的外孙女。她出场的时机恰到好处，既避开了黛玉刚到的嘈杂纷乱，可以更好显示自己的独特存在，又给作者腾出空间，便于细细刻画这个贾府"管家"的八面玲珑和机巧聪明。

至于宝玉的出场，有两个独特的地方：他是唯一在黛玉面前亮相的男性，他是最后一个出场的人。从《红楼梦》整体情节看，我们当然能理解作者的设计与安排：这是男女主人公首次见面，放在最后写，既可以通过足够的铺垫来写宝玉的"叛逆"，再则是收这个章节的"豹尾"，自然也为"木石前盟"和宝黛爱情做些点化和铺垫。

宝玉出场前，文章已经在不间断蓄势，只不过，这种蓄势是反向的。先有母亲之说，再有王夫人之说，再有两首《西江月》，都是极尽贬损之能事，通过侧面烘托渲染，贾宝玉已然是一个不学无术的纨绔子弟、草莽公子。但真正出现在黛玉面前，却是这般模样：

> 黛玉一见，便吃一大惊，心下想道："好生奇怪，倒像在那里见过一般，何等眼熟到如此！"

这"大吃一惊"分明就超出了黛玉先前的判断，这一"眼熟"自然是前世命定、一见钟情。其后，宝玉的诸多表现，也并未像母亲所说"顽劣异常"，也不像王夫人所说"一时有天无日，一时又疯疯傻傻"，也并非《西江月》所说"腹内原来草莽"。宝玉为黛玉取字"颦儿""摔玉"等行为也见其多情率真。且看原文：

> 宝玉看罢，因笑道："这个妹妹我曾见过的。"贾母笑道："可又是胡说，你又何曾见过他？"宝玉笑道："虽然未曾见过他，然我看着面善，心里就算是旧相识，今日只作远别重逢，亦未为不可。"

《林黛玉进贾府》的叙事"匠心"

为此，脂批云："不写黛玉眼中之宝玉，却先写黛玉心中已早有一宝玉矣，幻妙之至。只冷子兴口中之后，余已极思欲一见，及今尚未得见，狡猾之至。"[1] 听说的宝玉和黛玉实际目中所见形成了强烈的反差，这种欲扬先抑、似贬实褒之法愈见宝玉的神采风韵，即脂批所云"这是一段反衬章法"。

三、宝黛初会进行了视角转换

《林黛玉进贾府》主要是借黛玉之眼来介绍贾府的环境和人物，曹雪芹主要使用的是第三人称。按照西方文论的观点，应该是"全知全能视角"。全知全能视角又叫"上帝视角"，叙述者处于全知全能的地位，作品中的人物、故事、场景等无不处于其主宰之下，调度之中。

首先，我们看到，曹雪芹并没有孤立地站在作者立场，而是委托了黛玉这位既是书中人，又是贾府外人的"代理人"来观察贾府及其各色人等。作者则隐藏起来，通过"书中人"的眼睛让读者看到一切。一般来说，一部小说通常以一种视角为主或综合使用两种视角。而《林黛玉进贾府》很显然是一种特别的视角。具体说，读者之眼跟随曹雪芹依托黛玉之眼来见其所见、闻其所闻。如在写黛玉见到荣国府大门时，蒙古王府本旁批为"总借黛玉一双俊眼中传来"。

其次，通过"三春"姐妹之眼、熙凤之眼、宝玉之眼来刻画黛玉的美貌多情和娇怯柔弱。黛玉在看贾府人等时，也在被贾府人看。林黛玉的视角能展示他人的形象刻画，他人的视角也能反射林黛玉这个人物形象。况且黛玉还是全书的主人公，黛玉既是首次进贾府，也是首次在贾府和读者面前亮相，自然是无法不作描写刻画的。这样一来，形成了一种"看与被看"的交互式叙事视角。

作者借助作品中某个人物（或几个人物）的感觉和意识，从他的视觉、听觉及感受的角度去观察周边的叙事视角也叫内视角。而与之相对的外视角则是指叙述者以一个旁观者的身份叙述人物和事件，叙述者置身事外，不参与所叙述的情节。而我们发现，小说作品中往往是内外视角交互的。《林黛玉进贾府》整体上采用的是内视角，但聚焦到林黛玉身上既有内视角又有外视角。她对贾府环境的"看"也是曹雪芹这个叙述者以一个旁观者身份的"看"，她与宝玉的"互看"则是内外视角的交互。这种内外视角融合的叙事手法在塑造形象和

---

[1] 朱一玄编：《红楼梦资料汇编》，南开大学出版社，2004年，第128页。

逻辑自洽与视域融合
——中学语文经典文本研究

多角度、多侧面、立体化地表现人物性格方面有着巨大的价值，也是曹雪芹常用的。比如第二回"贾夫人仙逝扬州城　冷子兴演说荣国府"，通过冷子兴的视角观察荣国府，从旁观者的角度，演说贾府的人物关系、兴衰转变。再如刘姥姥三进荣国府，通过刘姥姥的视角观察贾府，又是另外一个模样。既有冷子兴这样的旁观者，又有林黛玉、刘姥姥这样的亲临者参与事件的发生，不同的视角、多维度、分层次，交叉错杂地写出贾府的兴衰荣辱、悲欢离合。

　　从结构上看，《林黛玉进贾府》在整部《红楼梦》中有着非常重要的作用。它是整部书序幕之后的开端，承担着介绍人物、引发故事、交代环境的任务，主要人物贾宝玉、林黛玉、凤姐、贾母、王夫人、"三春"等登台亮相，宝黛爱情故事也初见端倪，更重要的是要展示故事的背景——人物活动的主要环境：贾府。从黛玉这个主要视角去叙述，曹雪芹做到了四两拨千斤。为了规避视角盲区，曹雪芹通过视角转换实现了对黛玉这个主人公的描述，弥补了单一视角的不足。

　　选择不同的视角叙述小说的人物、环境和情节，就像打开不同的窗户，能决定给读者看什么。采用何种视角，这是小说家综合考虑表现形式、故事情节、人物形象等因素做出的艺术选择。叙述视角虽然是西方叙事学理论中的概念，但我们发现，包括曹雪芹在内的中国古典小说家在文学创作实践中已经能够灵活而巧妙地运用，不能不说，《红楼梦》的叙事艺术是高超而令人惊叹的，而这一点也应该是《红楼梦》最终成为中国古代叙事文学经典范本的原因之一。

伤疤：鲁迅小说国民性分析

鲁迅先生 1918 年 5 月在《新青年》上发表中国第一篇现代白话小说《狂人日记》，开启了中国现代思想和文学启蒙工作。《狂人日记》深刻揭露了中国封建社会"吃人"本质，成了鲁迅先生"文学救国"的纲领性作品。其之后的小说创作，基本可以视为围绕"吃人"主题展开：《药》表现的是革命者被吃，《祝福》反映的是社会底层女性被吃，孔乙己是作为旧知识分子被吃，阿Q是底层无业游民被吃。正如《狂人日记》所写：

> 我翻开历史一查，这历史没有年代，歪歪斜斜的每页上都写着"仁义道德"几个字。我横竖睡不着，仔细看了半夜，才从字缝里看出字来，满本都写着两个字是"吃人"！[1]

我们注意到，这些被吃的人物形象无一例外都有"受创"经历，身上的"伤痕"或者"伤疤"都被突出。这些"伤疤"，其意蕴主要有三层：这是旧时代社会底层人物身心受侮辱、受损害的鲜明印记，是封建社会残暴的罪证；这是国民精神劣根性批判的隐喻性符号，寄寓着作者"哀其不幸，怒其不争"的救世婆心；这是鲁迅先生对于残缺和悲剧审美进行的文学实践。

一、孔乙己脸上的伤痕——知识分子沦落的标记

孔乙己是一个旧式知识分子的形象，他生活在新旧时代的过渡期，可谓生不逢时，"原来也读过书，但终于没有进学"。为什么没有"进学"？也许是屡考不中，也许是生不逢时。1905 年，慈禧太后下旨，从 1906 年起，废除了中国一千多年来的科举制度。在封建时代很长一段时期，科考仕进都是处于底层

---

[1] 鲁迅著：《呐喊》，人民文学出版社，2022 年，第 14 页。

的读书人改变人生命运和生活状态的唯一路径。科举制度废止了，孔乙己再也无法像范进那样一举改变人生命运，也无法如《祝福》中的鲁四作为老监生而成为鲁镇的"老爷"。

"孔乙己是站着喝酒而穿长衫的唯一的人。"旧时代，万般皆下品，唯有读书高。孔乙己身上的长衫是一代读书人的身份标志，别的穿长衫的人可以"踱进店面隔壁的房子里，要酒要菜，慢慢地坐喝"，但孔乙己很特别，只能站着喝酒，和短衣帮在一起，这实际上在告诉我们，孔乙己是一个处在社会夹心层的旧知识分子，虽穿长衫但沦于赤贫。这样一个旧知识分子，其生活每况愈下，日渐沦落，既有自身的原因——"不会营生""好喝懒做"，但更多的是来自科举制度的毒害——旧知识分子专为仕进而丧失了自我生存能力，成为被社会遗弃的多余人。孔乙己曾经幻想一举成名，他鄙视短衣帮，满足于读书人的虚荣又无力解决温饱，最后成为一个典型的科举失败者。

小说在叙述孔乙己的沦落经过时，写到他的伤痕："他身材很高大；青白脸色，皱纹间时常夹些伤痕。"这些伤痕都是迫于生计，偷书被打造成的。在别人的取笑声中，孔乙己还迂腐地辩解"君子固穷"，鲁迅先生既运用了反讽的笔法为一个穷酸的读书人画像，也寄予了"哀其不幸"的沉痛怜悯。

不过，与其说是以丁举人为代表的统治阶级残害了他的肉体，不如说是封建科举制度对孔乙己造成了深重的精神毒害，这双重的"伤害"最终让孔乙己孤独地死去。孔乙己脸上的伤痕和后来腿被打折的伤痕，记录了孔乙己悲惨的人生，也影射了这个冷酷、畸形的社会。孔乙己的沦落反映的是"士"阶层在封建制度末期的集体没落。他们既是封建科举制度的受害者，也是封建文化教育的牺牲品。孙伏园说："《孔乙己》作者的主要用意，是在描写一般社会对于苦人的凉薄。"[①]

二、祥林嫂额角的伤痕——被侮辱被损害的象征

鲁迅小说描写伤疤的作品，以《祝福》最为典型。祥林嫂额角上的伤痕是旧式妇女被侮辱、被损害的标记，伴随着祥林嫂悲剧性的一生。

祥林嫂额角的伤痕是在再嫁贺老六时主动求死形成的。小说通过卫老婆子转述来补充介绍祥林嫂被劫后的命运：

---

① 孙伏园、孙福熙著：《孙氏兄弟谈鲁迅》，新星出版社，2006年，第173页。

太太，我们见得多了：回头人出嫁，哭喊的也有，说要寻死觅活的也有，抬到男家闹得拜不成天地的也有，连花烛都砸了的也有。祥林嫂可是异乎寻常，他们说她一路只是嚎，骂，抬到贺家坳，喉咙已经全哑了。拉出轿来，两个男人和她的小叔子使劲的擦住她也还拜不成天地。他们一不小心，一松手，阿呀，阿弥陀佛，她就一头撞在香案角上，头上碰了一个大窟窿，鲜血直流，用了两把香灰，包上两块红布还止不住血呢。直到七手八脚的将她和男人反关在新房里，还是骂，阿呀呀，这真是……

祥林嫂的这个行为看似一种"反抗"，实则是为了顺从封建礼教的"贞节观"而作的"愚蠢的反抗"。这是悲剧的深刻之处，也是沉痛之处。在《祝福》中，对伤痕的描写共三处，都是借他人之口来间接讲述。上面内容是第一处，描写极为详尽，"她就一头撞在香案角上"，看得出来，祥林嫂是要决心寻死的，如此可见其刚烈，撞之后，"头上碰了一个大窟窿，鲜血直流，用了两把香灰，包上两块红布还止不住血呢"。她所受的伤是极重的，但上天弄人，居然没死。饿死事小，失节事大，这恰好是程朱理学的思想。《程氏遗书》卷二十二，载有程颐与某人的一段对话："或问：'孀妇于理，似不可取（娶），如何？'伊川先生（程颐）曰：'然！凡取（娶），以配身也。若取（娶）失节者以配身，是己失节也。'又问：'人或有孤孀贫穷无托者，可再嫁否？'曰：'只是后世怕寒饿死，故有是说。然饿死事极小，失节事极大。'"[①] 理学家认为，男人娶寡妇为妻，是一种失节行为；寡居的女子改嫁，也是失节行为。一个人即使贫困致死，也不能失去品节。在女人，这个节就是贞节。祥林嫂拼死护卫自己的贞节，但这一次，连死都不行，非得破了贞节，失去了旧式女人最基本的尊严。这个额角的伤痕就是她失贞的符号，在鲁镇那个微缩的封建社会，自然是要被人轻视侮慢的。

对于这一点，鲁迅先生在《我之节烈观》一文中说："古代的社会，女子多当作男人的物品。或杀或吃，都无不可；男人死后，和他喜欢的宝贝，日用的兵器，一同殉葬，更无不可。后来殉葬的风气渐渐改了，守节便也渐渐发生。但大抵因为寡妇是鬼妻，亡魂跟着，所以无人敢要，并非要她不事二夫。这样风俗，蛮人社会里还有。中国太古的情形，已无从详考，但看周末虽有殉葬，并非专用女人，嫁否也任便，并无什么裁制。……由汉至唐也并没有鼓吹

[①] 程颐、程颢撰，王孝鱼点校：《二程集》，中华书局，1981年，第301页。

节烈,直到宋朝,那一班'业儒'才说起饿死事小失节事大的话,看见历史上'重适'两个字,便大惊小怪起来。"① 所以,祥林嫂再回鲁四老爷家,就被剥夺了参加年终祭祀活动的权利:

"祥林嫂,你放着罢!我来摆。"四婶慌忙的说。
她讪讪的缩了手,又去取烛台。
"祥林嫂,你放着罢!我来拿。"四婶又慌忙的说。

祥林嫂最初来鲁四老爷家都是可以的,但因为寡妇再嫁,就受到了排斥,"败坏风俗的,用她帮忙还可以,祭祀时候可用不着她沾手,一切饭菜,只好自己做,否则,不干不净,祖宗是不吃的。"然后又遭遇了鲁镇人对她的轻慢,包括同为女性、同为寡妇的柳妈等人也出言嘲讽。一系列厄运接踵而至,直到沦为乞丐,最终蹈入死地。

塑造柳妈这个形象是鲁迅的精妙之笔。她和祥林嫂有着很多相似之处,都是寡妇,都是底层妇女,都是鲁四老爷家的佣工。唯一的不同是她没有再嫁。所以,她并不对祥林嫂给予同情,反而奚落嘲笑祥林嫂的再嫁。

"我问你:你那时怎么后来竟依了呢?""你呀。我想:这总是你自己愿意了,不然……"

同为牺牲品,柳妈居然最后当了封建礼教的帮凶(不管是不是有意),她说祥林嫂死后到阴间会被两个男人锯开,让祥林嫂捐门槛,加快了祥林嫂死亡的速度,加重了祥林嫂走向死亡的程度。透过《祝福》,我们看到了千千万万被封建礼教绳索束缚而不幸死去的旧女性的悲剧历史和现状,我们看到了同情和悲悯,控诉和声讨。

三、阿Q头上的癞疮疤——国民精神痼疾的符号

《阿Q正传》是鲁迅创作的中篇小说,是集中批判国人精神胜利法的"讽刺小说"(周作人语)。阿Q已经成为世界文学宝库的不朽形象,阿Q精神已经成为某些人性弱点的代名词。我们认为,阿Q的性格核心可以简要概括为

---

① 鲁迅著:《坟》,江西教育出版社,2019年,第83页。

"自我而卑微"，阿Q是一个矛盾性格的复合体。他自尊自大又自轻自贱，他自欺欺人又欺软怕硬，苟且生活却无端蹈死，具有鲜明的奴性和精神劣根性。

小说在塑造这个形象时，给他凭空而天然地加上了一个标记——头上的癞疮疤。其实，从疾病的角度看，癞疮疤只不过是一种较为顽固、难以治疗的皮肤病。但对于阿Q，头上的癞疮疤已然成为他人生中那些糗事、自身弱点和过错的符号，在阿Q的心理世界，它是一种禁忌，不能触碰的。阿Q对于屈辱与失败，采取一种自譬自解的方法，满足精神上的胜利。面对比自己强的人，表现出鲜明的奴性；面对比自己弱的人，便不可一世，为所欲为，甚至以主子自居，欺辱弱者。

从这个角度看，阿Q的"癞疮疤"与"精神胜利法"如同表里。"癞疮疤"是身体上的、外在的缺陷，被人取笑的难以掩盖和摆脱的缺陷。"精神胜利法"则是灵魂的、内在的，根植于民族意识深处和普遍人性中的精神痼疾。"癞疮疤"并不可怕，可怕的是阿Q们不敢正视、不敢面对，讳疾忌医，终致无药可救。林贤治为此分析到，这"意味着否认事实，掩盖缺陷……以一种自我欺骗的态度对待实存……生活在大量假象中间，而以一种喜剧的态度上演悲剧"[①]。

四、"伤疤"的隐喻性分析

孔乙己头上的伤痕，是被打的；祥林嫂是自己撞的；阿Q头上的癞疮疤是天生的。孔乙己的伤痕是被压迫的象征，祥林嫂额头的大窟窿是本能反抗的标志，阿Q头上的癞疮疤是精神痼疾的符号。"伤疤"揭示了国民劣根性：以孔乙己为代表的旧知识分子身上的虚荣和迂腐，以祥林嫂为代表的旧式妇女身上的愚昧无知，以阿Q为代表的底层农民身上的自我和卑微。鲁迅先生在《我怎么做起小说来》一文中提到他写小说的目的是"改良社会""改良这人生"，所以他的文章"取材多采自病态社会的不幸的人们中，意思是在揭出病苦，引起疗救的注意"。在描写"不幸的人们"时，鲁迅先生将"疤痕"像标签一样贴在人物的醒目部位（孔乙己的疤痕在脸部，阿Q的疤痕在头部，祥林嫂的疤痕在额上），明确标示"人们"肉体受到的戕害，也暗示"人们"精神受到毒害的现实。孔乙己、祥林嫂、阿Q分别代表了当时中国封建社会的三大阶层：下层知识分子、下层劳动妇女、劳动民众。他们的悲剧是整个封建

---

① 林贤治著：《反抗者的鲁迅》，复旦大学出版社，2011年，第71页。

时代底层民众的悲剧。

　　罗丹说："自然中认为丑的，往往要比那认为美的更显露出它的'性格'，因为内在真实在愁苦的病容上，在皱蹙秽恶的瘦脸上，在各种畸形与残缺上，比在各种正常健全的相貌上更加明显地呈现出来。"① 从审美的角度看，"伤疤"具有真实性和残缺性。它是丑的，所以往往需要掩饰。伤疤产生的缘由、伤疤产生的部位、伤疤被接受的态度等都反映着人们隐秘的心理活动。这是鲁迅在审丑，是一种独特的艺术观照。美国学者彼得·布鲁克斯在《身体活》一书中提道："给身体标上记号，这意味着它进入了写作，成了文学性的身体，一般说来，也就是叙述性的身体，因为记号的刻录有赖于一个故事，又推演出这个故事。给身体打上记号，这是关于进入了写作的身体成为文学叙述之主题的一个象征。"②

　　鲁迅小说自然是以"立人"为要义的，"病"与"药"是两个主题。从病态社会各个阶层的不幸人们中取材，将其最为丑恶不堪的地方做细致的剖析，"揭出病苦"使人们"敢于直面惨淡的人生，敢于正视淋漓的鲜血"。"伤疤"则是"病"的显露，是身体直达精神的一个符码；也是"药"的起因，是鲁迅先生对社会和文学进行思考的鹄的。

---

① 罗丹著，傅雷译：《罗丹艺术论》，人民美术出版社，1987年，第23页。
② 彼得·布鲁克斯著，朱生坚译：《身体活：现代叙述中的欲望对象》，新星出版社，2005年，第3~4页。

《烛之武退秦师》里的"武德"

出自《左传》的《烛之武退秦师》一文中，有句"以乱易整，不武"。人教版《普通高中课程标准实验教科书　语文1（必修）》将"不武"解为"不勇武"，教育部组织编写的《普通高中教科书　语文　必修　下册》解为"不合武德"。结合历史语境（春秋时期两方交战要讲究战争规则）和文本语境（"以乱易整"——在对方退兵时不能趁乱攻击），将"不武"解为"不合武德"是可取的。只不过，春秋时交战双方有哪些"武德"，此处具体涉及何种"武德"，有必要做出详细具体的说明，遗憾的是教材注释阙如，笔者搜抉相关资料，做出以下梳理。

《左传》中已有"武德"的记述。《左传·宣公十二年》载：

> 夫武，禁暴、戢兵、保大、定功、安民、和众、丰财者也。故使子孙无忘其章。[1]

翻译过来就是：禁止暴力、消除战争、保持强大、巩固基业、安定百姓、团结民众、增加财富。可见，以上七项武德讲的是战争的目的和作用，并未涉及交战规则，不是《烛之武退秦师》中的"武德"。

不过，《左传》其他篇章仍有对"武德"的零散记述。《左传·襄公十年》中"城小而固，胜之不武"，《襄公三年》"君师不武，执事不敬"，其"武"基本可以视为"武德"，"不武"可以理解为"不合武德"。那么，古代战争爆发时的"武德"到底有哪些呢？

易中天先生认为，春秋前期的战争是礼仪之战，贵族之战，"君子之战"。

所谓的"君子之战"，就是春秋时期，诸侯之间交战往往要遵守一些约定

---

[1] 杜预注，孔颖达等正义：《春秋左传正义（卷二十三）》，上海古籍出版社，1997年，第1882页。

俗成的不成文的规矩和准则。通过梳理，我们可以大体概括出如下一些。

一、交战时间：孟秋兴兵

《礼记·月令·孟春之月》记载："是月也，不可以称兵。称兵必天殃，兵戎不起，不可从我始。毋变天之道，毋绝地之理，毋乱人之纪。"[①] 春季不能兴干戈，在春季兴兵动武，有违天道。

那么，什么时候可以发动战争呢？

《礼记·月令·孟秋之月》记载："立秋之日，天子亲率三公、九卿、诸侯、大夫以迎秋于西郊。还反，赏军帅武人于朝，天子乃命将帅选士厉兵，简练桀俊，专任有功，以征不义。"[②] 天子兴兵，须在立秋之后。欧阳修《秋声赋》因此说："夫秋，刑官也，于时为阴；又兵象也，于行用金，是谓天地之义气，常以肃杀而为心。"[③] 古人重视五行天时，顺应物候，不违农时，不伤民力，一般情况下，会选择秋季而不是春夏季节发动战争。

二、交战理由：师出有名

为了争取站在正义的制高点，一国对另一国兴兵，总得有一个理由，这就是"师出有名"。《礼记·檀弓下》："师必有名。"是说，出兵发动战争必须有一个正当的理由。《烛之武退秦师》中，秦晋对郑动武，也是有正当理由的。理由就是"无礼于晋，且贰于楚也"，也就是说，首先是郑国违背了"礼"，才招致了晋国的报复和讨伐。这样，晋文公就显得很"正义"——晋国是讨伐"无礼之国"，那么就在诸侯国中获得了舆论优势，避免了被动——遭到其他国家的声讨和指责。

三、战争准则：礼、义

周公旦著《周礼》，创建了包括饮食、起居、祭祀、丧葬……社会生活方方面面的礼乐制度，并使其成为系统化的社会典章制度和行为规范，在其统辖

[①] 孔颖达著：《礼记正义》（十三经注疏），中华书局，1980年，第1352页。
[②] 陈澔注，金晓东校点：《礼记》，上海古籍出版社，2016年，第193页。
[③] 徐北文主编：《古文观止今译》，齐鲁书社，1993年，第575页。

范围内全面推行。自此，礼、义被定为国家制度的准则，成为影响着春秋前期政治文化生活的基本思想，直到春秋末期"礼崩乐坏"。

虽然孟子称"春秋无义战"，但包括正当性、公正性、公平性在内的"正义原则"一直成为诸侯国政治角力、舆论争斗的逻辑基点。所以，春秋中期，各诸侯国的关系依然还由脆弱的"礼义"准则维系着。

比如，交战时要先下战书，两国交兵不斩来使，作战要列队然后告知对方才能进攻（"成列而鼓"），不能追逐逃兵（"逐奔不过百步，纵绥不过三舍"），不能擒获老兵（"不斩祀，不杀厉，不获二毛"）。战争前后，不能用奸诈之计，一切都显得很光明正大。战争中，即使实力悬殊，也要表现出"君子风度"。《史记》中记载了一个这样的例子：

> 襄公之时，修行仁义，欲为盟主。其大夫正考父美之，故追道契、汤、高宗，殷所以兴，作商颂。襄公既败于泓，而君子或以为多，伤中国阙礼义，褒之也，宋襄之有礼让也。①

宋襄公为了保全仁义，在战斗中坐失良机，以致落败而死。宁肯输掉战争，丢掉性命，也要捍卫"正义"，这可以算是一个典型了。

黄仁宇在《赫逊河畔谈中国历史》中说："春秋时代的车战，是一种贵族式的战争，有时彼此都以竞技的方式看待，布阵有一定程序，交战也有公认的原则，也就是仍离不开礼的约束。"②

从这个角度理解，晋侯阻止子犯偷袭秦军的原因就该是对"武德"的遵守。"因人之力而敝之，不仁"，依然把"仁"作为国家交往的底线。在秦军撤退的时候去攻击（偷袭），"以乱易整"，这是违背"义"的。

基于此，我们可以看到，《烛之武退秦师》一文中，"无礼于晋，且贰于楚也"虽然可能是找的一个借口，但名义上是"师出有名"的；因为礼义尚存，所以，烛之武出使秦军是没有性命之虞的；而晋军没有趁乱攻击撤兵的秦军，也是基于交战规则的约束。

后来，这些仅仅停留在舆论形象层面的"武德"，随着周天子权力影响式微，也成为最后一张脸面纸被彻底丢弃了。春秋后期和战国时期，各国之间的争斗遵循的就只有弱肉强食的丛林法则了。孙武在《孙子兵法》中写道："兵

---

① 司马迁著：《史记》，中华书局，2006年，第239页。
② 黄仁宇著：《赫逊河畔谈中国历史》，生活·读书·新知三联书店，2015年，第2页。

逻辑自洽与视域融合
——中学语文经典文本研究

者，诡道也。"① "君子之战"不复存在，战争开始信奉诡诈之术，"武德"荡然无存，所谓"礼崩乐坏"的时代来临了。

---

① 孙武著，曹操等注：《十一家注孙子》，上海古籍出版社，1978年，第18页。

《雷雨》的延迟与张力

教育部组织编写的《普通高中教科书　语文　必修　下册》第二单元节选了《雷雨》第二幕两场戏，第一场戏写三十年后侍萍与周朴园再次相见，丰富含蓄的潜台词比比皆是，分析评论的文章也不胜枚举。但少有人注意到在周鲁二人相见过程中曹禺先生精心运用的"延迟"艺术和剧情形成的张力结构。周鲁的相见，被曹禺写得迂回曲折，在侍萍身份被揭开过程中出现了五次暗示和四次掩饰，这让周鲁的相认出现了"摇摆"和"延迟"现象。但正是这样的"摇摆"和"延迟"形成了剧情的张力，在拉锯式和螺旋式的剧情推进中，周鲁二人三十年前的恩怨纠葛得以充分展示，侍萍复杂的情感状态得以呈现，周朴园的本性也显露出来，读者的阅读期待一步步被激发，可谓起到了"一石多鸟"的效果。

一、周鲁相认——命运巧合之后的情节延迟

鲁侍萍与周朴园的三十年后相见，是一个必然中的偶然。命运将三十年前结下恩怨的周鲁两家再次凑合在一起，四凤与侍萍一样，在周家做女仆，侍候大少爷并与之相恋——当年是周朴园，现在是周萍——四凤与侍萍就像进入了一个命运轮回，为此，侍萍无奈地哭诉：

谁知道我自己的孩子偏偏要跑到周家来，又做我从前在你们家里做过的事。

我伺候你，我的孩子再伺候你生的少爷们。这是我的报应，我的报应。

我们知道的是，正是命运的阴差阳错让四凤与周萍在对自己与对方同母异父身份不知情的情况下发生了不伦之恋。曹禺先生安排设置这样的情节无疑加

逻辑自洽与视域融合
——中学语文经典文本研究

重了人物的悲剧性，而剧作中"命运悲剧"的成分也就非常明显了。

这场相见虽然是注定的，可是，在作者笔下，其过程并不那么简单。在侍萍去找女儿四凤的时候，侍萍巧遇了周朴园。一开初，侍萍就认出了周朴园，而周朴园却没有认出侍萍。这似乎不合情但又很合理，三十年了，侍萍一直很苦，日子改变了侍萍的容颜，鲁侍萍不再是三十年前的那个洋溢着青春活力、美丽温顺的梅侍萍。生活的艰难和精神的折磨让周朴园"想不到，侍萍的相貌有一天也会老得连他都不认识了"。但周朴园"一帆风顺"，"现在也是社会上的好人物"，所以一开始就已经被侍萍认出来了。

只是，作者并没有让侍萍与他立即相认，而是采用了一种"拖延"战术——有意不让二人立即相认。"拖延"也叫"延迟"，是小说、戏剧中情节展开的常见技法。它通常使矛盾、问题拖着不立即解决，要么反复折腾，制造悬念，吸引读者；要么节外生枝，转移视线，迂回兜圈；要么欲擒故纵，欲扬先抑。金圣叹在其《第六才子书〈西厢记〉》的评点中将此法称之为"狮子滚绣球法"。顾仲彝在《编剧自我修养》中说："最有本领的剧作家，往往是懂得如何在奔腾澎湃的剧情发展中悬崖勒马，在风暴到来之前突然宁静，在悬崖绝壁之前豁然开朗，另辟天地；他有挽狂澜于既倒之力，又有拖住高潮不让它有一泻无余之势。"[1]

周鲁相认，本可以简单粗暴地解决——侍萍早早亮明自己的身份即可，但曹禺却故意拉长了剧情，通过五个回合的拉锯式对话才让周朴园最终认出侍萍。正是这样的处理，把三十年前周鲁二人的感情纠葛全面展示给了读者，也把侍萍的绝望和朴园的伪善展现了出来。与其说，周鲁的相认过程显得太过复杂，不如说这是情节表现和人物刻画的需要。

二、侍萍的身份——暗示与掩饰的风琴式结构

整个过程，侍萍都在试探中与周朴园对话，一次次暗示，然后又一次次掩饰，表现出的是鲁侍萍内心世界的复杂波澜：这个人还值不值得再次相认呢？侍萍有些期许也有些忐忑，"期许"是因为两人毕竟爱过，她与周朴园度过了一段温馨幸福的生活，旧情尚未彻底泯灭。"忐忑"是因为她不知道现在的周朴园变了多少，会以一种什么样的态度对待她。所以，侍萍对自己的身份多次掩饰，直到最后周朴园要"旧衬衣"时才亮明自己的身份。

---

[1] 顾仲彝著：《编剧自我修养》，华中科技大学出版社，2016年，第360页。

我们看到，侍萍对自己的身份是一边暗示一边掩饰：两人见面之初，周朴园说侍萍走错屋子后，一句"老爷没有事了？"暴露了侍萍的心迹，期待周朴园认出她的心理是显而易见的。在关窗（窗子的打开恐怕也是侍萍所为）一节中，侍萍"很自然地走到窗前"，就是想借此引起周朴园的注意，以便能将对话继续下去。但同时又不说自己姓梅，而说自己姓鲁。第二次是关于无锡口音的对话，一方面侍萍主动挑起三十年前的话头（"光绪二十年，离现在有三十年了"），在周朴园说"提起来大家都忘了"，眼看对话无法进行下去时，又鼓动周朴园说下去（"说不定，也许记得的"）；另一方面在周朴园警觉地问"你姓什么"时再次掩饰"我姓鲁，老爷"。第三次是关于侍萍没死的对话当中，周朴园忽然立起，问道"你是谁"，侍萍再次掩饰（"我是这儿四凤的妈，老爷"），但马上又暗示自己的身份（"就在此地"）。第四次，当侍萍说"老爷，您想见一见她吗"，周朴园立即表示"不，不，不用"，二人的对话再次面临中断，侍萍第二次说出"老爷，没有事了"，以此牵引出关于旧衬衣的话题，并在第五次的对话中亮明了自己的身份。

第一场戏共有五次暗示，四次掩饰。这是典型的风琴褶皱式叙事结构。故事的情节长度由若干个小的褶皱构成，把故事单元中的若干褶皱压缩后就是情节结局，但叙事者并不沿着两点一线的直线行进，而是一拉一推，反复推拉，构成压缩展开、再压缩再展开这样的状态，展开后的情节就具有了曲折跌宕的特征，而这样形成的曲折跌宕就构成了故事的张力。

三、三十年前后——绝望与异化的人性变奏

"张力"是诗学中的一个概念，后来成为一个叙事学理论术语。它是指在小说和戏剧等文学作品中，把那些矛盾冲突的因素交织在一起，由此产生一种相互作用关系的审美现象。卡西尔说："一切时代的伟大艺术都来自于两种对立力量的相互渗透。"[①] 这种对立和渗透表现为文本内容在撕扯、抵牾、拉伸的过程中造成的一种紧张局势和对峙状态。戏剧是靠着矛盾冲突来讲故事的，所以，营造"张力"天然就是戏剧家的使命。曹禺的《雷雨》无疑受到了西方话剧理论的影响，我们从剧作中不仅看到了易卜生家庭问题剧的影子，还清晰地看到了莎士比亚性格悲剧和古希腊命运悲剧的特征。所以，在戏剧的矛盾冲突这一层面就出现了多层交织的情况。比如鲁侍萍三十年前因为伤心事搬离无

[①] 恩斯特·卡西尔著，甘阳译：《人论》，上海译文出版社，1986年，第207页。

锡，想逃脱是非地，避免自己和后代再次卷入与周家的恩怨当中，可是这种与命运的对抗反而掉入了与周家恩怨的再度轮回的怪圈中。当年侍萍与周朴园的地位悬殊导致了家庭婚姻悲剧，如今这种地位悬殊演变成周朴园和鲁大海的阶级对立、血缘关系和感情的缠绕、乱伦和阶级斗争的"撕扯"，让剧情和人物命运出现了不可预测性。这造成了观众体验与"期待视野"的背离，从而形成冲击感，强化了"悲剧性"。

《雷雨》的"张力"除前述的情节延迟和推拉摇摆外，还表现为人物性格嬗变所呈现的人性变奏。侍萍在相认、不相认和最终相认中呈现的由软弱温和到刚烈坚强的性格嬗变，周朴园在侍萍身份暴露前后判若两人的巨大反差，引发读者对于人性、命运、社会、爱情、亲情等众多问题的慨叹和沉思。侍萍起初对周朴园抱有幻想，最后而至绝望，周朴园开初对三十年前死去的侍萍留有怀念，最后对三十年后侍萍的冷酷，反映了周朴园性格上的撕裂，而这种撕裂又引发读者去思考岁月、生活对人的改变和影响，侍萍还是那个侍萍，但已经不是周朴园心中所想的侍萍，朴园还是那个朴园，但也已经不是三十年前的朴园。侍萍的绝望和朴园的异化形成了浓重的背离感，如悠长伤感的变奏曲，带给读者的是无尽的思考。

比如当侍萍表明身份后，周朴园的态度陡变。

你来干什么？
谁指使你来的？

周朴园表现出的是截然不同的嘴脸，前面的忏悔、温情顿然消失，换上的是声色俱厉的斥责。这之后，周朴园运用了多种手段——求情试图软化，用金钱赎罪，目的都是阻止侍萍把两人间"很出名的"的事张扬出去。周朴园的手段和表演证明了他的虚伪和异化本性。这彻底撕下了周朴园先前温情脉脉的面纱，一个已经被金钱吞噬和异化的伪君子呈现在读者面前。这实现了作者对人物形象刻画的需要，一个完整的周朴园活起来了。

四、话中有话——暗示性与阅读焦虑

好的话剧一定得有精彩的潜台词。"话中有话"则是潜台词的基本特征。《雷雨》"周鲁相认"的一场戏中，潜台词呈现的语言张力极具典型性。试看开篇这个片段：

朴　（向鲁妈）这是太太找出来的雨衣吗？
　　鲁　（看着他）大概是的。
　　朴　（拿起看看）不对，不对，这都是新的。我要我的旧雨衣，你回头跟太太说。

　　雷雨即将到来，周朴园需要准备雨衣，可是繁漪给周朴园找出来的是新雨衣。这里可以看出，除了周朴园一直沉浸在与侍萍三十年前的同居生活的回忆里，历经三十年也不改习惯，表面上似乎在呈现其"用情极深"的一面外，也可以隐约地看出周朴园与繁漪之间的"裂痕"——两人没有情感上的默契，表现得貌合神离。侍萍回答说"大概是的"，既没有否认也没有肯定，语意上似乎模棱两可，"大概"否认了自己不是下人的身份，但"是的"又做出了肯定的揣测。此处台词暗示了丰富的信息，侍萍凭什么肯定雨衣是繁漪找出来的呢？侍萍撒谎了吗？会不会是四凤找出来的呢？不管是误会还是曲解，我们看到这些对白或是制造悬念，或是利用好奇，或是通过意外，令读者产生强烈的参与焦虑，并自然带出阅读期待："将会发生什么""为什么会这样"。而这正是拉斐尔·巴罗尼在他的著作《叙述张力：悬念、好奇与意外》中所论述的叙述张力[①]。

　　有了这些语言暗示，读者在阅读中自然会对这些空白点、问题点、错位点不断思索，并急切期盼在后面的对话中找到答案，这就形成了阅读焦虑——对文本语言出现的悬念、断裂、扭曲等问题的急切心理。

　　当然，叙事文本的张力也构成了文本的魅力。借用钱锺书《围城》中的一段话来描述剧本"张力"也是极恰当的。

　　　　西洋赶驴子的人，每逢驴子不肯走，鞭子没有用，就把一串胡萝卜挂在驴子眼睛之前，唇吻之上。这笨驴子以为走前一步，萝卜就能到嘴，于是一步再一步继续向前，嘴愈要咬，脚愈会赶，不知不觉中又走了一站。那时候它是否吃得到这串萝卜，得看驴夫的高兴。

　　《雷雨》在情节、人物、语言三方面形成的张力就如同那串胡萝卜，诱惑着我们，牵引着读者不断向前……

[①] 拉斐尔·巴罗尼著，向征译：《叙述张力：悬念、好奇与意外》，外语教学与研究出版社，2020年，第6页。

《林教头风雪山神庙》中不该被删的诗词

《林教头风雪山神庙》一直是新旧中学语文教材选入的经典篇目。教育部组织编写的《普通高中教科书　语文　必修　下册》注明其选自上海古籍出版社《水浒传》第九回，岳麓书社一百二十回本《水浒传》第十回是《林教头风雪山神庙　陆虞候火烧草料场》。选文内容大体相同，但遗憾的是，原文有七八处诗词在选入教材时被删去了。受说唱文学的影响，唐传奇、宋元话本、明清小说存在数量众多、穿插在文本情节中的诗词韵文。比如，选自《红楼梦》第三回的《林黛玉进贾府》，就有两首对贾宝玉叛逆性格进行精彩揭示的《西江月》词。曾选入中学教材中的《杜十娘怒沉百宝箱》《智取生辰纲》也有不少诗词。与《林教头风雪山神庙》一样，这些诗词都被编者删除了。这些被删去的诗文有的是定场诗，有的类似人物判词，有的则是环境烘托的文字，除了具有不可或缺的文学功能，还具有独特的审美价值。删除后，不光破坏了原著的完整性，也阉割了文本中语言修辞、思想内容等方面的价值。

《水浒传》传世版本主要有袁无涯本（一百二十回）、容与堂本（一百回）及金圣叹删改的七十回本。下面，笔者以七十一回本原著第十回《林教头风雪山神庙　陆虞候火烧草料场》为参照，对比高中语文教材《林教头风雪山神庙》来具体分析这几首不该被删除的诗词的功用和文学价值。

一、一首开篇定场诗

袁无涯本第十回开篇有一首七言律诗。

诗曰：
天理昭昭不可诬，莫将奸恶作良图。若非风雪沽村酒，定被焚烧化朽枯。

《林教头风雪山神庙》中不该被删的诗词

自谓冥中施计毒,谁知暗里有神扶。最怜万死逃生地,真是瑰奇伟丈夫。

古典小说通常以一首诗词作为开篇,这首诗词叫定场诗。定场诗一般起到统摄全章(回)的作用,往往流露作者本人对于人物命运、故事情节、社会百态、小说主旨的看法和态度。有时还会隐晦地"剧透"书中的一些重要细节或者结局,引导读者对作品内容予以理解和产生共情。不少作品在结尾还有收束诗。起到卒章显志或深化主题、收尾照应等作用。

具体来看这首定场诗的内容,首联两句反映的是作者赋予整部小说的"世界观""社会观""人生观":那就是天道有常,善恶有报,劝谕人们要行善戒恶。当然,这里边也有对高太尉、高衙内、陆虞候等人合谋陷害林冲的奸恶行为的讽刺,暗示恶人恶行最终要受到惩罚这一结局。颔联两句点明情节"偶然"的重要性,如果不是林冲非要去买酒御寒,一定会死于非命。这里强调了"风雪""酒"在小说情节中的推动作用,对人物命运的影响地位。颈联写因为神灵的帮助,林冲才逃过毒计的迫害。尾联直接赞美林冲是"瑰奇伟丈夫"。

借助这首定场诗,我们可以知道林冲最终死里逃生,陆虞候等人死有余辜。我们也了解到情节中两个重要的点:风雪——必然中的偶然(风雪太大,天冷,需酒御寒,林冲侥幸逃过一劫),山神庙——偶然中的必然(虽有毒计,但天理昭昭,有神明襄助,林冲一定能逃过一劫)。

我们知道,古典小说中的定场诗是说唱文学的遗留物。《水浒传》的故事流传开来,与宋代说书盛行有关,民间流传的宋江等36人的故事,很早就成为话本素材。施耐庵汇集了诸多水浒故事,进行再创作,才写成了《水浒传》。《水浒传》无疑保留了评书话本的精华部分,包括说书人在说唱过程中穿插使用的诗词。

第十回开篇的定场诗带有典型的评书话本的特点。虽然前面的定场诗带有浓烈的时代局限性,如因果报应、神灵护佑等,但在教师的引导下,高中学生已具备较成熟的世界观,不至于造成误导。所以,保留此诗并不会带来什么"消极影响",反之,将有利于师生了解古典小说演变的脉络,有利于整体把握小说的诸多内容,有利于对文本进行后续的深度阅读和思辨(风雪和山神庙在小说中的作用),甚至还有利于学生批判性思维能力的形成(比如,我们可以探讨作者思想的局限性:你怎样看待施耐庵写林冲仰仗山神的护佑避免被害这一情节)。

151

二、两首写李小二的绝句

> ……………
> 因此林冲得李小二家来往，不时间送汤送水，来营里与林冲吃。林冲因见他两口儿恭勤孝顺，常把些银两与他做本钱。不在话下。有诗为证：
> 才离寂寞神堂路，又到萧条草料场。李二夫妻能爱客，供茶送酒意偏长。

这首诗起着承上启下的作用，前两句交代林冲将从天王堂被派去看守草料场。相传唐天宝七载（748年），安西守城将领奏有毗沙门天王现形助守，于是命令各道节镇，在州府城西北角各立天王像。后世军营内设立天王堂。《水浒传》第九回写林冲被发配沧州，责令看守牢城营天王堂。诗中"寂寞""萧条"既看得出林冲发配后处境的艰难，也隐约可见林冲发配之后心境孤寂低沉的状态。后两句写所幸的是林冲遇到了心怀感恩的李小二夫妻，这是落寞生涯中的温情、人性善的相互传递，使发配之路的肃杀气氛获得了缓冲，这恰好是《林教头风雪山神庙》跌宕起伏情节的一个"伏"的环节，看似无关紧要也漫不经心，但是至关重要，后文写道，正是李小二发现了京城来的两个尴尬人形迹可疑，及时提醒了林冲，林冲才有了更加强烈的防备意识。

另一处如下：

> ……转背没多时，只见林冲走将入店里来，说道："小二哥，连日好买卖。"李小二慌忙道："恩人请坐。小人却待正要寻恩人，有些要紧话说。"有诗为证：
> 潜为奸计害英雄，一线天教把信通。亏杀有情贤李二，暗中回护有奇功。

自然，此处既是后面情节的提示，表明李小二即将告诉林冲京城两人的情况，也是对李小二的评赞："有情""有奇功"。这首诗的出现也让陡然升高的紧张气氛暂时停顿、冻结一下，这也体现了古典小说沿袭说书文学的特点，具有调节情节节奏和吸引听众或者勾起读者好奇心的效果。

三、三处写雪的诗词

《林教头风雪山神庙》中的"雪"自然是精彩的。金圣叹评点"那雪正下得紧"一处时称"妙绝",这一回中,"风雪"不仅是环境描写,也是串联情节、推动情节的线索。正是因为风大雪紧,天气寒冷难耐,林冲才会出去买酒,如果林冲没有去买酒,草厅倒塌就可能将其压死,因为草厅倒塌,林冲无处过夜,只能存身山神庙。如果草厅不倒塌,陆虞候等人的阴谋就会得逞。林冲在草料场必然被他们放的这把火烧死。另一面,陆虞候等人领命谋害林冲性命,阳谋行不通,与武艺高强、曾经的八十万禁军教头正面硬刚占不到便宜,于是只能蛰伏设计,机会终于来了,那个风雪交加的夜晚,正是天赐良机,可以让他们杀人不露痕迹,也掩盖自己的罪恶行径。经过精心谋划,耐心等待,陆虞候等人设好了陷阱:让林冲看守草料场看似是给了林冲一个好差事,实则引他入局(草料场偏僻,人迹罕至),趁着风雪之夜(趁人无备)火烧草料场(掩盖行迹,双重陷害),要么直接烧死林冲,即使烧不死,因为看守不力,导致草料场失火被烧,林冲也脱不了失职被责的干系,这样大的损失免不了一死。陆虞候等人用心之险,林冲入局之险,全因为风雪而徐徐展开,其惊险程度让人心惊肉跳。

然而,令人遗憾的是,课文删去了原著中描写大雪的三段诗词。一处是《临江仙》词。

> 正是严冬天气,彤云密布,朔风渐起,却早纷纷扬扬卷下一天大雪来。那雪早下得密了。怎见得好雪?有《临江仙》词为证:
> 作阵成团空里下,这回忒杀堪怜,剡溪冻住渔船。玉龙鳞甲舞,江海尽平填,宇宙楼台都压倒,长空飘絮飞绵。三千世界玉相连,冰交河北岸,冻了十余年。

这首词极尽夸张渲染之能事,描画了雪之大、天之冷。文字质朴而意境幽远,透露出浓重的冷峭肃杀之气。"作阵成团空里下",写出严冬时节雪花之大,茫茫天空中,鹅毛般大雪纷纷扬扬,如同千军万马。"宇宙楼台都压倒,长空飘絮飞绵",写出了大雪铺天盖地、笼罩乾坤的气势。"玉龙鳞甲舞,江海尽平填","三千世界玉相连,冰交河北岸",转瞬之间,四野千山,尽皆消失无痕,只剩下白茫茫的一片,正所谓"千山鸟飞绝,万径人踪灭"。上至浩穹天宇,下至万水千山,全都变成了粉妆玉砌的银白世界。在这样背景下,孤勇者林冲自然是凄然无助的。个体生命的渺小,英雄末路的悲壮随着这些文字的删去也荡然无存了。

第二处写雪的诗词在林冲买酒回程中。

……把花枪挑了酒葫芦,怀内揣了牛肉,叫声"相扰",便出篱笆门,依旧迎着朔风回来。看那雪到晚越下得紧了。古时有个书生,做了一个词,单题那贫苦的恨雪:

广莫严风刮地,这雪儿下的正好。扯絮挦绵,裁几片大如栲栳。见林间竹屋茅茨,争些儿被他压倒。富室豪家,却言道压瘴犹嫌少。向的是兽炭红炉,穿的是绵衣絮袄。手拈梅花,唱道国家祥瑞,不念贫民些小。高卧有幽人,吟咏多诗草。

施耐庵借一个不知名的书生之口,来表明对世道社会的控诉和怨恨。这首词的词眼在一个"恨"字,表面上恨的是"雪",用的却是调侃和反讽。"这雪儿下的正好"。"好"在哪里?且看下文:"扯絮挦绵,裁几片大如栲栳。见林间竹屋茅茨,争些儿被他压倒。"用比喻写雪大、雪猛,乃至"林间竹屋茅茨,争些儿被他压倒",这雪给天下苍生带来的是破坏与摧残,哪有什么"好"可言。后面笔锋一转,写那些豪富人家,与前面的"贫苦人家"形成对比。他们住着高堂大屋,依靠对百姓的压榨与剥削,过着锦衣玉食的生活。严寒雪天,这些官老爷向着兽炭红炉,穿着棉衣絮袄,饱暖无忧,志得意满;面对漫天飞雪,这些"肉食者"唱的是"国家祥瑞",只求国家太平,以便给自己带来无尽的富贵利禄。

施耐庵引这首词,当然是为了表达自己对不公平社会的控诉,但同时也交代了林冲所处的社会环境,在尖锐的阶级对立情况下,林冲最终走上反抗之路就有了必然的社会逻辑。

第三处写雪的文字是在林冲痛杀陆虞候等人后,离开草料场时。

林冲道:"你们快去救应,我去报官了来。"提着枪,只顾走。那雪越下得猛。但见:

凛凛严凝雾气昏,空中祥瑞降纷纷。须臾四野难分路,顷刻千山不见痕。银世界,玉乾坤,望中隐隐接昆仑。若还下到三更后,仿佛填平玉帝门。

这首词的词牌是《鹧鸪天》，施耐庵以极其夸张的手法，写尽了大雪直上昆仑山、覆盖人间一切的气势。"若还下到三更后，仿佛填平玉帝门"，通过作者的想象，进一步写出了大雪的威力：大雪不仅要覆盖人间、吞噬人间，而且还要直上云霄，填平玉帝的天门。林冲手刃仇敌后毅然离去，雪野茫茫，前路也茫茫，但其中又隐约可见几分轻松和了无牵挂。

原著中关于雪的三首诗词，既有自然环境的渲染，又有社会环境的揭示，还有对人物心理的暗示，删去它们，大大削弱了《水浒传》的文学价值和思想性。

四、一首写"火"的词

金圣叹在评点此回时还敏锐地发现了施耐庵笔下几处写火的文字。他在草料场火起处批道："方是真正本题火字。"

> 林冲跳起身来，就壁缝里看时，只见草料场里火起，刮刮杂杂烧着。看那火时，但见：
> 一点灵台，五行造化，丙丁在世传流。无明心内，灾祸起沧州。烹铁鼎能成万物。铸金丹还与重楼。思今古，南方离位，荧惑最为头。绿窗归焰烬；隔花深处，掩映钓鱼舟。鏖兵赤壁，公瑾喜成谋。李晋王醉存馆驿，田单在即墨驱牛。周褒姒骊山一笑，因此戏诸侯。

这里，自然之火逐渐升腾成林冲心头之火，一个委曲求全忍辱偷生的窝囊男人的血性终于被阴谋背后的真相激发出来了。词作用了很多典故，比如火烧赤壁、烽火戏诸侯等，围绕"无明心内，灾祸起沧州"一句，写了火对人物命运、历史走向的作用和深刻影响。这之后，林冲听到了陆虞候三人的谈话，识破了他们设下的阴谋，心中的怒火陡然点燃，火既是场景的渲染，也是林冲心头愤怒的象征，助推小说情节走向了高潮。火又是"祸"，伴随着情节的不断推进，也激发了林冲性格的突变，此处在情节的高潮即将掀起之时，插入一首词作，强化了"火"的重要作用，为下文写林冲彻底爆发作铺垫，而不是可有可无的闲笔。

吴礼权教授认为，古典小说嵌入诗词具有重要的修辞作用[1]。通过论述，我们知道，《水浒传》（七十一回本）第十回中原有诗词在小说情节结构、环境烘托、人物评价、主题揭示等方面都发挥着重要的"修辞功能"，是作品不可或缺、不可分割的艺术价值的一部分，轻率地删改是极其不负责任的。因此，笔者再次呼吁名著选录要尊重原作的完整性，以避免伤害作品的艺术价值。

---

[1] 吴礼权：《诗词在中国古典小说篇章结构中的修辞功能》，《北华大学学报（社会科学版）》，2019年第20卷第4期，第1~2页。

"静女"之"静"

《邶风·静女》是《诗经》中一首鲜活可爱的情诗。虽然《毛诗序》解为刺时之作,郑玄笺释也附和此说,但欧阳修、朱熹等人更愿意将其视为两性情诗。朱熹《诗集传》说,"此淫奔期会之诗"①。此说虽充满理学卫道的陈腐之气,但最终也还原了"情诗"的本来面目。

《静女》一诗,悬疑颇多。比如"彤管"到底为何物,说法就不一。而"静女"的"静"到底何解,争议颇多。有人解为"娴静、贞静、文静",但根据这个女孩子后面的表现可知,这是一个活泼调皮,喜欢捉弄人的可爱女生,似乎不能算得上"娴静、贞静、文静"。清代桐城派学者马瑞辰在著作《毛诗传笺通释》中将"静"解为:"静当读靖,谓善女,犹云淑女、硕女也。"②并举证说:"《郑诗》'莫不静好',《大雅》'笾豆静嘉',皆以静为靖之假借。"③此说将"静女"视为与"窈窕淑女"中"淑女"同类。此外,还有人认为,"静"是姓氏,"静女"是一个姓静的女子。甚至有人认为"静"通"情","静女"为情女,说《诗经·女曰鸡鸣》中"宜言饮酒,与子偕老。琴瑟在御,莫不静好"④这一句里的"莫不静好"就是"莫不情好"。

查阅《诗经》,"静"字出现七次,其中"静言思之"在《柏舟》中两次出现,在《氓》中一次出现,将这三处"静"解为"静静地",作状语,修饰"思"应该没有什么疑义。

另有《诗经·郑风·女曰鸡鸣》句"宜言饮酒,与子偕老。琴瑟在御,莫不静好"⑤。"莫不静好"中"静好"放在一起,很多注家解为安静美好。后世

---

① 朱熹著:《诗经集传》,上海古籍出版社,1980年,第26页。
② 马瑞辰著:《毛诗传笺通释》,中华书局,1989年,第156页。
③ 马瑞辰著:《毛诗传笺通释》,中华书局,1989年,第156页。
④ 王秀梅译注:《诗经》,中华书局,2016年,第101页。
⑤ 王秀梅译注:《诗经》,中华书局,2016年,第101页。

的例证还有白居易《听幽兰》诗:"欲得身心俱静好,自弹不及听人弹。"白居易等人诗中的"静好"是宁静美好之意。如将"莫不静好"的"静好"强释为"情好",就免不了陷入孤证不立的境地。

我们看到,"情"字在《诗经》中也出现过一次,即《陈风·宛丘》:"子之汤兮,宛丘之上兮。洵有情兮,而无望兮。""有情"就是心生爱慕。由此可见,《诗经》时代,"静""情"已经分别有其字,所表之意并无互转的用例,把《邶风·静女》中的"静女其姝""静女其娈"之"静女"解为"情女"过于生硬和主观了些。

另一处"静"字则出于《诗·大雅·既醉》。诗中有句"其告维何,笾豆静嘉","静"其实为"净"之通假,乃洁净之义。汉代张衡《东京赋》:"涤濯静嘉,礼仪孔明。"如若用此处"洁净"之义释"静女"为"洁净之女",同样缺乏文本语义的有力支撑。

从"静"的字源义看,此字始见于西周金文。本义是安静,引申为平定、镇抚,后世多写作"靖"。由本义还引申为静止、恬淡、平和等义。西周班簋:"三年静东或(国)。"其"静"当通为"靖",为平定之义。王念孙父子认为,"静""靖"互通,"靖"又有"善"之义,于是转释"静"为"善"。于是有了马瑞辰释"静女"为"善女"一说。虞万里《王念孙〈广雅疏证〉撰作因缘与旨要》辑录了王念孙父子对"竫""靖""静"的辩证。

王念孙《疏证》云:

> 竫者,《艺文类聚》引《韩诗》曰:"'东门之栗,有静家室',静,善也。"《史记·秦纪》云"赐谥为竫公",襄十年《左传》云"单靖公为卿士",《逸周书·谥法解》云:"柔德考众曰静,恭己鲜言曰静,宽乐令终曰静。""竫"、"静"、"靖"并通。"静"与"善"同义,故《尧典》"静言庸违",《史记·五帝纪》作"善言"。《盘庚》"自作弗靖"亦谓弗善也。《传》训"靖"为"谋",失之。[①]

王引之《述闻》"自作弗靖"条:

> "则惟汝众自作弗靖",马注曰:"靖,安也。"某氏传曰:"靖,谋也,是汝自为非谋所致。"家大人曰:"靖,善也。"言是汝自作不善所

---

① 虞万里:《王念孙〈广雅疏证〉撰作因缘与旨要》,《史林》,2015年第5期,第33页。

"静女"之"静"

致也。"自作弗靖",犹言自作不典。不善,即上文所云"先恶于民"也。靖,通作"竫",又通作"静"。《小雅·小明篇》"靖共尔位",《韩诗外传》作"静"。《汉帝尧碑》"竫恭祈福",蔡邕《王子乔碑》作"静"。《公羊春秋》定八年"葬曹竫公",《左氏》、《谷梁》并作"靖"。《逸周书·谥法篇》"柔德考众曰静",蔡邕《独断》作"靖"。《史记·周本纪》"周宣王静",《汉书·古今人表》作"靖"。《艺文类聚》引《韩诗》曰:"东门之栗,有静家室。"静,善也。《广雅》曰:"竫,善也。"《尧典》"静言庸违",《史记·五帝纪》作"善言",《汉书·王尊传》作"靖言"。是"靖"与"善"同义。①

《诗经》里称颂女子之美有"淑女""硕人""伊人"等词,"窈窕淑女"之"淑"自是言女子的德性贤淑。"硕人"主要言其外在形象之美,"伊人"多指心中所爱之人。《静女》中"静女其姝""静女其娈"两句,"姝""娈"都是"美丽"的意思,如果将"静女"之"静"解为"善",也当与"淑女"之"淑"同为德性的称颂,"姝""娈"言其外在形貌之美,"静"则言其内在之"善",犹如"窈窕"言其外在形貌之美,"淑女"言其内在德性之善。

在男主人公眼中,"静女"其实是一个内外皆美的"美人"。一方面有"姝""娈"直接状其外在形象之美;另一方面,其主动赴约,赠送男子"彤管""荑草"大胆示爱,绝对是一个接受了男子之爱并付出深情的女子。这在男子眼中,当然算得上是"好女人"。虽然"物微"而情深,也难怪男子欣喜若狂,禁不住要爱屋及乌,称颂"彤管有炜,说怿女美"和"自牧归荑,洵美且异"了。当初因为女子故意躲藏起来,男子心生的焦虑和不快,此时瞬间消除,由忧转喜。故意捉弄男子既见女子的天真活泼,又显出女子的聪明调皮。这样的女子,男子自然是痴情热恋;这样的爱情,男子自然是幸福满足。言其"静女"流露出的无疑是男子对女子德性的深情称颂,而非诸如"文静""安静""娴静""贞静"等性情气质的描述。

至于宋代王质在《诗总闻》卷五中对"静"的解说当为迂腐之论了。

> 当是其夫出外为役,妇人思而候之。此是其夫辞。夫自牧而归,女隅城而候,当是官役稍苛,牧夫迟归。妇人思君子之深,出门亦非

---

① 虞万里:《王念孙〈广雅疏证〉撰作因缘与旨要》,《史林》,2015年第5期,第33页。

获已，然犹不敢远至城之外，而潜处城之隅，足见其静也。①

---

① 王质著：《诗总闻（卷二）》，影印文渊阁四库全书，上海古籍出版社，2003年，第74册，第470页。

《公无渡河》探微

梁实秋《记梁任公先生的一次演讲》中提到梁启超先生讲了一首叫《公无渡河》的诗,原文如下:

> 我记得他开头讲一首古诗,《箜篌引》:
> 公无渡河。
> 公竟渡河!
> 渡河而死;
> 其奈公何!
> 这四句十六字,经他一朗诵,再经他一解释,活画出一出悲剧,其中有起承转合,有情节,有背景,有人物,有情感。我在听先生这篇讲演后约二十余年,偶然获得机缘在茅津渡候船渡河。但见黄沙弥漫,黄流滚滚,景象苍茫,不禁哀从中来,顿时忆起先生讲的这首古诗。

根据文中记载,这是梁启超受清华之邀所作的一次演讲,时间大约在民国10年(1921年),题目是《中国韵文里表现的情感》。这次演讲进入正题后讲的第一首诗就是这首《箜篌引》。《箜篌引》在中国诗史上有着重要地位,古代文献如《乐府古题要解》《乐府杂录》《乐府诗集》《古诗源》等都将此诗收入。完整的记载见于《古今注·音乐第三》。原文如下:

> 《箜篌引》,朝鲜津卒霍里子高妻丽玉所作也。高晨起刺舡而濯,有一白首狂夫被发提壶,乱河流而渡,其妻随而止之,不及,遂堕河水死,于是援箜篌而鼓之,作《公无渡河》之曲,声甚凄怆,曲终自投河而死。霍里子高还,以其声语其妻丽玉,玉伤之,乃引箜篌而写

161

逻辑自洽与视域融合
——中学语文经典文本研究

其声，闻者莫不堕泪饮泣焉。丽玉以其曲传邻女丽容，名之曰《箜篌引》。①

这应该是一个跟我们的邻国朝鲜有关的故事。查证相关文献资料，此事发生于西汉。汉武帝于公元前108年平定卫氏朝鲜后在今朝鲜半岛设置汉四郡，其中乐浪郡为四郡之一，当时直辖管理朝鲜北部。

尽管我们无法查证这个故事是否还在朝鲜或者韩国继续流传，也无法查证朝鲜和韩国的文献是否有相关记载，但这个故事在汉代以后，在古代诗歌史中一直是传承有序的，尤其在唐代多有吟诵。且看下面搜罗到的几首。

公无渡河
南朝梁　刘孝威

请公无渡河，河广风威厉。樯偃落金乌，舟倾没犀柂。绀盖空严祀，白马徒牲祭。衔石伤寡心，崩城掩孀袂。剑飞犹共水，魂沈理俱逝。君为川后臣，妾作姜妃娣。

就全诗看，刘诗基本遵从了原典的故事内容。但从这首诗最后两句看，全诗主要是赞颂妻子殉夫，对丈夫的忠贞感情。

李白也有一首《公无渡河》：

黄河西来决昆仑，咆哮万里触龙门。
波滔天，尧咨嗟。
大禹理百川，儿啼不窥家。
杀湍堙洪水，九州始蚕麻。
其害乃去，茫然风沙。
被发之叟狂而痴，清晨临流欲奚为。
旁人不惜妻止之，公无渡河苦渡之。
虎可搏，河难凭，公果溺死流海湄。
有长鲸白齿若雪山，公乎公乎挂罥于其间。
箜篌所悲竟不还。

---

① 崔豹著：《古今注·音乐第三》，载自《古今注　中华古今注　苏氏演义》，商务印书馆，1956年，第12页。

在李白的诗里，这条河是黄河，里面出现了"暴虎冯河"这个成语，很显然，作者在替白首狂夫惋惜之余还有着对其鲁莽冒险的责备。

李贺有首《李凭箜篌引》，之后，"箜篌引"已经成为一种诗歌形式，与"白首狂夫"故事无甚关联。但李贺另一首题为《箜篌引》的诗却在"白首狂夫"的故事上翻新出奇：

相和歌辞·箜篌引

公乎公乎，提壶将焉如。屈平沉湘不足慕，徐衍入海诚为愚。

公乎公乎，床有菅席盘有鱼，北里有贤兄，东邻有小姑，

陇亩油油黍与葫，瓦甒浊醪蚁浮浮。

黍可食，醪可饮，公乎公乎其奈居，被发奔流竟何如？贤兄小姑哭呜呜。

李贺抓住"白首狂夫"抛弃一切看似正常的生活，只身渡河，到底为何这一关键点发问。虽无回答，但"不足慕""诚为愚"已经表达了自己的态度和看法。

唐人王建亦有一诗，名曰《公无渡河》：

渡头恶天两岸远，波涛塞川如叠坂。

幸无白刃驱向前，何用将身自弃捐。

蛟龙啮尸鱼食血，黄泥直下无青天。

男儿纵轻妇人语，惜君性命还须取。

妇人无力挽断衣，身沉身死悔难追。

公无渡河公自为。

王建在诗中表明了犯险而死是不必要的。"幸无白刃驱向前，何用将身自弃捐。"但是，诗人认为"公无渡河公自为"，狂夫之死是个人选择，也不可深责。

晚唐诗人温庭筠的《公无渡河》则取其故事之皮毛，窜改了原来的悲剧结局，说在神力辅助下狂夫渡河如愿以偿：

黄河怒浪连天来，大响铉铉如殷雷。

> 龙伯驱风不敢上，百川喷雪高崔嵬。
> 二十三弦何太哀，请公勿渡立徘徊。
> 下有狂蛟锯为尾，裂帆截樯磨霜齿。
> 神椎凿石塞神潭，白马参覃赤尘起。
> 公乎跃马扬玉鞭，灭没高蹄日千里。

话说回来，后来很多人在读解梁启超讲这首诗的意图时，都拿谭嗣同拒绝到日本避难，最后为变法赴死一事来比附。这当然是不合适的。因为文章已经讲了，梁启超先生是拿这首诗来讲诗歌中有"起承转合、情节、背景、人物、情感"这些元素的，并没有讲到梁启超先生因这首诗触及那件令人痛心的往事而发生情绪反应。文章后面提到《桃花扇》时，任公才"悲从中来，竟痛哭流涕而不能自已。他掏出手巾拭泪"。可见，把这首诗也当作任公先生"热心肠"，甚至要探究其"作为一个曾经的变法者"的心理隐痛，只能说是一种过度诠释。

细究之，倒是梁实秋先生对这首诗的感情反应值得好好研究一番。"在听先生这篇讲演后约二十余年"，见到黄河，"不禁哀从中来"。算时间，已经大概是1940年后，任公已离世10余年了（梁启超于1929年1月19日去世）。斯人已逝，记忆犹存，自是神伤难禁。至于是否由"白首狂夫"念及己身，进而心生幽微，则未可知了。

人生的困境　生命的重负

——从《采莲赋》看《荷塘月色》的主旨

围绕《荷塘月色》的主旨而产生的争论一直未曾休止过。开篇一句"这几天心里颇不宁静"成为理解作者情绪情感的起点和关键。文章的思路很清晰：由颇不宁静到寻找宁静，再到暂得宁静，最后回到那个让他不宁静的环境（"家"），这形成了一个环形结构。就文章形成的环形结构看，朱自清先生似乎在营构一个人生或者哲学层面的怪圈：我们拼命想逃离现实，但最终只有妥协于现实。

朱自清先生没有在文章中明白地交代"不宁静"的原因和具体内涵，这引起了文本索隐者的兴趣，他们得出了一些颇不相同的看法，现列举如下：

第一种观点认为，这篇文章抒发了作者不满黑暗现实，向往自由光明的感情，同时也流露出一个正直的知识分子在那个时代里彷徨苦闷的心情。

第二种观点把作者"颇不宁静"的根由归结为家庭不和：朱自清先生与父母的关系紧张，朱自清与妻子的情感的隔膜。

第三种观点认为，作者在上海和北京亲眼看见了蒋介石制造的白色恐怖，洞悉蒋介石在全国的暴行，于这篇文章中表达了愤怒和无奈。

我们发现，第一种观点采取了模糊的方法，并不曾涉及具体的原因。第二、第三两种观点则分别是"情感说"和"政治说"。

"情感说"把朱自清先生在1927年7月前后于家庭生活中遇到的种种烦恼作为实锤依据，结合《背影》的相关内容进行互证式解读。这陷入了"实证主义"的泥潭，要知道，文章并不是生活的原版摹写，它不是写实，它只是表达或者"表现"。《荷塘月色》不可能是朱自清先生自曝隐私的一个文本。

"政治说"显然把人和文都拔高了，这是"革命文学时期"的文本解读思维。虽然朱自清先生的挚友叶圣陶先生支持"政治说"，但我们基本无法在《荷塘月色》的文本内容中找到可以佐证的文字。是不是因为触及"政治"而不方便明说呢？我们也没有看到影射"政治"的暗示性意象。

当然，排除这两种明显不合逻辑、不能自洽的观点后，一些人又提出了新的观点，说朱自清先生使用了"荷花"（"莲"）的核心意象，采用了比德的手法，想表达的是知识分子"出淤泥而不染"的清洁的品格。可是，文本并不侧重写"莲""濯清涟而不妖"，"荷"更多的是淡雅朦胧的美感形象。"淡淡的喜悦，淡淡的哀愁"，这既来之于荷，也来之于月。文章的核心意象不仅有荷，还有"月"。"月"显然无法理解为"比德"或者象征。

那么，该怎样来探析《荷塘月色》的主旨呢？

曾经引起广泛争议的几段文字或许能给我们提供一些思路。文章大篇幅引用梁元帝《采莲赋》。以前的课本曾将它删去，现在仍有人赞同删去。其理由是，这些文字似乎"太过艳情"——《采莲赋》是南朝梁元帝萧绎写青年男女恋情的一个作品。南朝文学多被后世诟病，因为太过绮靡香艳。我们来看看这篇赋：

> 紫茎兮文波，红莲兮芰荷。绿房兮翠盖，素实兮黄螺。
>
> 于是妖童媛女，荡舟心许，鹢首徐回，兼传羽杯。棹将移而藻挂，船欲动而萍开。尔其纤腰束素，迁延顾步。夏始春余，叶嫩花初。恐沾裳而浅笑，畏倾船而敛裾。
>
> 故以水溅兰桡，芦侵罗袂，菊泽未反，梧台迥见，荇湿沾衫，菱长绕钏。泛柏舟而容与，歌采莲于江渚。
>
> 歌曰："碧玉小家女，来嫁汝南王。莲花乱脸色，荷叶杂衣香。因持荐君子，愿袭芙蓉裳。"①

文字不长，写的是青年男女采莲的欢乐场面，"莲""怜"谐音，采莲活动往往也是男女青年交往，谈情说爱的机会。

我们来看，《荷塘月色》是怎么转到写"采莲"的。

> 忽然想起采莲的事情来了。采莲是江南的旧俗，似乎很早就有，而六朝时为盛；从诗歌里可以约略知道。采莲的是少年的女子，她们是荡着小船，唱着艳歌去的。采莲人不用说很多，还有看采莲的人。那是一个热闹的季节，也是一个风流的季节。梁元帝《采莲赋》里说得好：

---

① 曹旭、陈路、李维立注：《齐梁萧氏诗文选注》，上海古籍出版社，2015年，第483页。

人生的困境　生命的重负——从《采莲赋》看《荷塘月色》的主旨

……………

可见当时嬉游的光景了。这真是有趣的事，可惜我们现在早已无福消受了。

于是又记起《西洲曲》里的句子：

采莲南塘秋，莲花过人头；低头弄莲子，莲子清如水。

今晚若有采莲人，这儿的莲花也算得"过人头"了；只不见一些流水的影子，是不行的。这令我到底惦着江南了。

通过文字信息，我们可以看到，前面写"荷花"，然后让作者想到"采莲"，由采莲又触发对"江南"的惦记。"江南"一词前后出现两次。而作者对六朝采莲的整体认识是"热闹""风流""嬉游"。"这真是有趣的事，可惜我们现在早已无福消受了。"作者所向往的，正是作者所不能得到的，这一缕怀古的幽情，萦绕在心头，难以释怀。这是作者在一个特定时代的一种特定的情怀，是一种文人特有的忧郁病。

《采莲赋》是以与现实困境对照的形式在文本中出现的，它并非在影射朱自清先生的情感婚姻的不幸。

我们知道，朱自清先生是江苏扬州人，自幼在江南生活，少年时欢乐的生活旧影让做客异乡的他心生怀乡之思是自然而然的心理反应。如今，人到中年，事事不顺，自然也心生哀伤。"早已无福消受"则包含太多的人生况味。想到古代，是因为现实不堪；想起江南，是因为少年时的欢乐不再。家庭隔膜、时局危乱、精神苦闷，重重压力叠加在中年朱自清身上，使他无法释怀，倍感沉重。

朱自清的朋友孙伏园说："佩弦有一个和平中正的性格，他从来不用猛烈刺激的言词，从来没有感情冲动的语调……"[1]《荷塘月色》也"合乎温柔敦厚之旨"。纵然想逃脱现实的困境，但"和平中正"的性格让朱自清先生无法走向与现实彻底决裂之路。在文章结尾，他还是回到了"家"中，想得自由而不得，这就是人生的宿命与悲剧。

梳理至此，笔者认为，《荷塘月色》一文绝不是某个特定事件导致的情绪突变的产物，而应该是朱自清先生人到中年的一次精神突围，是生命重负下的一曲哀歌，是复杂的人生况味和精神压力综合影响下的呻吟之语。

---

[1] 孙伏园：《悼佩弦》，《大公报》副刊《大公园地》，第 305 期，1948 年 8 月 31 日。

"归去来兮"疑思

作为晋代辞赋的代表作品，《归去来兮辞》享誉甚高。欧阳修评："晋无文章，惟陶渊明《归去来兮辞》一篇而已。"[①] 此文早在梁昭明太子萧统所编《陶渊明集》中定题列目，现行中学语文教材一直选录为课文。但题目中"归去来兮"的词义解释一直存在争议。教材采用了近现代学者较通行的解释，将其注为"来，助词，无实义"。持这种观点的人将"归去来"理解成了"归去"，认定本文当是作于辞官后，回归田园之初。

搜寻文献，我们发现，对"归去来兮"的解释除了教材的观点，还有另外两种：一种认为"归去来"即"归去和归来"；另一种与教材注释正相反，认为"归去来"即"归来"，"去是助词，无实义"。本文试图通过文献互证一探究竟，以做出较为自洽的认知。

一、"序"之疑思

围绕《归去来兮辞》一文，从古到今的争论颇多，如写作的时间，写作的地点，等等。这些疑点牵扯到对文本内容的理解和认识。中华书局版《陶渊明集》序文写道："仲秋至冬，在官八十余日。因事顺心，命篇曰归去来兮。乙巳岁十一月也。"按此推算，陶渊明在东晋义熙元年（405年）八月（仲秋）任彭泽县令，同年冬天辞官归隐。辞官时是十一月，为官历时两个多月，八十多天。然而，正文第二段描述归家情境时却写到了"松菊犹存"等秋景，第三段"农人告余以春及"和"木欣欣以向荣"等句写到了春景。这显然不符合时令逻辑。

一般来说，菊花主要是咏秋意象，如"夕餐秋菊之落英"，亦如"丛菊两开他日泪"。到了冬天，特别是阴历十一月，菊已凋零残败。苏轼《冬景》：

[①] 孔凡礼点校：《苏轼文集》，中华书局，1986年，第2057页

"荷尽已无擎雨盖，菊残犹有傲霜枝。一年好景君须记，正是橙黄橘绿时。"另有郑思肖《寒菊》："花开不并百花丛，独立疏篱趣未穷。宁可枝头抱香死，何曾吹落北风中。"可见，即使"犹存"，菊花也已是枯萎零落，残枝独立。

如果说，"松菊犹存"尚可解，"春游""春耕"的内容就与"序"中交代的"乙巳岁十一月"抵牾难通。

我们发现，萧统《昭明文选》所录《归去来》的序文为："余家贫，又心惮远役，彭泽县去家百里，故便求之。及少日，眷然有归欤之情，自免去职。因事顺心，命篇曰《归去来》。"① 其文字内容少之又少，"序"的结尾未曾标注时间。这是否说明，现行的"序"在后世传抄过程中经过了他人的"加工"和"改动"？这种现象在古籍文献中并不鲜见，后世增改者也许并未意识到会造成"序"与文的抵牾，或是加上了赘笔，或是将他人旁批之句抄入正文，造成了现在的状况。

但很明显，"乙巳岁十一月也"的字句最大可能在"自免去职"与"仲秋至冬"两句之间，因为它刚好符合"仲秋至冬，在官八十余日"的时间推算，是陶渊明辞官的时间，而并非文章的写作时间。

基于这样的认识，诸多学者认为，此文写作于义熙二年（406年）春天之后。逯钦立校注《陶渊明集》之《归去来兮辞》："辞涉春耕，全文写成在次年。"②《陶渊明集》附录《陶渊明事迹诗文系年》说：义熙元年（405年）"作《归去来兮辞序》"，第二年"写成《归去来兮辞》"。③ 持与之类似的观点的还有陶文鹏等学者。

二、"归去来兮"义辨

（一）"归去来"是"归去"

后世绝大多数陶渊明文集注本都解"归去来"为"归去"。逯钦立校注《陶渊明集》、王瑶编注《陶渊明集》、杨勇《陶渊明集校笺》、龚斌《陶渊明集校笺》等均如此。章太炎在《新方言·释词》中说："'来，……今语亦作哩。''里'、'来'古音一也。"杨树达在《词诠》卷二"来"字条之（二）说："语

---

① 萧统编，李善注：《文选》，上海古籍出版社，1986年，第2026页。
② 陶渊明著，逯钦立校注：《陶渊明集》，中华书局，2018年，第178页。
③ 陶渊明著，逯钦立校注：《陶渊明集》，中华书局，2018年，第237页。

末助词，无义。按今语之'咧'，即由此字变来。"① 不过，"来"作语助词，在近现代方言中虽多见，但在古代汉语中仅存有争议的几例，故此，从字音方面考辨明显乏力。更何况，"归去来兮"已有"兮"这个语助词，在辞赋体例的作品中，与"兮"构成双音节语助词的用例基本没有出现过。

支持此说的人还有另一个理由：《归去来兮辞》作于陶渊明辞官归隐前。钱锺书先生在《管锥编》中认为："《归去来兮辞》作于'归去'之前，故'去'后着'来'，白话中尚多同此。"② 钱锺书先生进一步补充道："本文自'舟遥遥以轻飏'至'亦崎岖而经丘'一节续启程之初之抵家以后诸况，心先历历想而如身正一一经。"③

而此文到底是作于归家前还是归家后也成了一个争议点，为了使序与文实现逻辑自洽，钱锺书先生承王若虚等人之说，认定后面三段写陶渊明归家时和归家后的内容则是作者的悬想之词。

（二）"归去来"是"归来"

陶渊明去世后，颜延之《陶征士诔》中即有"赋诗归来，高蹈独善"之语，李善注："归来，归去来也。"④ 隋代杨谏有书曰："彭泽遗荣，先有《归来》之作。"⑤ 至唐代，"归去来"成为固定语，在使用陶典的诗文中大量出现。如李白《九日登山》："渊明归去来，不与世相逐。"不过，也有一些诗文直接用"归来"。如孟浩然《仲夏归汉南园，寄京邑耆旧》："尝读高士传，最嘉陶征君……归来当炎夏，耕稼不及春。"

在搜罗"归去""归来""归去来"等语料用例时发现，先秦文献屡见"归来"一词，如《楚辞·招魂》："魂兮归来！东方不可以托些。"《战国策·齐策》："长铗归来乎！食无鱼。"进而发现，"归去来"乃六朝习语，《乐府诗集》卷二五梁鼓角横吹曲《黄淡思歌辞》其四："绿丝何葳蕤，逐郎归去来。"卢思道《听鸣蝉诗》："归去来，青山下。秋菊离离日堪把，独焚枯鱼宴林野。"一些学者认为，六朝时广为出现的"归去来"就是先秦时"归来"演化而成的。《楚辞·招魂》和《战国策·齐策》中的"归来"都可以解释为"回家吧"，而

---

① 任继昉：《〈"归去来兮"辨〉献疑》，《周口师范学院学报》，2007 年第 24 卷第 1 期，第 111 页。
② 钱锺书著：《管锥编（第 4 册）》，生活·读书·新知三联书店，2008 年，第 1929 页。
③ 钱锺书著：《管锥编（第 4 册）》，生活·读书·新知三联书店，2008 年，第 1930 页。
④ 萧统编：《文选》卷五七，上海古籍出版社，1986 年，第 2473 页。
⑤ 魏征著：《隋书》，中华书局，1973 年，第 1737 页。

六朝时"逐郎归去来""归去来,青山下"等也可解为"归家"的意思。照此,陶氏文中的"归去来"就是"归来",这也和颜延之悼文中"归来"一语相契。

话说回来,此说仍然存在令人疑惑之处。如若"归去来"就是"归来",一则文章第一段中"田园将芜胡不归"的"将"字表明还在归家前,二则序中最后所署时间"乙巳岁十一月也"依然无法与文章第三段"春游""春耕"相洽。何况,"归来"更多的是对他者的呼告之语,如"长铗归来兮"意为"长剑啊,回来啊","魂兮归来"意为"魂灵啊,回来吧",陶文中的"归去来"却并不见有他人劝慰作者弃官归家这样的呼告语境。

(三)"归去来"是"归去"和"归来"

鉴于前面观点无法自洽,一种调和的观点出现了。清代林云铭、毛庆蕃等人认为"归去来"就是"归去"和"归来"。清人林云铭在《古文析义初编》中认为:"就彭泽言,谓之归去;就南村言,谓之归来。篇中从思归以至到家,步步叙明,故合言之归去来。"[①] 毛庆蕃则提出:"于官曰归去,于家曰归来,故曰归去来。"[②]

确实,《归去来兮辞》的内容先写了归家前,再写了归家后。全文四段:一、二段由"归去来兮"引出辞官归家之切——归去;三、四两段依然由"归去来兮"引出归家田园之乐——归来。将此文分为"归去"和"归来"两部分,自然避开了王若虚、钱锺书等人对于第三段"春游""春耕"内容为悬想的生硬突兀之论。辞赋文章,虽然不避想象,但一般都为实述直录,若将《归去来兮辞》视为一半实述一半悬想无疑会撕裂文章结转的内在逻辑。更何况从第三段"归去来兮,请息交以绝游"始,行文中始终没有一词一语指向"悬想"之义。

三、三点认识

(一)时间问题

根据本文第一部分的论述,"序"中所述"乙巳岁十一月"并非作者写作本文的时间,而是作者辞官的时间。这基本排除了本文写于辞官之初的说法,

---

[①] 北京大学中文系等编:《陶渊明资料汇编》下册,中华书局,1962年,第333页。
[②] 北京大学中文系等编:《陶渊明资料汇编》下册,中华书局,1962年,第337页。

也就不再出现与正文内容抵触的疑惑。

(二)"去来"辨析

"归去来兮"既写了"归去"也写了"归来",是较为恰切的。义熙二年(406年),陶渊明写作了《归园田居》组诗五首。诗人已经深度沉湎于田园生活,实践着自己的归隐理想。通过对读,我们很清晰地看到《归去来兮辞》和《归园田居》的情感联系和内容相通之处。"户庭无尘杂,虚室有余闲"对应"审容膝之易安","相见无杂言,但道桑麻长"对应"农人告余以春及,将有事于西畴","久去山泽游,浪莽林野娱"对应"既窈窕以寻壑,亦崎岖而经丘"……我们有理由相信,《归去来兮辞》与《归园田居》应该是作于相对集中的某个时期,也就是义熙二年(406年)春天前后。《归园田居》写"桑麻""桃李""山涧"等,基本上是春夏景致。这些景致与《归去来兮辞》第三段、第四段多有相同,可见并非悬想虚拟之景,所以,认为《归去来兮辞》写于辞官之时甚至归家之初是大有问题的。《归去来兮辞》给我们呈现的是辞官归家以及归家后生活情境的全过程。"归去来兮"就不能单单理解为"归去"或者"归来"。"归去来兮"就是"归去"和"归来"。

(三)组文结构

还有一种可能,《归去来兮辞》或许是组文,而非一篇。陶氏诗歌多用组诗方式,考察《归去来兮辞》全文,起句均由"归去来兮"开头,一、二段和三、四段基本可以独立成篇,分别为"归去"篇和"归来"篇。我们猜想,它们很有可能在某个时候被误合为一篇。

至于此文选进教材,只择一家之说,将"归去来"解为"归去",又注为"回归田园之初"云云,则是回避争议、调和矛盾的策略罢了。

《夜雨寄北》寄给谁

晚唐诗人李商隐的《夜雨寄北》为读者耳熟能详，在以中学教材教辅为代表的诸多解读中，几乎一致认为这是一首回复妻子的诗体信。在南宋洪迈编的《万首唐人绝句》里，此诗题目又为《夜雨寄内》，题目当中的"内"自然是指内人，也就是今天我们所说的妻子。李白的诗《南流夜郎寄内》也是一首类似的作品。

但有一个问题是，李商隐在诗中称妻子为"君"似乎不太合乎常理。在李商隐所生活的时代，丈夫是极少对妻子称"君"的。除了元稹悼念妻子的"半缘修道半缘君"等极少例子，未有如此尊称妻子为"君"的。这在众多作品中都可以得到印证，《孔雀东南飞》"君当作磐石，妾当作蒲苇"里，兰芝称仲卿为君则是妻子对夫君的常见尊称。据此，南昌大学文学院教授王志清提出一个观点，《夜雨寄北》并不是写给妻子的，而是写给朋友令狐绹的。[①]

支持王教授观点的人还进行了时间上的考证。李商隐客居巴蜀期间，大致是大中六年（852年）七月至九月间，此时诗人正跟随东川节度使柳仲郢做幕府。当时东川节度使的办公地点在梓州（即现在的四川省三台县），诗人正是在巴蜀之地的一个客店里写下这首诗的，而那时诗人的妻子王氏已去世一年（大中五年，即851年）。

王志清教授提出，李商隐和令狐绹两人有着非常深厚的交情。在李商隐的诗中有不少写给对方的作品，如《酬别令狐补阙》《酬令狐郎中见寄》《寄令狐郎中》《寄令狐学士》《梦令狐学士》等。王教授还关注到诗中"西窗"意象，认为"西窗"指的是书房。西窗剪烛，彻夜苦读，正是两人促膝谈心的场景。

说起来，李商隐和令狐绹的关系非常复杂。早年，因令狐楚赏识李商隐才华，李商隐进入令狐家族，李商隐和令狐楚的儿子令狐绹情同手足，结下了深

[①] 王志清：《李商隐〈夜雨寄北〉疑义辨析》，《江汉学术》，2014年第33卷第1期，第102~107页。

厚的友情；但因为令狐楚的死，造成令狐绹对李商隐忘恩的误解，再加上李商隐后来娶了李党成员王茂元的女儿为妻，卷入"牛李党争"，二人发生龃龉，逐渐疏远，令狐绹甚至一度排挤李商隐。但据相关史料记载，李商隐和令狐绹也并未断绝关系，从上文提到的李商隐给令狐绹的诗作可以看到，二人还存在交情，也有书信往来，只是令狐绹因为诸多缘由无法原谅李商隐，所以在李商隐仕途落魄失意之时不愿施以援手。

但我们发现，李商隐写给令狐绹的诗基本上都会在题目中署上令狐绹的名字或者官衔，如上文诗歌中的"令狐补阙""令狐郎中""令狐学士"等，如果说这首诗也是写给他的，为什么题目不是《夜雨寄令狐郎中》呢？

笔者查证了李商隐写给令狐绹的诗，诗句中除了有一处出现"郎君"一词，没有找到称对方为"君"的，要不称为"公"（《酬别令狐补阙》里有"公等系安危"），要不称为"郎"（《酬令狐郎中见寄》中有"望郎临古郡"）。很显然，王教授的观点依然存在诸多疑点，最多不过是一种猜想或者推断罢了。

当然，也有人认为，这首诗有可能是写给好友温庭筠的。李商隐在徐州幕时，温曾有诗《秋日旅舍寄义山李侍御》。李商隐在四川时，也有三首诗寄赠温。温是唐初宰相温彦博的裔孙，也受到牛党令狐绹的排挤和压制，晚年才做了方城尉与国子助教。两人同病相怜，似乎也顺理成章。但是，同样没有更多的资料坐实这个结论。

那么，我们是否可以撇开这个历史真相的争论，从受众（读者）的角度思考这个问题呢？我们更愿意认为这首诗是李商隐写给谁的呢？

如果是"寄内"，它就是一首情诗，夫妻分居离散，彼此思念，期盼重逢，这似乎迎合了读者对于《无题》等诗的认知"前见"，甚至有人在不能自圆其说时还异想天开说是在悼亡妻。不过，这里面有一个大问题，李商隐现存的绝大多数爱情诗都缠绵悱恻，含蓄隐晦，充满朦胧美。而《夜雨寄北》差不多是直白的口语体。这首诗里面缺乏夫妻或情侣间细腻感性的感情流露，显得太过理性内敛，与"此情可待成追忆"等深情款款的表达格格不入。

至此，我们认为，这恰好在印证着另一个理解的方向："寄友"。只是，笔者并不认为这首诗是写给令狐绹的。有人根据《旧唐书·李商隐传》梳理了李商隐的人际交往圈，把李商隐交往的人物分为四类：

仕途中人：令狐楚、令狐绹、崔戎、王茂元、李执方、卢弘止、郑亚、柳仲郢、李回、杜悰、萧浣、杨虞卿、杨嗣复、周墀、姚合、孙简等人。

酬和诗友：杜牧、温庭筠、白居易等人。

志同道合者：刘蕡、永道士、崔珏、李郢等人。

礼节来往之人：令狐绪、韩瞻以及他在各个阶段的同僚。

这里面既有师长，也有朋友。由于唐代诗歌中"君"的称呼已经大量出现，但主要是妻子称丈夫，或者好友相称的。换言之，唐诗中"君"的称呼，但见于对男性。因此，如果从"君"这一用语出发，我们基本可以确定这是写给一位男性的，而结合李商隐当时在梓州幕府任职这一时间信息，我们可以排除令狐楚、王茂元等老一代的师长，而同时代能够密切互动、惺惺相惜的人差不多就只有杜牧、温庭筠、白居易、刘蕡、永道士、崔珏、李郢等。

其中，崔珏在李商隐死后就曾写有一首很有影响的诗《哭李商隐》：

> 虚负凌云万丈才，一生襟抱未曾开。
> 鸟啼花落人何在，竹死桐枯凤不来。
> 良马足因无主踠，旧交心为绝弦哀。
> 九泉莫叹三光隔，又送文星入夜台。

在上述的人际交往圈中，李商隐与温庭筠的交往较为密切，传世诗作中二人酬答互动之诗较多。在徐州幕时，温庭筠寄诗云："寒蛩乍响催机杼，旅雁初来忆弟兄"（《秋日旅舍寄义山李侍御》）。李商隐在四川时，也有三首诗寄赠温庭筠。

俞陛云先生在《诗境浅说》中对 30 首李商隐诗作做过评注。对于此诗，俞先生说："诗本寄友，如闻娓娓清谈，深情弥见。"[1] 可见俞认为此诗是写给友人的。刘学锴、余恕诚在《李商隐诗歌集解》中也认为，《夜雨寄北》"当是梓幕思归寄酬京华友人之作"[2]。至于是哪个具体的朋友，因时代久远，我们却也不好对号入座了。

---

[1] 陈伯海著：《唐诗汇评（下）》，浙江教育出版社，1995 年，第 2420~2421 页。
[2] 刘学锴、余恕诚著：《李商隐诗歌集解（三册）》，中华书局，1988 年，第 146 页。

也论《蜀道难》之"奇"

李白《蜀道难》被称为"奇诗",唐代孟棨《本事诗》曾记载一段轶事:

> 李太白初自蜀至京师,舍于逆旅,贺监知章闻其名,首访之。既奇其姿,复请所为文。出《蜀道难》以示之。读未竟,称叹者数四,号为"谪仙",解金龟换酒,与倾尽醉,期不间日。由是称誉光赫。[①]

要知道,贺知章在唐武后证圣元年(695 年)中进士、状元,年少成名,在李白成名之前已经以诗文享誉天下,其为人旷达不羁,好酒,有"清谈风流"之誉,晚年尤纵。贺知章自号"四明狂客""秘书外监",与张若虚、张旭、包融并称"吴中四士",与李白、李适之等谓"饮中八仙"。如此自视甚高、恃才傲物的贺知章,竟因为一首《蜀道难》折服于初至京师的李白,这无形中助长了李白在长安的影响力。自此,蜀道因李白名扬天下。

此诗最早见录于唐人殷璠所编的《河岳英灵集》,一般被认为是一首赠别入蜀友人的作品,此诗作于天宝元年(742 年)奉诏入京供奉翰林之时。无关安史之乱,无关赐金放还,无关杜甫房琯等政治历史事件,明人胡震亨、顾炎武认为,李白"自为蜀咏","别无寓意"。

那么,《蜀道难》"奇"在何处呢?

《唐诗汇评》一书辑录了不少的评点文字。其中,殷璠《河岳英灵集》评此诗:"奇之又奇,自骚人以还,鲜有此体调。"[②] 明代陆时雍《唐诗镜》:"《蜀道难》近赋体,魁梧奇谲,知是伟大。"[③] 两人的评论都注意到了李白《蜀道难》的"体调""近赋体"。那么《蜀道难》开创了什么体例呢?元代范

[①] 孟棨著,董希平、程艳梅、王思静评注:《本事诗》,中华书局,2014 年,第 2 页。
[②] 王克让著:《河岳英灵集注》,巴蜀书社,2006 年,第 36 页。
[③] 陆时雍著,《唐诗镜(卷十八)》,载自吴文治编:《明诗话全编》,凤凰出版社,1997 年,第 10739 页。

樗《木天禁语》："七言长古篇法……旧题乃篇末一、二句缴上起句，又谓'顾首'，如《蜀道难》《古别离》《洗兵马行》是也。"①

当然，除了体例，《蜀道难》的过人之处还在于它张扬了李白诗风的个性色彩。李白诗歌以古体为最。其古体，完全打破诗歌创作的固有格式，空无依傍，笔法多端，达到了随性自由、变幻莫测、摇曳多姿的境界。诗歌风格多有雄奇飘逸、俊逸清新、想象丰富、意境奇妙等特征。《蜀道难》也不例外，全诗294字，律体与散文间杂，文句参差，笔意纵横，豪放洒脱，感情强烈，一唱三叹。诗中诸多画面此隐彼现，无论是山之高、水之急、绝壁之险、林木之荒寂，皆有逼人之势，气象宏伟，境界阔大，集中体现了李白诗歌的艺术特色和创作个性。

经查，《蜀道难》本是南朝乐府旧题，属《相和歌·瑟调曲》。李白前后均有人依此旧题为诗。宋代郭茂倩编辑的《乐府诗集》卷四十相和歌辞十五，录有五位诗人的《蜀道难》诗，其中四位的诗都侧重于再现入蜀之艰，蜀道之险。下面是搜罗到的部分作品。

萧纲有两首《蜀道难》：

其一

建平督邮道，鱼复永安宫。若奏巴渝曲，时当君思中。

其二

巫山七百里，巴水三回曲。笛声下复高，猿啼断还续。

萧纲曾作益州刺史，上述诗歌中所言蜀道，应该指的是川东大巴山、渝州重庆奉节甚至湖北一带，诗歌内容除了直写蜀道偏远曲折，还借此抒发相思之情。蜀道之迂回婉转更甚，蜀道之艰险未见。

南朝梁陈间诗人阴铿也曾作《蜀道难》：

王尊奉汉朝，灵关不惮遥。高岷长有雪，阴栈屡经烧。
轮摧九折路，骑阻七星桥。蜀道难如此，功名讵可要。

此诗涉及"岷山""栈道"，所言蜀道，则是指向川西。全诗借王尊入蜀一

---

① 陈伯海著：《唐诗汇评（上）》，浙江教育出版社，1995年，第570~572页。

事，重点描述了踏足蜀道所要经历的危险状况，岷山上有终年不化的积雪，栈道还多次被战火烧毁，道路曲折，出行异常困难。诗的结尾说，蜀道如此艰难，难道还要追求什么功名吗？既是渲染之语，也是自我心迹之显露。

同时代，刘孝威也有同名诗：

其一
玉垒高无极，铜梁不可攀。
双流逆巇道，九阪涩阳关。
邓侯束马去，王生敛辔还。
惧身充叱驭，奉玉若犹悭。

其二
嵎山金碧有光辉，迁停车马正轻肥。
弥思王褒拥节去，复忆相如乘传归。
君平子云阒不嗣，江汉英灵已信稀。

此诗所涉及的地域明显扩大到了巴蜀东西边境，既有玉垒山，也有重庆的铜梁山。"其二"涉及王褒、司马相如、严君平、扬雄等多位前代文人。"其一"侧重写艰险难行，"其二"侧重写蜀地人杰地灵。

至此，我们注意到，萧纲、阴铿诗都是五言，刘孝威的诗"其一"是五言，"其二"是七言。

唐太宗贞观时期张文琮也有一首《蜀道难》：

梁山镇地险，积石阻云端。深谷下寥廓，层岩上郁盘。
飞梁架绝岭，栈道接危峦。揽辔独长息，方知斯路难。

这首诗中说的"梁山"，在今四川省剑阁县境，又名剑门山。此诗直写剑阁之险，通行之难。

至李白的《行路难》，绝响奇音，拔地而起，在前人基础上推陈出新。唐以前的《蜀道难》作品，简短单薄。李白的《蜀道难》自成长篇。前人诗作多是五言，李白则以七言为主，兼三言、四言、五言甚至十一言，参差错落，长短不齐，具有自由灵动的语言特色。当然，李白《蜀道难》一咏三叹，从蜀道之高、行走之险、旅居之恶三层，写古蜀历史之久远，蜀山风物之杂驳，正面夸张，侧面渲染，步步惊心，处处凶险，尽显李白之天才笔力，呈现奇诡变化之魅力。

杜甫诗歌中的"马"

早在《诗经》时代，马就成为诗人表情达意的意象符号，《周南·卷耳》有"陟彼崔嵬，我马虺隤""陟彼高冈，我马玄黄""陟彼砠矣，我马瘏矣"等句子，可见这是一匹饱经风霜、羸弱疲惫、病重颓唐的马。

其后，文人对马的书写也未曾断绝，各式各样的马因为战争而见于边塞诗，因为远行而见于游子诗。到唐代，上至天子李世民，下至李白、杜甫、李贺、韩愈等文人墨客，都创作了数量不少的咏马诗。而杜甫的咏马诗是一个典型的存在。以数量论，杜甫直接以马为题的诗就有十二首之多，而题中无马、文中有马的达百余首；以题材论，有写实的真马，也有写虚的画马；从品相论，有白马、骏马，有骢马、胡马，也有病马、瘦马。在此，笔者将杜甫咏马诗作的典型篇章撷取出来，作一些赏析评论。

房兵曹胡马

胡马大宛名，锋棱瘦骨成。竹批双耳峻，风入四蹄轻。所向无空阔，真堪托死生。骁腾有如此，万里可横行。

这是一首托物言志的诗，大致作于唐玄宗开元二十八年（740年），正值杜甫漫游齐赵，飞鹰走狗、裘马清狂的一段时期。诗分前后两部分。前面四句正面写马外在的"形"，是实写，描画了一匹神清骨峻的"胡马"。首联交代了良马的产地和独特的外形，喻示其出身名门。写马的骨相，嶙峋耸峙，状如锋棱，勾勒出神峻的轮廓。颔联写马耳如刀削斧劈一般锐利劲挺，四蹄腾空、凌厉奔驰。后四句转写马的"神"，用虚写手法转入抒情。颈联承上，写它纵横驰骋，是主人可以死生相依的忠实朋友。看似写马，实是写人。尾联用"骁腾有如此"总挽上文，对胡马作概括，最后一句"万里可横行"，包含着无尽的期望和伟大的抱负。"可"字显露为国立功、建功立业的渴望。其意气豪雄矫健，在写马中也写人，一方面赋予马以活的灵魂，另一方面写人有马的品格。

全诗看似写马,实则通过赞马来显露作者的胸襟和抱负。

再看杜甫所作《白马》:

白 马

白马东北来,空鞍贯双箭。可怜马上郎,意气今谁见。

近时主将戮,中夜商於战。丧乱死多门,呜呼泪如霰。

一般认为,此诗作于杜甫居松陵(即湖北荆州)、公安及至湖南时。时间大致在大历三年(768年)或者大历五年(770年),此时传来商州兵乱的消息。"白马东北来,空鞍贯双箭",白马受伤回来,空鞍表明主人已经战死,见其战况惨烈;"可怜马上郎,意气今谁见",白马主人已经殉难,已经看不到当初的意气风发;"丧乱死多门,呜呼泪如霰",流露的是诗人对百姓遭劫的无可奈何和深深叹息。这首诗传达出唐朝动荡不安的社会信息,也流露出作者忧世伤时的情感。

与上述马的意象不一样的是,杜甫诗歌中出现了较大数量衰老、孱弱的马。这些诗作多是杜甫在陷贼、为官时期(756—759)所作。这些马瘦弱、被遗弃或病入膏肓,如:

瘦马行

东郊瘦马使我伤,骨骼硉兀如堵墙。绊之欲动转欹侧,此岂有意仍腾骧。细看六印带官字,众道三军遗路旁。皮干剥落杂泥滓,毛暗萧条连雪霜。去岁奔波逐余寇,骅骝不惯不得将。士卒多骑内厩马,惆怅恐是病乘黄。当时历块误一蹶,委弃非汝能周防。见人惨澹若哀诉,失主错莫无晶光。天寒远放雁为伴,日暮不收乌啄疮。谁家且养愿终惠,更试明年春草长。

史料显示,乾元元年(758年)冬杜甫因疏救房琯,廷诤忤旨,触怒唐肃宗,被贬官作华州司功。诗中的马是被遗弃的官马,"东郊瘦马使我伤,骨骼硉兀如堵墙"。东郊瘦马,让人心伤不已,瘦弱突出的马骨,就像墙头伸出的石头,此处用比喻来形容马的骨骼石头般坚硬。此时诗人被贬华州,借瘦马抒情。一匹可驰骋于战场的良驹,因为暂且生病,便不再被主人青睐。马儿失足,不再被主人喜爱;自己仕途不顺,不被皇上重视。"见人惨澹若哀诉,失主错莫无晶光。"杜甫借瘦马来寄托自己的身世之感,处境凄凉,郁郁寡欢,找不到"主人",找不到出路。但结尾写"谁家且养愿终惠,更试明年春草长",流露出诗人仍对朝廷寄予希望,渴望得到任用的心迹。

另一首《病马》是杜甫于唐肃宗乾元二年(759年)在秦州时所作的一首咏物诗。此诗通过吟咏那"老尽力"的病马来表现作者失意落魄的心态。

病　马

乘尔亦已久,天寒关塞深。尘中老尽力,岁晚病伤心。毛骨岂殊众,驯良犹至今。物微意不浅,感动一沉吟。

首联"乘尔亦已久,天寒关塞深"写这是一匹老马,陪伴自己很久,不管是天寒地冻还是山河险地,都无怨无悔;"尘中老尽力,岁晚病伤心",写此马多病,心绪低落哀伤;"毛骨岂殊众,驯良犹至今",写病马毛骨没有与众不同,它的温驯也未曾改变,虽老矣、病矣,但不离不弃,在漫长而艰难的岁月里,它任劳任怨,尽职尽责;"物微意不浅,感动一沉吟",写"病马"虽然卑微,但对主人的情意很深厚。诗人借此诗抒发对病马的同情之情,感情深沉。这匹"病马"的身世遭遇,与诗人客居长安,辗转仕途无果的处境何其相似。虽如此,从此马对主人的忠诚情意仍然可以看出杜甫身上不屈服命运的可贵品质。

杜甫咏马诗十余首,涉及的马意象近四百个。马的形象风姿各异。有的写骏马奔腾,马踏连营之后高奏凯歌;有的写战马若箭矢穿空,迅风急电。诗歌中有白马、肥马、瘦马;有马鸣萧萧的威武,有马嚼金勒的高贵,也有马革裹尸的悲怆。其中专写战马的诗不少,如《高都护骢马行》,可算是写马诗的扛鼎之作。"此马临阵久无敌,与人一心成大功",高度赞扬了青骢马的来历、骨相和能力。"飘飘远自流沙至",交代青骢马来自西域大漠,历经战争洗礼。杜甫在《洗兵马》写道:"京师皆骑汗血马,回纥餧肉葡萄宫。"汗血宝马数量众多表明当时军队实力,这也是大唐对附属国长期保持威慑力的根本所在。

除此之外,杜甫诗中有大量不专以"马"为题而涉及了"马"这一意象的诗句,如《江汉》:

江　汉

江汉思归客,乾坤一腐儒。片云天共远,永夜月同孤。落日心犹壮,秋风病欲苏。古来存老马,不必取长途。

大历三年（768年）正月，杜甫自夔州出峡，流寓湖北江陵、公安等地。此时他已56岁，北归无望，生计日艰。尽管如此，诗人孤忠仍存，壮心犹在，此诗集中表现了到老不衰、顽强不息的精神。尾联借用了老马识途的典故，再一次表现了诗人老当益壮的情怀。"老马"是诗人自比，"长途"代指驱驰之力。诗人指出，古人存养老马，不是取它的力，而是用它的智。诗人虽是一个"腐儒"，但心犹壮、病欲苏，意在表明自己虽然年老多病，但还有智慧可以用，仍能有所作为。杜甫在《白帝》中写道："戎马不如归马逸，千家今有百家存。"征战沙场的战马比不上用作拉车耕地的闲逸之马，但战乱使村庄变成了荒原，凄凉萧索，眼前闲逸之马，却也成了无主之马。诗人借马的悲惨遭遇，来反映战乱后满目疮痍、民不聊生的国家现状。

看得出，杜甫笔下的"马"的形象变化基本是跟诗人自己的命运遭际相对应的。安史之乱后，流寓不定的杜甫心中有太多的沉痛惨怛，既有对国事艰难的忧虑，也有对自己命运的哀伤。这一时期的马，多为瘦马、老马、病马、孤马，壮心斗志逐渐磨灭，只能形影相吊、顾影自怜。年迈的杜甫一生心酸悲苦，不断漂泊，但依旧以国家君王为念。马恋故主、忠贞不贰的形象，其实是诗人自身的写照。

这种忠君爱主的思想，贯穿杜甫一生。南宋陆游诗《游锦屏山谒少陵祠堂》高度评价杜甫："文章垂世自一事，忠义凛凛令人思。"在很大程度上，杜甫笔下的"马"恰好是"诗圣"忠义爱国情志的寄托和投射。

荀子《劝学》"劝"人学什么

教育部组织编写的《普通高中教科书　语文　必修　上册》节选了荀子《劝学》中的四段文字，毫无疑问，荀子《劝学》的落脚点更多不是在于鼓励大家努力学习文化知识，而是勉励后生修身进德，学习做人。

文章开宗明义点明观点："君子曰：学不可以已。"很多人在理解时，只是抓住了"学不可以已"这一句，认为荀子是"终身学习"理论的首创者。诚然，仅从文字上看这样理解是不错的，但是，我们联系"君子曰"三字，似乎可以发现，荀子意在论述"如何做君子"这方面的道理，从这个意义说，《劝学》是荀子在"劝人做君子"。

儒家思想的先驱们，一直视"君子"为理想人格。孔子《论语》大量提及"君子"，比较全面地论述了君子的人格内涵和修炼途径、方法等。孟子、荀子也在自己的著述中不断丰富和完善孔子开创的儒家君子观，意在维护孔子儒学思想体系的完整性。

在完整本《劝学》里，我们发现，几乎每一段落都出现"君子"一词，我们把这些句子抽取出来，依序排列，基本就可以看出《劝学》全篇的要义和思路。

　　君子曰：学不可以已。
　　君子博学而日参省乎己，则知明而行无过矣。
　　诗曰："嗟尔君子，无恒安息。靖共尔位，好是正直。神之听之，介尔景福。"
　　君子生非异也，善假于物也。
　　兰槐之根是为芷，其渐之滫，君子不近，庶人不服。
　　故君子居必择乡，游必就士，所以防邪辟而近中正也。
　　故言有招祸也，行有招辱也，君子慎其所立乎！
　　故君子结于一也。

> 君子之学也，入乎耳，箸乎心，布乎四体，形乎动静。
> 君子之学也，以美其身；小人之学也，以为禽犊。
> 傲、非也，囋、非也；君子如向矣。
> 方其人之习君子之说，则尊以遍矣，周于世矣。故曰：学莫便乎近其人。
> 故君子不傲、不隐、不瞽，谨顺其身。
> 君子知夫不全不粹之不足以为美也，故诵数以贯之，思索以通之，为其人以处之，除其害者以持养之。
> 天见其明，地见其光，君子贵其全也。[①]

在笔者看来，《劝学》大致可以划分为两大部分，在"故君子结于一也"之前为第一部分，主要是谈学习君子要持恒专一，不可半途而废。剩下的则是第二部分，谈学做君子需要全方位学习德性（"贵其全也"），不可偏废。第一部分里面，又具体谈了学做君子的意义和重要性，学做君子的方法，学做君子要对环境有所选择，学做君子要注意言行谨慎，等等；第二部分里面，谈论了学做君子的途径、内容，指出"学做君子"的终极目标是做全面发展的人，"不全不粹之不足以为美""贵其全也"。顺便说一句，《普通高中教科书　语文　必修　上册》注释"君子"为"这里指有学问有修养的人"是值得商榷的，儒家思想家所言"君子"主要是德性意义上的"君子"，"学问"是次要的，取"人格高尚、道德品行兼好之人"之义为妥。

如此，我们可以这样来认识荀子《劝学》的内容：一是写一定要通过学习做一个君子，二是写如何能做一个君子。前一个谈的是"道"，后一个谈的是"术"。

《劝学》中频繁出现的"君子"自然是《论语》理论框架之下的"君子"，或者说，荀子"君子"的内涵肯定继承了孔子"君子"的内涵。"君子"是孔子眼中的理想化人格。君子以行仁、行义为己任。君子也尚勇，但勇的前提必须是仁义，是事业的正当性。君子处事要恰到好处，要做到中庸。孔子将仁、知、勇当作君子之德。孔子曰："君子道者三，我无能焉：仁者不忧，知者不惑，勇者不惧。"（《论语·宪问》）《中庸》曰："知、仁、勇三者，天下之达德也。"

在诸多内涵中，德性内容是主要的，孔子说："志于道，据于德，依于仁，

[①] 方勇、李波译注：《荀子》，中华书局，2011年，第1~12页。

游于艺。"(《论语·述而》)孔子认为,在志道、据德、依仁之外,还要"游于艺",亦即精通技艺。孔子以六艺授徒,六艺包括礼、乐、射、御、书、数。用现代教育观来解释,君子就是德才兼备的人,当然,在德与才的关系中,德为先,德为要。

荀子的"君子观"建立在"性恶论"之上。因为"人性恶",一个人要成为君子,就得依靠后天不断地学习来实现弃恶扬善。荀子说:"夫薄愿厚,恶愿美,狭愿广,贫愿富,贱愿贵。"①"凡人之性者,尧、舜之与桀、跖,其性一也;君子之与小人,其性一也。"②又说:"我欲贱而贵,愚而智,贫而富。可乎?曰:其唯学乎!……上为圣人,下为士君子,孰禁我哉!"③在《劝学》中,荀子说"君子生非异也,善假于物也"。这其实是说,君子与小人或者其他人,本性都是相同的,只不过,君子成为君子,是借助学习罢了。"善假于物"就是向他人学习。

那么,在学做君子的道路上,荀子叮嘱了些什么呢?

1. 君子要想实现改变(受绳则直、就砺则利),就要"博学""参省",博学是向外,参省是向内,所谓内外兼修是也。这与孔子"一日三省乎己身"等思想是一致的。

2. 在学做君子的道路上,荀子认为学比思重要。"吾尝终日而思矣,不如须臾之所学也。"这与《论语》不同,"学而不思则罔,思而不学则殆",孔子强调学思结合,达成平衡。

3. 君子学习过程中,要注意选择环境。"蓬生麻中,不扶而直;白沙在涅,与之俱黑。""故君子居必择乡,游必就士,所以防邪辟而近中正也。"荀子认识到了学习环境的重要性,这是一大进步。

4. 君子要谨言慎行。"故言有招祸也,行有招辱也,君子慎其所立乎!"言语可能招祸,行为可能受辱,君子为人处世不能不保持谨慎。

5. 君子要不断积累德性,增厚善性,终极目标是做圣人。"积善成德,而神明自得,圣心备焉。"在孔子眼里,只有尧舜、文王、周公等人方称得上"圣人",所以,孔子觉得圣人是可望而不可即的,现实世界中,做君子才是我们的追求。但荀子认为,在"君子"之上,还可以做圣人。

6. 君子的意志要坚定专一。"淑人君子,其仪一兮。其仪一兮,心如结

---

① 方勇、李波译注:《荀子》,中华书局,2011年,第379页。
② 方勇、李波译注:《荀子》,中华书局,2011年,第383页。
③ 方勇、李波译注:《荀子》,中华书局,2011年,第97页。

逻辑自洽与视域融合
——中学语文经典文本研究

兮！故君子结于一也。"这句话的意思是，善良的君子们，行为要专一不偏邪；做到了行为专一不偏邪，意志才会如磐石坚定不移。

7. 在学做君子的道路上，要学些什么呢？《劝学》中有这样一大段文字：

> 学恶乎始？恶乎终？曰：其数则始乎诵经，终乎读礼；其义则始乎为士，终乎为圣人，真积力久则入，学至乎没而后止也。故学数有终，若其义则不可须臾舍也。为之，人也；舍之，禽兽也。故书者，政事之纪也；诗者，中声之所止也；礼者，法之大分，类之纲纪也。故学至乎礼而止矣。夫是之谓道德之极。礼之敬文也，乐之中和也，诗书之博也，春秋之微也，在天地之间者毕矣。
>
> 君子之学也，入乎耳，箸乎心，布乎四体，形乎动静。端而言，蝡而动，一可以为法则。小人之学也，入乎耳，出乎口；口耳之间，则四寸耳，曷足以美七尺之躯哉！古之学者为己，今之学者为人。君子之学也，以美其身；小人之学也，以为禽犊。故不问而告谓之傲，问一而告二谓之囋。傲，非也；囋，非也。君子如向矣。①

这段文字，先讲了学做君子的途径、意义。过渡到学的具体内容则有"书""诗""礼""乐""春秋"，学习的方法是要"入乎耳，箸乎心，布乎四体，形乎动静"，学习的目的是"美其身"。"君子如向"是将君子答问比作回声，说一是一，说一不二。

8. 学做君子有两条路径：亲近良师和亲近礼义。"学莫便乎近其人"，"学之经莫速乎好其人，隆礼次之"。"上不能好其人，下不能隆礼，安特将学杂识志，顺诗书而已耳。则末世穷年，不免为陋儒而已。"要穷究圣人的智慧，寻求仁义的根本，从礼法入手才是能够融会贯通的捷径。

9. 君子的学习要做到"全"而"粹"，方能成其完美。

荀子《性恶篇》说："今之人，化师法，积文学，道礼义者为君子；纵性情，安恣睢，而违礼义者为小人。"②他强调得礼义者为君子。他又说："向是而务，士也；类是而几，君子也；知之，圣人也。"③话说回来，"君子"是人们孜孜以求的人格理想，《劝学》的价值在于勉励每个人做一个完美的"君子"。

---

① 方勇、李波译注：《荀子》，中华书局，2011年，第7~8页。
② 方勇、李波译注：《荀子》，中华书局，2011年，第376页。
③ 方勇、李波译注：《荀子》，中华书局，2011年，第353页。

杜甫《望岳》诗赏读

唐玄宗开元二十三年（735年），杜甫到洛阳应进士科，落第而归，开元二十四年（736年），24岁的诗人开始过"裘马清狂"的漫游生活。在北游齐、赵（今河南、河北、山东等地）期间，杜甫写下了五律《望岳》，这是现存杜诗中年代最早的一首。虽作于失意之时，但诗人正值意气风发的青年时代，对未来充满信心，故豪雄之气扑面而来。诗中既描绘了泰山雄伟磅礴的景象，热情赞美了泰山高大巍峨的气势和神奇秀丽的景色，流露出了对祖国山河的热爱之情，也表达了诗人不怕困难、敢攀顶峰、俯视一切、卓然独立、兼济天下的雄心和气概。

需要注意的是，杜甫以《望岳》为题的诗共有三首。唐肃宗乾元元年（758年）六月，作者获罪被贬为华州（今陕西华县）司功参军。人至中年，政治上遭遇挫折，杜甫心情十分郁闷，他眺望西岳华山，浮想联翩，写下一首七言律诗。

望 岳

西岳崚嶒竦处尊，诸峰罗立似儿孙。安得仙人九节杖，拄到玉女洗头盆。

车箱入谷无归路，箭栝通天有一门。稍待秋风凉冷后，高寻白帝问真源。

尾联于欣赏华山美景后，突发奇思：欲到华山绝顶求仙问道，以排遣内心苦闷。诗中流露出深沉的感慨：失意彷徨、忧伤愁郁、渴求希望的多种心绪并存。

此诗与诗人早年望东岳的心情、气势、境界截然不同。望东岳，抒发了诗人"会当凌绝顶，一览众山小"的凌云壮志和昂扬精神，气势磅礴，境界阔大；而望西岳，感情趋于深沉，眼前之景不着一字却处处为"险"，登临目的也仅仅停留在寻仙访道了。

杜甫晚年还有一首也题为《望岳》的写衡山之作。据载，此诗作于大历四年（769年）春，是杜甫晚年游玩衡山时所作。

望　岳

南岳配朱鸟，秩礼自百王。欻吸领地灵，鸿洞半炎方。邦家用祀典，在德非馨香。巡守何寂寥，有虞今则亡。泊吾隳世网，行迈越潇湘。渴日绝壁出，漾舟清光旁。祝融五峰尊，峰峰次低昂。紫盖独不朝，争长㠑相望。恭闻魏夫人，群仙夹翱翔。有时五峰气，散风如飞霜。牵迫限修途，未暇杖崇冈。归来觊命驾，沐浴休玉堂。三叹问府主，曷以赞我皇。牲璧忍衰俗，神其思降祥。

此诗首尾抒发议论，中间写景叙事。"南岳配朱鸟，秩礼自百王。欻吸领地灵，鸿洞半炎方"几句写历代帝王皆设职官崇礼衡山。"在德非馨香"句，有讽喻之意，以委婉之词劝勉君主要以德治国。九、十两句，作者叙自己因世乱所驱投奔南国，故有望岳的机会。自"渴日绝壁出"至"散风如飞霜"写衡山景色，乃全篇中心所在。诗末以祀岳之意作结，呼应起笔"秩礼"。而"曷以赞我皇"一句，足见诗人的爱国之心。

三首《望岳》分别作于杜甫青年、中年、老年，趣味各异，恰好与诗人人生遭际和精神历程相契，可以参读对照。三首《望岳》分别写泰山、华山、衡山，山山各异，分别以"雄""险""秀"著称，可谓语语相称，十分贴切。咏泰山的《望岳》表现出一种积极用世的思想，代表杜甫青年时期光芒四射，积极进取的人生，因而予人雄奇壮阔的感觉，全诗形成了遒劲峻洁、气魄雄放的风格；咏华山一首流露出作者宦途失意，报国无门之情，代表杜甫中年时期失意彷徨、动极思静的人生，此诗因而显得委婉曲折，沉郁顿挫；咏衡山的《望岳》有所讽喻，反映杜甫晚年内敛安命，与人为善的人生态度。

当然，就三诗而言，其风格气象，自然是以五律为上。

岱宗夫如何？齐鲁青未了。造化钟神秀，阴阳割昏晓。
荡胸生层云，决眦入归鸟。会当凌绝顶，一览众山小。

全诗不着一"雄"字"高"字，也不着一"望"字，却以其为眼，为魂，为视角，为灵犀。首联以设问起笔，是俯瞰也是远眺，是疑问也是赞叹，泰山是五岳之尊，到底怎么样呀？"齐鲁青未了"一句写出山势绵延不绝，横跨齐鲁大地的气势。

颔联"造化钟神秀，阴阳割昏晓"两句对仗工稳，"神秀"写出大自然鬼斧神工成就泰山之奇秀，"阴阳割昏晓"写出泰山之高大，由于山高，天色的一昏一晓被分割于山的阴、阳面。"割"字见泰山之雄浑，见其力量，亦见其意气和阔大。

"荡胸生曾（层）云，决眦入归鸟"两句，是俯视平望。山中云气缭绕，涤荡心胸。诗人落第的失意郁闷自然烟消云散。放眼远望，世界尽在眼中，风物全在胸怀。"决眦"二字尤为传神，诗人睁大眼睛张望，眼眶有似裂开。有我之境，物我同化，既是写景亦是抒怀。

尾联"会当凌绝顶，一览众山小"，一语出即成绝响，既突出泰山的高峻，写其雄视一切的气势，也表现诗人的心胸气魄。将众山的小和高大的泰山进行对比，表现出诗人不怕困难、敢于攀登绝顶、俯视一切的雄心和气概。这正是杜甫能够成为一个伟大诗人的关键所在，也是一切有所作为的人们不可缺少的。

可惜的是，天下五岳，一代诗圣只写三岳，经查阅，河南嵩山、山西恒山均未入杜诗。杜甫生于河南巩县，却未见有诗写嵩山，此中奥妙，费人思量。

三词缀解《归园田居（其一）》的道家意涵

晋安帝义熙元年（405年），陶渊明41岁。这一年，他从做了80多天的彭泽县令任上挂冠去职，归隐田园。这一年，他赋《归去来兮辞》，以明心迹。《归去来兮辞》是他与儒家积极用世思想告别的决绝书，当然也是他拥抱老庄、皈依道家的宣言书。这一年，陶渊明创作了《归园田居》组诗，对自己归隐田园的生活状态和精神境地做了自我呈现，在这些作品中，源自老庄的道家思想或隐或显地出没在诗作的字里行间。《归园田居（其一）》是陶渊明记述弃官归隐经历和心路历程的开启之作，也是统率其余四首（或说五首）的总括之作。此诗以追悔入世为官开篇，以庆幸归隐田园收篇，将官场生活比为"误落尘网""久在樊笼"，真切表达诗人对污浊官场的厌弃；将回归田园比作"鸟回旧林""鱼归故渊""复返自然"，流露出对归隐生活的向往与陶醉。

与很多文人一样，年轻时的陶渊明心怀"猛志"，有大济苍生之志。但生逢乱世，见惯了官场黑暗、人心险恶，渐生厌弃之意，终于在不惑之年高歌"田园将芜胡不归""少无适俗韵，性本爱丘山"，选择了辞官归隐。陶渊明后期思想以道家为主是显而易见的。这不仅表现为他归隐田园这一重大人生抉择本身就是对道家思想的践行，还表现为他在后期的诗文活动中不断析解阐发着道家思想的精义和意旨。《归园田居（其一）》就是如此。诗中"守拙""虚室""自然"三词具有鲜明的道家意涵，成为研究陶氏入道—修道—得道之路的三把钥匙，通过缀解，可以洞悉其归隐田园、矢志求道的心灵堂奥。

一、"守拙"——归隐入道

道家尚隐。自老庄始，隐逸和求道相伴相生。归隐既是求道的途径和方式，也是其表现。魏晋以后，避世弃儒、趋附老庄、以无为本蔚然成风，玄学盛行。陶渊明身处其世，在几番摇摆之后，也选择了弃官归隐。这就是《归园田居（其一）》中的"守拙归园田"。

"守拙"本是道家语。老子《道德经》第四十五章有"大直若屈，大巧若拙，大辩若讷"[1]。庄子在《人间世》《山木》《逍遥游》等寓言故事中都讲到"固拙于用大矣"的道理。在老庄看来，"巧"不如"拙"，要达到"道"的境界，就要弃巧守拙。所谓弃巧，就是放弃机巧之心；所谓守拙，就是守住朴素的本性。在道家看来，儒家倡导的投身仕途经济就是追求机巧，而出世归隐、清贫自守方能守住素朴，固守节操。于是，"守拙"被赋予了安于愚拙、藏锋饰拙、清高自许、不屑仕进等含义，最终成了道家脱离官场、避世退隐的代名词。

陶渊明在《归去来兮辞》中委婉提及世道现状："于时风波未静。"喻词"风波"烛照出东晋社会的动荡不安。诗人说"少无适俗韵"，"无适俗韵"意为不适应世风，语词背后亦能见其对社会的贬抑。诗人将官场比作"尘网""樊笼"则更可见官场的重重禁锢。东晋义熙年间，官场腐败、社会黑暗有史可证，兹不赘述。

结合萧统《陶渊明传》中"不为五斗米折腰"事，《归去来兮辞》所说"质性自然"和为程氏妹奔丧只不过是托词，《归园田居（其一）》中"性本爱丘山"亦当为隐晦之语，反映的深层心理动机应该是陶氏深感官场对自己的束缚和钳制，已经厌倦了官场的倾轧和攀附，"于是怅然慷慨，深愧平生之志"，最终决然归隐，以求"聊乘化以归尽，乐夫天命复奚疑"。

所以，"守拙"寄寓的既有对机巧世风的反讽，也有对归隐行为的宣示和标举。朱良志先生在《中国美学十五讲》中说："守拙更是一种人生境界。比如陶渊明，不仅以其诗垂范后世，而且也以他的人格风标衣被百世，这并不在于他选择了退隐，不为官，而在于他树立了一种本然素朴的精神风范。"[2]

通过这种宣示和标举表达与官场的决裂，表达对道的亲近，也可在陶渊明的其他作品中得到印证。在《归去来兮辞》中，陶渊明说："富贵非吾愿，帝乡不可期。"舍弃"富贵""帝乡"表明彻底抛弃了对儒家仕进的幻想。在《归园田居（其四）》中，陶渊明说："人生似幻化，终当归空无。"人生终归虚无，反映了陶渊明已经从哲学层面认识到世相的本质。"其五"中说："山涧清且浅，可以濯吾足。""濯吾足"明显在比附"沧浪濯足"这一典故。先秦有歌曰："沧浪之水清兮，可以濯我缨；沧浪之水浊兮，可以濯我足。""濯我缨"意为"有道则仕"，"濯我足"意为"无道则隐"。"濯吾足"显露出的是陶渊明

---

[1] 楼宇烈著：《老子道德经注校释》，中华书局，2008年，第123页。
[2] 朱良志著：《中国美学十五讲》，北京大学出版社，2006年，第252页。

流连田园山水、矢志归隐的心灵密码。

"守拙"后来成了仁人志士修身自律的准则和精神追求。如《菜根谭》："抱朴守拙，涉世之道。"《红楼梦》第八十四回也有："安分随时，自云'守拙'。"

教育部组织编写的《普通高中教科书　语文　必修　上册》将"守拙"注为"持守愚拙的本性，即不学巧伪，不争名利"[1]，无疑仅仅停留在语词表层意义，并未深入陶渊明绝意仕进、选择归隐的心宅灵府。

二、"虚室"——虚静修道

《庄子·德充符》记载："故不足以滑和，不可入于灵府。"[2] 成玄英疏："灵府者，精神之宅，所谓心也。"[3] 求道之途，无非内外两端。在外，陶渊明已经选择了与世路的彻底决裂，于是只剩下内求之路。老庄认为，内求自修首先得"致虚"。《老子》云："致虚极。"魏源本义："虚者无欲也。"意为"致虚"就是去欲。庄子则明确指出要排除包括名利富贵在内的24种精神干扰。《杂篇·庚桑楚》中说：

> 彻志之勃，解心之谬，去德之累，达道之塞。贵、富、显、严、名、利六者，勃志也；容、动、色、理、气、意六者，谬心也；恶、欲、喜、怒、哀、乐六者，累德也；去、就、取、与、知、能六者，塞道也。此四"六"者不荡胸中则正，正则静，静则明，明则虚，虚则无为而无不为也。[4]

庄子认为，修道的至高境界是"无为而无不为"，要达到这个境界，就得"虚"——清空内心、保持虚静，而办法就是"彻志之勃，解心之谬，去德之累，达道之塞。"在《人间世》中，庄子也再次强调了"虚静"的修道方式："瞻彼阕者，虚室生白，吉祥止止。"郭庆藩《庄子集释》引晋人司马彪注云："室比喻心，心能空虚，则纯白独生也。"[5] 今人陈鼓应在《庄子今注今译》中

---

[1] 教育部组织编写：《普通高中教科书　语文　必修　上册》，人民教育出版社，2019年，第59页。
[2] 王先谦集解，方勇校点：《庄子》，上海古籍出版社，2013年，第66页。
[3] 陈鼓应著：《庄子今注译注》，中华书局，2007年，第187页。
[4] 王先谦集解，方勇校点：《庄子》，上海古籍出版社，2013年，第279页。
[5] 郭庆藩著：《庄子集释》，中华书局，2013年，第151页。

把"虚室生白"这一句译为"空明的心境可以生出光明来"。学者们普遍认为,"虚室生白"就是求道者通过虚静达到无为的内修方式。

在《归园田居》组诗中,"虚室"一词出现了两次。"其一"是"虚室有余闲","其二"是"虚室绝尘想"。观《归园田居》中两处"虚室",亦当为一表一里双关之语。表为"君子固穷",里则为道家绝尘空心之想。"虚室有余闲",一为虽然家贫,但处之泰然,即"晏如也";一为心无杂念,无欲无求,故能得其闲雅之致。同样,"虚室绝尘想",因为心是空的,所以俗韵尘想就无法扰动内心。这就是当下所说的空杯心态,出世精神。结合《归园田居》另外几首,也能找到相关印证。"其三"有"但使愿无违","愿"就是本心,指陶渊明的隐逸之愿。"其六"有"素心正如此,开径望三益","素心"亦即"素愿"。可以看出,它们与"虚室"几乎是异名同质的语词符号。

后世诗人在用此典时也多从道家"虚静空心"方面阐发意涵。司马光《复用三公燕集韵酬子骏尧夫》曰:"官闲虚室白,粟饱太仓红;朝夕扫三径,往来从二公。""官闲虚室白"不仅有居舍空净之意,也有排除杂念,内心明澈的意涵。后面的"三径"也明显取典陶渊明"三径就荒,松菊犹存",与"虚室"前后呼应,指向道家归隐之途。

此前,《普通高中课程标准实验教科书　语文2(必修)》将"虚室"注为"空室";如今,部编本《普通高中教科书　语文　必修　上册》将其注为"静室"。"空室"侧重于表现陶渊明家贫,体现的是"安贫";"静室"与《饮酒》中"而无车马喧"相应,着眼于陶渊明"绝仕"。但两注依然停留于对空间环境的描述,缺少对陶氏求道之路上"虚静无为"的心灵世界的揭示。

三、"自然"——顺化得道

"自然"亦是道家概念。《老子》说"人法地,地法天,天法道,道法自然",将"自然"置于现实世界的根源和最高层级。庄子则有"顺物自然""莫之为而常自然"等论断。在老庄思想中,"自然"主要是指存在于万事万物中的客观规律或本然状态。很多时候,"自然"与"道"被视为二元一体。《淮南子》说:"自然者,道。"东汉张道陵《老子想尔注》云:"自然者,与道同号异体。"

陶渊明有不少诗句直接对老庄哲学的"道"进行阐发和证悟,如"天道幽且远,鬼神茫昧然"(《怨诗楚调示庞主簿邓治中》),"人生归有道,衣食固其端"(《庚戌岁九月中于西田获早稻》),"寒暑有代谢,人道每如兹"[《饮酒(其一)》],"行行失故路,任道或能通"[《饮酒(其十七)》]。其中"天道",

指自然的运行规律;"人道",指人生规律。"任道或能通"中的"任道",指顺应自然之道,即任情自适。

与"自然"等义的"化"也多有出现,如"聊乘化以归尽,乐夫天命复奚疑"(《归去来兮辞》),"迁化或夷险,肆志无窊隆"(《五岳旦作和王主簿》),"形迹凭化往,灵府长独闲"(《戊申岁六月中遇火》),"穷通靡攸虑,憔悴由化迁"(《岁暮和张常侍》),等等。无论是"乘化"还是"迁化",都反映出陶渊明齐同万物、顺化归真的生命观。《形影神三首》:"纵浪大化中,不喜亦不惧。应尽便须尽,无复独多虑。"《归园田居(其四)》:"一世异朝市,此语真不虚。人生似幻化,终当归空无。"

"道""化""自然"几乎是异名同质的三个概念。在《归园田居》组诗中,虽未出现"道""化"这样的道家概念,但"自然"却鲜明地标示了出来。"其一"以"久在樊笼里,复得返自然"收尾,既总括全诗,也卒章显志。从表层意义看,"自然"包括丘山、林、渊、南野、杨柳、桃李等田园环境。诗中的"尘网""羁鸟""池鱼""樊笼"等是比喻意象,喻指"官场"或者身处官场的自己,指向束缚、羁绊、禁锢;"自然"作为与"尘网""樊笼"之类意象对立的语词也应该有一个与之对应的比喻内涵,照此,"自然"就该指向解放、自由,指向出世和归隐。所以,"复得返自然"中的"自然"肯定要理解为自由、归隐,甚至老庄哲学层面的"师道顺化"。

在"自然"之下,陶渊明还生发了"自乐""自足""自安""自娱"等语词,如"傲然自足"(《劝农》),"怡然自乐"(《桃花源记》),"悠然自娱"(《扇上画赞》),等等。萧统《陶渊明传》评其"任真自得"。朱熹亦云:"自然而得之于己也。"联系陶渊明《归去来兮辞序》中"质性自然"和《形影神·序》中"言神辨自然以辨之"两处,更可见其借此对道家思想进行阐发的用心。

通过解读,我们发现,"守拙""虚室""自然"三词都有表里两层含义,其里层或深层都指向道家核心要义。这恰好对应着陶渊明实现自我觉解的三个历程:"守拙"是诗人归隐入道的行为选择,"虚室"是诗人虚静无为的修道路径,"自然"则是诗人委运任化的得道归宿。三个历程由外到内,分属"认识""方法"和"本体",完整呈现了一个求道者的思想实践之路。因此李泽厚先生说:"陶潜比较完满地体现了道家精神。"[1]

---

[1] 李泽厚著:《中国文化与哲学》,东方出版社,1986年,第106页。

扬雄《法言》中的君子观

2021年全国高考乙卷作文引述扬雄《法言·修身》中的语句作为材料，题目如下：

>阅读下面的材料，根据要求写作。
>古人常以比喻说明对理想的追求，涉及基础、方法、路径、目标及其关系等。如汉代扬雄就曾以射箭为喻，他说："修身以为弓，矫思以为矢，立义以为的，奠而后发，发必中矣。"大意是，只要不断加强修养，端正思想，并将"义"作为确定的目标，再付诸行动，就能实现理想。
>上述材料能给追求理想的当代青年以启示，请结合你对自身发展的思考写一篇文章。

其实，扬雄在这里是用射箭来比喻"求为君子"的道理。在扬雄看来，修身是其根本，如同射箭要用的"弓"；"矫思"就是正心，端正思想以防偏斜邪，如同箭头；奉行大义是目标，如同靶子；然后坚定地践行，就一定能成功。用射箭来比"君子"的成长之路，生动而贴切。射箭本是"礼乐射御书数"——"六艺"之一，是古代君子基本技能。孔子曾说："君子无所争，必也射乎。"[1] 孟子也曾用射箭来比"仁者"。《孟子·公孙丑上》云："仁者如射，射者正己而后发，发而不中，不怨胜己者，反求诸己而已矣。"[2]

扬雄在《法言·序》中说："君子纯终领闻，蠢迪捡押，旁开圣则。撰《君子》。"[3]《法言》辟专章论述"君子"的品质，23则语录共涉及"君子"一

---

[1] 陈晓芳、徐儒宗译注：《论语 大学 中庸》，中华书局，2011年，第29页。
[2] 朱熹撰：《四书章句集注》，中华书局，2011年，第222页。
[3] 韩敬译注：《法言》，中华书局，2012年，第436页。本文所涉《法言》引句均自该书。

词11次，占全书62次的近六分之一。由此看出，《法言》继承了孔子《论语》的做法，视"君子"为儒家理想人格（《论语》中"君子"一词出现次数达107次）。

后世普遍认为，《法言》是模仿《论语》而作。《汉书·扬雄传》云：

> 实好古而乐道，其意欲求文章成名于后世，以为经莫大于《易》，故作《太玄》；传莫大于《论语》，作《法言》；史篇莫善于《仓颉》，作《训纂》；赋莫深于《离骚》，反而广之；辞莫丽于相如，作四赋：皆斟酌其本，相与放依而驰骋云。①

徐复观先生认为，从《太玄》到《法言》，是扬雄思想的大反省。② 综观《法言》，我们发现，除了系统阐述扬雄本人对儒家思想的坚守外，《法言》还涉及了政治、经济、自然科学、文学艺术、军事、古今人物和历史事件、诸子百家、古典文献等各个方面的内容。"其中多篇文章都有与学习有关的内容或主张，尤其是学行、修身等篇目，就是主要谈学习问题的。"③ 在这一点上，《法言》与《论语》极其相似。

一、君子——儒家理想人格的建构

"君子"一词在《易经》中就出现了，比如我们熟知的"天行健，君子以自强不息；地势坤，君子以厚德载物"。一般认为，这里的"君子"并不是现在"君子"的含义，而主要指"君王""君主"，如《大学》里有"是故，君子无所不用其极"和"君子贤其贤而亲其亲"。

许慎《说文》释"君"，从尹，从口。"尹"，表示治事；"口"，表示发布命令。合起来的意思是：发号施令，治理国家。《诗经·谷风之什·大东》："君子所履，小人所视。"孔颖达释："此言君子、小人，在位与民庶相对。君子则引其道，小人则供其役。"④《春秋左传·襄公九年》："君子劳心，小人劳力，先王之制也。"此处"君子"当指用政者，"小人"则指老百姓，仍着眼于地位而非道德品质。

---

① 班固著：《汉书》，中华书局，1962年，第3583页。
② 徐复观著：《两汉思想史（第二卷）》，华东师范大学出版社，2001年，第307页。
③ 宋祥：《中国古代劝学文研究》，东北师范大学，2011年博士学位论文，第76页。
④ 阮元校刻：《十三经注疏》影印版，中华书局，2008年，第460页。

"君子"被赋予德性，完全脱离社会地位和身份含义自孔子始。后来不断被孟子、荀子、董仲舒、扬子等人完善和丰富，成为中国人的道德典范。在《论语》中，"仁"成了君子具有的道德系统的核心。然后是"义""礼"，它们一起被建构为儒学的核心系统。《中庸》云："仁者人也，亲亲为大；义者宜也，尊贤为大；亲亲之杀，尊贤之等，礼所生也。"[1] 仁以爱人为核心，义以尊贤为核心，礼就是对仁和义的具体规定。孟子后来延伸为"仁、义、礼、智"，董仲舒扩充为"仁、义、礼、智、信"。这就是所谓的"五常"。这"五常"不仅构成了儒家"君子"这一理想人格的主要内容，也贯穿于中华伦理道德的发展过程，成为中国文化价值观中最核心的元素。

扬雄《法言》的核心思想也正是建立在以"君子"人格为核心的儒家道德体系的基础之上的。通过对《法言》进行词汇检索，我们发现，"君子"人格建构的内涵，依然是"仁""义""礼"等核心要素，而"求为君子"的途径和方法依然是"志于道，据于德，依于仁，游于艺"。

在人格类型的建构上，《论语》主要有"君子""小人"两种人格。虽然提到了"圣人"，但并不是孔子建构的核心人格类型。《述而》说："圣人，吾不得而见之矣；得见君子者，斯可矣。"[2] 孔子认为，圣人虽然是人格的高级类型，但难以做到；君子是比较现实的目标，只要不断地修炼自身，达到道德的较高层级，做君子是可行的。而"小人"基本是与"君子"进行对举的反向人格。"小人"一词在《论语》中出现24次，其中意指"老百姓"的"小人"共4次，表示"无德之人"的"小人"共20次。例如：

> 子曰：君子怀德，小人怀土；君子怀刑，小人怀惠。[3]
> 子曰：君子喻于义，小人喻于利。[4]
> 子曰：君子周而不比，小人比而不周。[5]
> 子曰：君子坦荡荡，小人长戚戚。[6]

可以看到，"君子"与"小人"的主要区分标准在德性方面，包括道德层

---

[1] 朱熹撰：《四书章句集注》，中华书局，2011年，第30页。
[2] 朱熹撰：《四书章句集注》，中华书局，2011年，第95页。
[3] 陈晓芬、徐儒宗译注：《论语 大学 中庸》，中华书局，2011年，第43页。
[4] 陈晓芬、徐儒宗译注：《论语 大学 中庸》，中华书局，2011年，第44页。
[5] 陈晓芬、徐儒宗译注：《论语 大学 中庸》，中华书局，2011年，第20页。
[6] 陈晓芬、徐儒宗译注：《论语 大学 中庸》，中华书局，2011年，第87页。

面、人际关系、自身修养等。

在《法言》中，扬雄在"君子""小人"的基础上扩展了人格类型。按照由高到低，将其分"圣人""贤人""众人"等。《法言·修身》说：

> 天下有三好：众人好己从，贤人好己正，圣人好己师。①
> 天下有三检：众人用家检，贤人用国检，圣人用天下检。②

在这个更加丰富的人格类型系统中，"君子"被置于"圣人"之下，如：

> 圣人虎别，其文炳也。君子豹别，其文蔚也。辩人狸别，其文萃也。狸变则豹，豹变则虎。③

扬雄甚至认为，辩人是可以上升成为君子的，君子也可以上升成为圣人。当然，《法言》也频繁地将"小人"与"君子"对举，如：

> 君子好人之好，而忘己之好；小人好己之恶，而忘人之好。④
> 君子忠人，况己乎？小人欺己，况人乎？⑤

二、君子观——《法言》对《论语》的继承与发展

扬雄《法言》的"君子观"，很大程度上都是对孔子《论语》"君子观"的继承。扬雄仿《论语》著《法言》，意在重振儒学传统。西汉时期，儒学被董仲舒"经学化""谶纬化"偏离了儒学正道。扬雄在《法言》中一方面捍卫儒学正统，将其"圣化"；另一方面也发展了《论语》建立的道德系统，进一步稳固了"圣人之说"。

《法言》在儒家人格道德建构中对孔子《论语》有继承和发展。《论语》的人格建构主要是君子小人"二分说"；而《法言》，如前所述，是多分说，除了

---

① 扬雄著：《扬子法言》，中国书店，2018年，第70页。
② 扬雄著：《扬子法言》，中国书店，2018年，第70~71页。
③ 扬雄著：《扬子法言》，中国书店，2018年，第47页。
④ 扬雄著：《扬子法言》，中国书店，2018年，第290~291页。
⑤ 扬雄著：《扬子法言》，中国书店，2018年，第298页。

君子小人，还有圣人、贤人、辩人、众人。在论及"圣人"方面，不同的是，孔子在《论语》中认为，"圣人"是"今人"无法达到的，而扬雄则认为，"圣人"是可以达到的。

据统计，《法言》提及"圣人"一词达66次，在扬雄眼中，"圣人"就是孔子那样的人，是教化君子的人。他说："是以君子贵迁善。迁善者，圣人之徒与？"又说："仲尼，圣人也，或者劣诸子贡。"扬雄甚至认为，君子是践行圣人之道的，"好尽其心于圣人之道者，君子也"①。又说"圣人乐陶成天下之化，使人有士君子之器也"②。通过寻绎《法言》，我们基本可以界定，扬雄所讲的圣人，包括尧、舜、禹、汤、文、武、周公和孔子等人。《学行》说："学之为王者事，其已久矣。尧、舜、禹、汤、文、武汲汲，仲尼皇皇，其已久矣！"③

不过，《法言》依然坚持以"君子"为人格核心，坚持《论语》中"君子"的德性方向，依然坚持将"礼义"等作为"君子"德性的主要内容。《问明》说："君子以礼动，以义止，合则进，否则退，确乎不忧其不合也。"又说："《玄》何为？为仁义。"《问道》说："君子德名为几。"在论及五常时，扬雄说："仁，宅也；义，路也；礼，服也；智，烛也；信，符也。处宅、由路、正服、明烛、执符、君子不动，动斯得矣。"这是发展了孟子的思想。《孟子·离娄》中说："仁，人之安宅也；义，人之正路也。旷安宅而弗居，舍正路而不由，哀哉！"④扬雄在《问道》中说："道、德、仁、义、礼，譬诸身乎？夫道以导之，德以得之，仁以人之，义以宜之，礼以体之，天也。合则浑，离则散。一人而兼统四体者，其身全乎！"

不同的是，扬雄《法言》不再像孔子那样系统阐述"仁爱观"，《法言》中直接论及"仁"的内容少了很多。很显然，扬雄在《法言》中是将"仁""德"明晰成了德性的诸多具体内容，如礼、义、智、信、勇等。

扬雄在"君子"的素养含义上继承了"德才兼备，以德为主"的认识和评价观。在人性论上，扬雄摆脱了孟子性善论和荀子性恶论的二元对立。他说："人之性也善恶混。修其善则为善人，修其恶则为恶人。"扬雄认为，人性中，善与恶两方面都是存在的。"混，杂也。荀子以为人性恶，孟子以为人性善，

---

① 扬雄著：《扬子法言》，中国书店，2018年，第146页。
② 扬雄著：《扬子法言》，中国书店，2018年，第203页。
③ 扬雄著：《扬子法言》，中国书店，2018年，第23页。
④ 朱熹撰：《四书章句集注》，中华书局，2011年，第263页。

而扬子以为人性杂。"① "视、听、言、貌、思,性所有也。学则正,否则邪。"在扬雄看来,人性包含了原始的情欲冲动,有为善为恶的可能。扬雄认为人性有"好善恶恶"的一面,"人之所好而不足者,善也;人之所丑而有余者,恶也"。善恶是"性之所之","天下有三门:由于情欲,入自禽门;由于礼义,入自人门;由于独智,入自圣门"。扬雄认为,通过自我提升可以"成人""成圣"——通过学习礼义,成为君子;通过学习过人的智能,成为圣人。

在《法言》中,德性是(包括仁义礼智信)成为"君子""小人"的主要分野,也自然是认识评价的主要标准。《法言·渊骞》:"君子绝德,小人绝力。或问绝德。曰:舜以孝,禹以功,皋陶以谟,非绝德邪?"

扬雄也像孔子一样,用"玉"来比喻君子之德。《礼记·聘义》:

> 夫昔者君子比德于玉焉:温润而泽,仁也;缜密以栗,知也;廉而不刿,义也;垂之如队,礼也;叩之其声清越以长,其终诎然,乐也;瑕不掩瑜、瑜不掩瑕,忠也;孚尹旁达,信也;气如白虹,天也;精神见于山川,地也;圭璋特达,德也。天下莫不贵者,道也。《诗》云:"言念君子,温其如玉。"故君子贵之也。②

可以看出,玉的"仁、知、义、礼、乐、忠、信、天、地、德、道"等"十一德"恰好是君子的德性内容。《法言》中,扬雄也用"玉"来比喻君子之德:

> 或问"君子似玉"。曰:"纯沦温润,柔而坚,玩而廉,队乎其不可形也。"③

他强调君子品德的"纯沦"(纯粹),也强调"君子全其德",君子需要长期不断地修习德行。"常修德者,本也;见异而修德者,末也;本末不修而存者,未之有也。"(《孝至》)

扬雄在实现"君子"人格的方法和途径上对前代有继承和发展。《法言》坚持了"学"是达到"君子",不断提升自我的主要手段。《论语》首章是《学

---

① 汪荣宝著:《法言义疏(上)》,中华书局,1987年,第85页。
② 陈澔注,金晓东校点:《礼记》,上海古籍出版社,2016年,第699~700页。
③ 扬雄著:《扬子法言》,中国书店,2018年,第285页。

而》,《法言》首章是《学行》。在孟荀两家思想的倾向上,扬雄更多地倾向孟子,他主张法先王,称"不合乎先王之法者,君子不法也",也直言不讳地宣扬"窃自比于孟子"。这自然区别于荀子的法后王,但扬雄在学习论方面,却与荀子很是相似,《法言》开篇就说:"学,行之,上也;言之,次也;教人,又其次也;咸无焉,为众人。"并且后来又说:"学者所以求为君子也。求而不得者有矣夫,未有不求而得之者也。"这与《荀子·劝学》中"君子曰:学不可以已"和"君子博学而参省乎己,则知明而行无过矣"是一脉相承的。

与孔孟荀一样,扬雄依然持"学为修身"的思想。"学者,所以修性也。"《说文》曰:"修,饰也。"《礼记·大学》有"修道之谓教",郑玄注:"修,治也。"(《礼记正义》卷五十二)又《礼记·学记》:"君子之于学也,藏焉,修焉,息焉,游焉。"郑玄注:"修,习也。"(《礼记正义》卷三十六)

《法言》中,"学""修""习"等词汇几乎是等义的,即"学习"。"人而不学,虽无忧,如禽何?"扬雄认为不学之人虽无忧,但也和禽兽差不多了。又比如"习乎习!以习非之胜是也,况习是之胜非乎"。《学行》说:

> 或曰:焉知是而习之?曰:视日月而知众星之蔑也,仰圣人而知众说之小也。学之为王者事,其已久矣,尧、舜、禹、汤、文、武汲汲,仲尼皇皇,其已久矣。①

为了说明学习能够塑造人本性的道理,扬雄在《法言》中用了很多形象生动的比喻。

> 或曰:"学无益也,如质何?"曰:"未之思矣。夫有刀者砻诸,有玉者错诸,不砻不错,焉攸用?砻而错诸,质在其中矣。否则辍。"②

他以"砻刀"和"错玉"来比喻人性可以通过后天的学习和自我锻炼而"迁善",认为学习对于人性品德的意义,就像"砻""错"对于刀和玉一样,人只有经过学习和修炼才能成为君子。他还形象地把学习对人本性的塑造比喻为铸造人。《学行》:

---

① 扬雄著:《扬子法言》,中国书店,2018年,第22~23页。
② 扬雄著:《扬子法言》,中国书店,2018年,第14~15页。

> 或问："世言铸金，金可铸与？"曰："吾闻觌君子者，问铸人，不问铸金。"或曰："人可铸与？"曰："孔子铸颜渊矣。"或人踧尔曰："旨哉！问铸金，得铸人。"①

"砻""错""铸"与"学""修""习"一样，就是不断向圣人学习，提升自我德行。

扬雄还强调学习的重要性，并且强调知行合一、学以致用。"学，行之，上也"，学习能践行、运用是上等的，"是以君子强学而力行"，也强调学与思结合，"学以治之，思以精之"。扬雄认为，学习还需要借助老师的教，"务学不如务求师"。还主张多见多闻，"多闻则守之以约，多见则守之以卓。寡闻则无约也，寡见则无卓也"。

三、"求为君子"的现代教育启示

《汉书·扬雄传》记载：

> 雄见诸子各以其知舛驰，大氐诋訾圣人，即为怪迂析辩诡辞，以挠世事，虽小辩，终破大道而惑众，使溺于所闻而不自知其非也。②

扬雄认为，之前的儒学出现了危机，到了必须纠正诸子乖离圣学，重新确立儒学权威地位的时候。因此扬雄撰写了《法言》。他在《法言·序》中说："天降生民，倥侗颛蒙，恣乎情性，聪明不开，训诸理。"又说："君子为国，张其纲纪，谨其教化。"很显然，《法言》的立意是"立政鼓众，动化天下"。

但作为一部儒学思想著作，《法言》也有丰厚的教育学内涵。它捍卫了正统儒学的精神，也捍卫了孔孟荀建立的道德伦理价值和教育观。从教育的视角看，《法言》建构了后世儒学教育的基本思想体系。在教育的作用方面，提出"学者，所以修性也"。这与当下教育提出的"立德树人"的精髓相合。

关于教育的目标，扬雄明确提出"求为君子"，而"君子"则要向圣人学习。《寡见》说：

---

① 扬雄著：《扬子法言》，中国书店，2018年，第19页。
② 班固著：《汉书·扬雄传》，中华书局，1999年，第2652~2653页。

好尽其心于圣人之道者，君子也。人亦有好尽其心矣，未必圣人之道也。多闻见而识乎正道者，至识也；多闻见而识乎邪道者，迷识也。①

扬雄指出，把人培养成"君子"才是教育之目的。

在学习内容方面，扬雄继承发展了孔子的包括五常在内的德性思想。前有论述，兹不赘言。

在教师论方面，扬雄首次确立了"师"在"求为君子"的教育活动中的地位。《法言·学行》中说："师哉！师哉！桐子之命也。务学不如务求师。师者，人之模范也。"② 桐子即童蒙接受教育之人，李轨注曰："桐，洞也。桐子，洞然未有所知之时。"③ 其实，桐子即童子，就是今天所讲的未成年人。在扬雄看来，童子的命运，掌握在教师的手里，取决于教师的教育。人要长进、要成为君子就必须从师学习，得到老师的指导。"师者，人之模范也"④，规定了教师的职业角色和标准。在扬雄眼中，教师是学生效法的榜样，在为人处世、修身治学等各个方面起到表率作用。他批评当时教育中的不正之风，指出很多老师都没有做好童子的模范："模不模，范不范，为不少矣。"⑤ 又说：

一閧之市，不胜异意焉；一卷之书，不胜异说焉。一閧之市，必立之平。一卷之书，必立之师。⑥

扬雄意在阐明，要学习诗书，就得依靠老师的教导。《问明》说：

或问："小每知之，可谓师乎？"曰："是何师与？是何师与？天下小事为不少矣，每知之，是谓师乎？师之贵也，知大知也。小知之师亦贱矣。"⑦

---

① 韩敬译注：《法言》，中华书局，2012年，第171~172页。
② 韩敬译注：《法言》，中华书局，2012年，第10页。
③ 扬雄著：《扬子法言》，中国书店，2018年，第20页。
④ 扬雄著：《扬子法言》，中国书店，2018年，第21页。
⑤ 扬雄著：《扬子法言》，中国书店，2018年，第21页。
⑥ 韩敬译注：《法言》，中华书局，2012年，第11页。
⑦ 韩敬译注：《法言》，中华书局，2012年，第144页。

逻辑自洽与视域融合
——中学语文经典文本研究

扬雄贬斥那些"小每知之"便自命为师的人，认为这些人怎么可以算作教师呢？又说："天下小事为不少矣，每知之，是谓师乎？"他主张能知道天下小事的人不能算教师。他主张教师最根本的要求应是在任何情况下都能行其义、彰其道，做到"事不厌，教不倦"。他提出"师之贵也，知大知也"，所谓的"大知"，即要求教师要掌握圣人之道，强调知识的全面性。无疑，对那个时代，甚至对今天，在关于教师的职业操守、专业技能等各方面都有深刻的启发。

唤醒研究意识　走向成长自觉

长期以来，在基础教育阶段的教师群体中都存在一种争论：中学教师该不该做研究。包括一些有影响力的教育名人都在大声疾呼，要求取消教师职称评定中对教师研究论文的考核规定。不少人的理由是，教育教学研究是高等学校教师的事，基础教育把教学搞好就行了，搞研究会对教学造成冲击，超出教师能力水平，增加教师负担。但是，一个问题是，假设基础教育工作者不搞研究，谁来研究基础教育教学中的问题，谁来推动基础教育的改革和发展呢？让大学教师来做吗？他们没在教学一线，会不会造成研究失真？

上述假设的不可行，说明了一个道理：基础教育的事情更需要基础教育教师来做，基础教育教学研究也应该是题中应有之义。那么，为什么很多基础教育阶段教师反感或者反对搞研究呢？排除工作负担加重这一个客观问题，我们在调查中发现，困扰基础教育阶段教师的最关键问题是教师自身研究能力缺乏，具体表现为缺乏研究意识，没掌握好研究方法，没经过规范的科学研究指导和培训，研究者理论水平低、学养积淀不厚，等等。所以，提升中学教师科研能力需要从主客观两面给力，促进基础教育教师从事科学研究工作，让基础教育研究更有根、更有底气、更有生命力。

不少教育家都对教师要树立研究意识有过迫切的期望。苏霍姆林斯基在《给教师的建议》中写道："提倡教师在日常生活中做一些研究工作。"[1] 知名教育家李镇西认为："把难题当课题，是最真实也最有价值的教育科研！课题研究不是做给谁看的，而是我们教育本身的需要，或者它就是教育本身。"[2]

那种无视和轻视教育科研的认识确乎是错误的。从国家层面讲，基础教育改革需要大量的教育研究成果来提供学术支撑和决策依据；从学校层面讲，科研是学校教育教学工作高质量运行的助推器和发动机；从教师层面讲，科研是

---

[1] 苏霍姆林斯基著，杜殿坤编译：《给教师的建议》，教育科学出版社，1984年，第483页。
[2] 李镇西：《要搞真科研》，《新课程研究》，2013年第1期，第86页。

促进教师专业成长的必然路径。我们知道，科研水平已经成为衡量国家综合实力的主要指标，教师的研究能力也自然成了专业成长的重要内容。

一、科研——为教学树立高度

在学校管理系统中，教学与科研如鸟之双翼、车之两轮，是辩证统一的关系。自两百多年前，威廉·冯·洪堡明确提出"教学与科研相统一"的原则后，教学与科研的辩证关系就深入人心。洪堡指出，教学活动不能脱离对科学的具体探讨过程，否则教学就变成了空洞的教条传输，这样就束缚了人的潜能，而达不到对人类智慧潜能的尊重。虽然洪堡提出这一建议主要是就大学建设而言的，但推演到中小学也是有启发意义的。我们可以这样来理解德育、教学、科研三者的关系，德育、教学是科研的内容，科研为德育、教学提供发展和创新的动能。基于此，我们可以建立一个学校管理系统的框架，如图1所示。

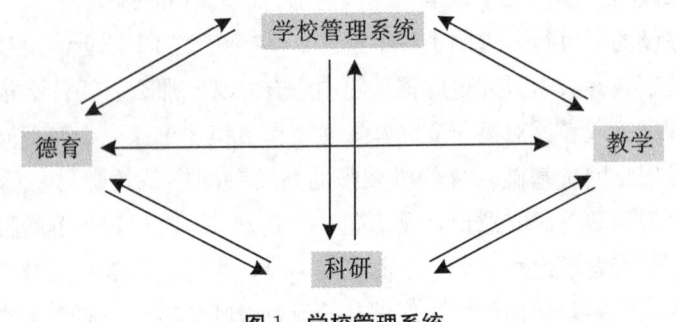

图1 学校管理系统

中央教育科学研究所朱小蔓女士曾提出了一个"教师素质公式"，我们可以在此基础上提出一个教师专业素养成长的公式：教师专业素养＝教学水平（长）×专业知识（宽）×研究能力（高）。在这个素养公式中，我们认为，研究能力是教师专业素养的"高度"，一个教师的素养大厦是否巍峨，是否能鸟瞰俯视教育全貌，是否能"一览众山小""不畏浮云遮望眼"，根本上取决于这个教师研究能力的"高度"，要看这个教师会不会站在研究立场去思考教育和教学方面的问题。

其实，这个"高度"并非高不可攀。它可以是理论的，也可以是实践的；可以是宏观的，也可以是微观的；可以是思辨的，也可以是叙事的。形而上，我们可以从教育教学改革的顶层设计角度去思考问题，回答时代之问；形而下，我们可以研究教育教学管理和教师的教、学生的学等具体而微的做法，从实践中总结经验，实现教学科研的校本化。

作为中学教师，最基本的研究内容有德育研究、学科教学研究、教材研究、学生研究、自我研究等。具体到学科，比如语文学科，可以有语文学科核心素养与育人方式研究、语文阅读教学研究、写作学研究、学生语文学习问题策略方法研究、文本解读研究、考试研究等。我们还可以深入具体文本进行研究，研究教材解读、课堂教学设计、文本争鸣，等等。

从众多名师的成长历程看，他们大都是从普通型教师成长为经验型教师，再到研究型教师，最后成为专家型教师，完成从"教书匠"到教育家的蜕变。这之中，研究是非常重要的一个台阶，许多教师止步于"师"，正是因为他们只满足于教学实践经验的累积，只停留在怎样教、如何教好的"术"的层面，未能深入思考"道"的问题：为什么这样教？教育学依据是什么？为什么能教好？如果能带着这样的问题，教师通过读书、思考、研究、实践、总结，将感性认知和理性思辨结合起来，并最终形成属于自己的成果，一个具体而完整的科研行为也就完成了。

郑金洲在《教师做科研的十条建议》中说，教师从事教育科研活动，是改进职业生存方式、提升教育教学水平的重要举措，是形成教育智慧的主要手段，是教师专业化发展的必然途径。[1] 教育科研能力是一种高级的、来源于教育实践而又有所超越和升华的创新能力，也是一位教师的综合能力的体现。新时代教育需要的不再是传统意义的学究式教师，而是能探讨育人规律，反思自身的教育实践，向学者型、研究型、专家型教师发展的新型专业化教师。

二、问题——为研究寻找切口

一切研究都以解决问题为目的。科研的起点就是发现问题，问题往往是驱动我们对某一观点进行思考、实践、批判乃至创新的动力。课堂教学是教师的生命舞台，也是教师生成问题的地方。教师应该做有心人，从实践中反思理念、言论与行动，勤于聚焦和研究自己的课堂与学生，在教育教学中及时发现问题，从而提炼出有价值的教育教学研究课题。

在教育科研领域，有一个众所周知的观点："问题即课题。"优秀的教师总是能够经常发现问题，并将这些问题拎出来，认真分析，不断追问，发现问题

---

[1] 郑金洲：《教师做科研的十条建议》，《人民教育》，2008年第5期，第45~49页。

的实质,并且加以提炼,最终形成研究课题。这个课题就是教育科研的切入点,也是教育研究的起点。

接下来就进入了第二个阶段,也是研究的核心阶段。针对问题进行教学实践探索,也就是我们通常讲的实验或者实证。"教学即研究",教室可以看作教师进行课题研究的试验室,课堂就是师生交流、碰撞的实验场景,我们在课堂上所采取的一些教学方法,就可以看作教育课题深入推进的方法。当然,课题研究不仅仅止于课堂,还可以在课堂之外,实施教育的场景,都可以是教育科学研究的场所。从这个意义说,教师一旦进入校园,就进入了课题研究的状态,教师平时的工作状态就是课题研究的状态。苏霍姆林斯基一生写了40多本书,600多篇论文,1000多篇供儿童阅读的童话、故事和短篇小说。在他35年的教育生涯里,没有脱离过教育教学的第一线。他也没有很高的学历,18岁当农村小学教师。29岁开始,担任乌克兰一所农村学校——帕夫雷什中学的校长。每天早晨5点至8点从事写作,白天去课堂上课、听课、当班主任,晚上整理笔记,思考一天工作中遇到的问题。

从宏观出发,教师可以从五个方面提出研究的问题:一是从教育发展需要提出问题,二是从学科建设需要提出问题,三是从教育实践中提出问题,四是从当前国内外教育信息的分析总结中提出问题,五是从不同学科的交叉点中提出问题。其实,中学教师更应该从自己最熟悉最擅长的微观角度去发现问题,即所谓"角度要小,挖掘要深"。比如,高中语文教师拿到文本《荷塘月色》,首先应在研读文本中发现问题、提出问题,例如"为什么会颇不宁静""为什么忽然想起采莲的事情来了"等。这些问题有些涉及文本的思想情感内核,有的涉及散文的写法和技艺,是一些微观的文本问题探究。如果逐渐深入下去,我们还可以带领学生研究《荷塘月色》一文中引用的几处古诗文,然后把《爱莲说》《清塘荷韵》等篇章组织成群文来进行比较鉴赏,甚至我们可以就"莲文化"进行专题研讨,来一次深度阅读,在一个个问题串上努力掘进之后,我们最终会发现,这样的研究过程会产生许许多多的副产品——研究成果。

在教学中多问几个为什么,紧紧围绕"教什么""为什么教""怎样教"来审视我们的教学实践,相信科研的乐趣、成就感以及幸福感就会逐渐来到我们身边。

三、写作——为成长撬动杠杆

教育写作是教师职业生命最为重要的活动之一,也是教师的基本功。优秀教师往往都需要用作品说话，教师的成功不仅体现在课堂上，也跟教育的传播力关联在一起。教师需要通过写作的方式归纳、总结、提炼自己的教育经验，传播自己的教育理解力，形成对教育更深入系统的思考能力。写作本身对自己的专业阅读、职业认同、生命领悟力都有巨大影响。

从事研究性写作是教师专业成长的必经之路。小到教案和读书笔记，大到论文和课题报告，一个不能写作的研究者是有缺憾的。就教育研究而言，当研究渐趋成熟后，成果需要进行总结和推广，写作和表达就尤为重要。教师应当是优秀的表达者，著名的教育家大多不只是优秀的实践者和创新者，更是优秀的表达者。

范·梅南认为，研究不只是涉及写作，研究就是写作。学者肖川在《我们为什么要写作》中指出："造就教师的书卷气的有效途径，除了读书，大概就是写作了。写作最能体现一个人的综合素质。"[①] 魏书生、李镇西、李希贵、窦桂梅等老师，工作在一线，笔耕不辍，著作等身，影响巨大。毫无疑问，写作能促进教师阅读和思考，磨砺语言的锋芒也检验思想的严谨，既是研究者的自我证明，也是成果的对外展示。

教师的研究性写作可以分为三个层面：一是反思性教育教学笔记，如教育日记、教育叙事、教育随笔等。叶澜教授说，一个教师写一辈子教案不可能成为名师，如果一个教师写三年教学反思笔记就有可能成为名师。二是教育教学案例研究，如上课实录、课例评述、课后反思等。三是论文和专题报告。三个层面是递进式的。一个年轻教师，可以先从反思性教学笔记写作做起，逐渐积累实践案例和教学经验，在不断吸收和内化过程中，再进行典型案例研究，尝试运用一定的教育教学理论去思考、分析、判断、评价课的得失。这样，在某一天，当他对教育教学中的某个重大问题有了深入思考和系统认知时，蜕变就开始了，一个年轻教师就成了一个研究型教师，他就可以做课题研究，撰写科研论文，甚至出版专著。

来到21世纪，教师正式进入了需要具备"专业精神，专业知识，专业技能，专业发展能力"四种素养的专业化时代。教师专业化成长已成为国际教师教育改革的趋势。在我国，随着新课程改革的深入推进，教师专业化成为紧迫的任务。做个研究者，做个有思想的教育家也就成为教师专业成长的责任和担当。只有人人都是科研员，人人争当教育家的局面出现时，"教育的春天"才会来临。

[①] 肖川：《我们为什么要写作》，《小作家选刊》，2007年第4期，第42页。

"文化自信"立意下的语文校本课程建设

《普通高中语文课程标准（2017年版2022年修订）》将"文化的理解与传承"列为学科核心素养，将学习目标定位为："继承和弘扬中华优秀传统文化、革命文化、社会主义先进文化，理解和借鉴不同民族和地区的文化，拓展文化视野，增强文化自觉，提升中国特色社会主义文化自信，热爱祖国语言文字，热爱中华文化，防止文化上的民族虚无主义。"[1]

当前，新课程改革正稳步推进，建构完备的课程体系、促进学科课程深度发展成为学校课程建设的重要课题。贯彻新的课程理念，借助已有的成功经验是校本课程建设的基本策略；做好顶层设计，探索实施路径，建构课程范型则是主要任务；在此基础上，优化、改进校本课程建设思路，建设与新课程、新教材相匹配的校本课程样态，就成为学校文化力建设的重中之重。

一、语文校本课程的问题描述和价值

校本课程是以学校为课程编制主体，自主开发与实施的一种课程，是相对于国家课程和地方课程的一种课程模式。作为三级课程体系的重要内容，校本课程长时间处于尴尬的境地：一是成为国家课程和地方课程的点缀，被边缘化。未被列为课程计划，教学活动也是偶尔为之，课程缺少系统规划，教材建设不足，课程评价流于形式。二是课程教学被狭隘化。要不拿某个科研选题充作课程，要不将之等同于研究性学习，课程的"校本化"个性模糊。三是成了地域历史、经济、人文宣传的看点，被消费化。聘请校外专家做点本土文化知识普及，开几场讲座，校本课程看似"高大上"，实则是蜻蜓点水，深度、广度严重不够。

---

[1] 中华人民共和国教育部：《普通高中语文课程标准（2017年版2022年修订）》，人民教育出版社，2020年，第5页。

可以说，上述的这些"校本课程"并不是真正的"课程"。完整的课程由确定的教学内容（如教材）、专任的教学人员（学科教师）、固定的教学时间（课时）和教学效果评价机制（如测试系统）构成，上述的"校本课程"在课程要素方面都有一些缺失。作为完整的课程系统的"必要补充"，校本课程不光没有牢固守住自己的"必要"的地位，就连"补充"都流于形式，丧失了作为一门课程的完整性、独立性和自主性。

我们认为，要做好语文校本课程建设，首先得认识语文校本课程的价值和意义。语文校本课程的基本价值与国家课程相同：一是基于"文化自信"的课程立意，二是基于语文要素学习的活动形式。除此之外，还有一个独特的"个性化"价值，那就是基于乡土地域的情感认同。

（一）基于"文化自信"的课程立意

文化是国家、民族的软实力。从宏观层面看，校本课程建设肩负国家、民族文化使命，通过"文化的理解与传承"吸纳、扬弃、创新文化，从而推动文化复兴，增强文化自信。这一点，在新教材中有充分体现，《普通高中语文课程标准（2017年版2022年修订）》18个学习任务群中，涉及"文化"核心概念的任务群达七个，其中"中华传统文化经典研习""中国革命传统作品研习"既是选择性必修也是选修的内容，其课程意在文化立人。此外，语文学习任务群还设有"当代文化参与""跨文化专题研讨""科学与文化论著研习"等必修和选修内容，其目的是通过文化比较开拓文化视野，增进文化理解，培养兼容并包的文化精神，从而形成文化判断力，激发文化创造精神。无疑，这给语文校本课程建设提供了参照和指引——校本课程也要立足文化立意，通过校本的文化资源形成课程内容，以培养文化自信力为课程目标，教学行为围绕"文化"展开，素养培育指向文化的理解与传承。结合语文学科性质，我们基本可以为语文校本课程定位——其应是一种以言语学习为内容，以文化素养为目标，来源于校本资源的语文课程。

（二）基于语文要素的学习形式

凡是语文课程，都得围绕语言实践活动展开。作为语文课程系统的一部分，语文校本课程也不例外。丰富语文的学科功能，培育语文核心素养，落实基本知识、必需的语文能力、学习策略和学习习惯等语文要素也是语文校本课程的使命。从宏观的角度看，语文校本课程具有的鲜明的乡土个性是最亲切的语言样本，它可以丰富课程内容，实现国家课程、地方课程、校本课程的三足支撑，有利于课程体系形成完美、稳固的架构；从微观的角度看，它是一块学校、教师的"自留地"，学校和老师可以"种自己喜欢的花"，这样的课程有利于激发教学者与学习者的兴趣，提升文化认同感。比如，通过开发本土文史资源来推进古代诗文阅读，既落实了对语文要素的学习，也无疑加深了学习者对本土人文内容的理解，可谓一石二鸟，一举两得。

（三）基于乡土文化的情感认同

乡土是每个具体的人的情感皈依地，也是学校赖以生存和发展的土壤。了解乡土，增强热爱故乡的情感，传承乡土文化是学生和学校的重要使命。乡土文化是特定地域的风土人情、历史文化长时间沉淀下来的物质和精神财富的反映。校本课程建设必须乡土化，回归乡土是课程建设的重要路径选择。而课程建设的目标之一就是了解和掌握乡土文化，对乡土文化产生感情，进而反哺乡土文化。不同地域的乡土文化既是民族文化的组成部分，也具有区别于其他地域的丰富个性，实施校本课程就是在保护推介这些优秀的文化"土特产"，在文化传承中播下"种子"，促进地域文化价值认同和情感归依。

二、语文校本课程资源的开发策略和实施原则

（一）发掘本地域历史文化富矿是课程资源开发的基本原则

郑金洲在《走向"校本"》中这样说：所谓校本，一是为了学校，二是在学校中，三是基于学校。[1] 结合本地域历史文化状况，围绕学校这个圆心就可以划定校本课程资源开发的三个圈层。最里面的是学校，往外扩大为本地行政区域，再扩大为地市级行政区域。这样基本保障了课程资源的够质足量，也实现了与地方课程和国家课程的边界交融。

以四川省成都市郫都区某校为例，核心层的校本课程资源可以源自对本校的西汉何武（校内有何武墓）、岷阳书院（学校前身为清乾隆年间所建的岷阳书院）等历史文化资源进行挖掘和整合，在新生入学时，指导他们学习《岷阳书院碑记》全文，弘扬儒家"立身行己、明体达用"的教育精神；学习《汉书·何武传》相关内容，阐释"公平正义"的法治思想。

再往外面扩展到第二层，就可以纳入"望丛二帝"等古蜀文化内容，将西

---

[1] 郑金洲：《走向"校本"》，《教育理论与实践》，2000年第6期，第12页。

汉思想家、文学家扬雄及其著作纳入校本课程学习范畴。比如开设"望帝啼鹃典故源流考察"专题学习课程，举办扬雄《法言》等经典诵读活动。而这些课程资源都依托古代历史、诗文等文献资料，既包孕着多样的语文要素，体现语文学科特性，又有丰富的人文性，指向立德树人目标，是不可多得的校本课程资源。

如果将校本课程资源扩展到第三层——地市级区域，语文校本课程的视野就扩大到了成都市以及周边地区。杜甫与草堂文化、武侯祠与三国文化、都江堰与水利文化、青羊宫文殊院与宗教文化、青城山与山水文化，不一而足，可谓处处有文化；司马相如、扬雄、李白、杜甫、常璩、杨慎等人文巨擘代代崛起，灿若星河。丰富的人文资源可供课程开发者尽情利用、挖掘、研究、传播。如前述学校的校本课程"杜甫与成都"，通过对杜甫入蜀后的生活经历进行梳理，在240首入蜀诗歌中选择《蜀相》《登楼》《江村》《茅屋为秋风所破歌》《春夜喜雨》《客至》等实施教学，让学生体悟诗歌与城市相映生辉的人文佳话，了解诗圣的苦与乐，深切认识诗人孤高劲节的人格形象。

（二）"请进来走出去"是课程实施的基本原则

校本课程是国家课程、地方课程的补充，也是一个独立自主的课程系统。开发和编写教材是实施课程的第一步，也是课程开发的基础。比如，某百年老校组织编写了校史，编撰了乡土教材《望丛与古蜀文化》。与部编本高中语文教材进行衔接，遵照"中华传统文化经典研习""中国革命传统作品研习"等学习任务群开发了"严君平'老子指归'与扬雄'太玄'""'郫县志·人物'之'黎冠英传''解固基传'"等课程。

课程实施必须秉持开放的精神。校本课程"扬雄《法言》中的君子"聘请了大学教授、扬雄研究专家授课，学习期间，线上观摩了"西道孔子·首批四川历史名人第三届扬雄高峰论坛暨四川省扬雄研究会第四届学术会议"，之后学生参观了子云书院、扬雄墓，举行了主题游学活动，开展了诸如"扬雄对儒家思想的贡献"等一系列课题探究，组织学生撰写小论文，课题主持人在此基础上公开发表了《扬雄〈法言〉中的君子观》等学术论文。

三、语文校本课程的实施路径和教学范型

(一) 三个实施路径

课程内容一旦确定,校本课程开发面临的另一个关键问题就是如何设置清晰而具体的任务来驱动语文学习活动。用新课程"学习任务群"的理念来设计课程实施教学是极其有效的策略。《普通高中语文课程标准(2017年版2020年修订)》明确语文教学要"以语文学科核心素养为纲,以学生的语文实践为主线,设计语文学习任务群"。普通高中语文课程标准研制组组长王宁教授认为:"实际上,学习任务群就是一种课堂教学……这种课堂教学形式还是要阅读、要写作,学生还是要做语文活动那三条——阅读与鉴赏、表达与交流、梳理与探究。"① 设计学习任务群依然是语文校本课程建设的基本理念。

《普通高中语文课程标准(2017年版2020年修订)》在实施建议中对"课程资源的利用和开发""地方和学校实施本课程的建议"做出了原则性要求:在课程实施上要紧紧围绕"立德树人"根本目标,坚持以阅读与鉴赏、表达与交流、梳理与探究等实践活动为主的教学方式,综合性评价学生的语文素养。这其实是在指明校本语文课程的三个实施路径:阅读与鉴赏、表达交流、综合探究。第一个路径立足于"读和赏",如研习《汉书·扬雄传》《蜀王本纪》《汉书·何武传》《法言(选读)》《"杜鹃诗文"汇编》,依照国家课程"语文阅读教学"的基本理路设计"古代语言积累""史传人物写作技法""儒家经典语录研习""诗文赏鉴方法"等学习任务群,进行语文核心素养培育。第二个路径立足于"写和说",在学习活动中,可以设计"为人物撰写评传""撰写诗歌鉴赏文章""《法言》君子观与《论语》君子观异同辩论"等任务群。第三个路径立足于"研和探",主要是设计综合性实践活动,包括文化考察、实地游学、课题探索、学术指导、成果展示……在这样的任务活动中,学生初步了解到学术研究的基本流程、方法,质疑、思辨、假设、求证、批判、创新等高阶思维得以激发和训练。

(二) 三种教学范型

通过整合教学活动的内容与形式,语文校本课程的教学实施就有了三种教

---

① 王宁:《通向语文核心素养的学习任务群》,《七彩语文(中学语文论坛)》,2019年第3期,第9页。

学范型：以阅读、鉴赏为主的文学教学范型，以写作、辩论、交际等为主的语用教学范型，以梳理探究为主的实践教学范型。三种范型可以侧重其一，也可以综合交融。

　　校本课程"说说'望帝啼鹃'"综合交融了多种课程教学范型。按照学习任务群的基本理念，课程分为三个大的学习任务："望帝啼鹃"的历史生成、"望帝啼鹃"的文学影响、"望帝啼鹃"与古蜀文化探究。"望帝啼鹃"的历史生成立足文献的梳理整合属于以语言要素学习为主的语用教学范型，"望帝啼鹃"的文学影响属于以阅读鉴赏为主的文学教学范型，"望帝啼鹃"与古蜀文化探究属于以梳理探究为主的实践教学范型。根据如前论述，我们建构了"说说望帝啼鹃"课程范型，详情见表1。

表1　"说说望帝啼鹃"课程范型

课程	一级任务	教学范型	二级任务	活动项目	教学组织
说说望帝啼鹃	历史生成	语用	1. 典故出处 2. 得名来历	1. 查阅文献 2. 读懂文献 3. 筛选整合	小组合作
	文学影响	文学	1. 意象的原初意蕴 2. 诗歌用典艺术 3. 悲愁的符号化	1. 梳理文献 2. 赏鉴品析 3. 讨论探究 4. 撰写文章	小组合作 展示分享 研习讨论
	古蜀文化探究	实践	1. 古蜀历史探源 2. 巴蜀图语探秘 3. 三星堆、金沙遗址、望丛文化的关联 4. 谜题与猜想	1. 文献阅读 2. 文化考察 3. 研讨发现 4. 成果撰写	综合实践 合作探究 成果发布

　　上述课例将课程分为三个一级任务，在一级任务版块下，细分若干二级甚至三级任务，通过多样的教学活动和组织形式对课程内容进行有效实施，形成完整的教学链路。三个一级任务分别侧重三种教学范型，再细分为九个二级任务，通过查阅文献、梳理典故的发展演变线索等11个学习任务驱动课程走向深入，最终"生成"了学习"创见"，如"望帝啼鹃"典故的最早传播者是西汉思想家、文学家扬雄；"杜鹃"意象在后世文学家不断书写中嬗变为泛化了的"悲愁"符号。

四、语文校本课程建设的思考

校本课程作为完整课程体系中的必备内容,其价值和意义自不待言。一个没有校本课程的学校课程体系是残缺不全的。校本课程建设是个综合工程,从课程资源的发掘、选择、整合,到教材的加工编撰,再到教师对教学内容的设计,最后是教师的教学实施和教学评估,需要多方合力参与和支持。但校本课程建设绝非易事,就学校层面而言,校本课程建设既是挑战也是机遇,需要高度重视、统筹规划、精心组织,在教材开发、课程设置、课时分配、评价机制等方面进行自上而下的管理和协调。就教师而言,校本课程建设是一次教材重构和教学创新的历练过程,需要不断学习和探索。就学生而言,利用身边的"文化因素"来培养学生语文素养,树立家国情怀,深化"文化自信",校本课程是最亲切、最真实、最"接地气"的沉浸式学习活动。因此,校本课程建设,学校是保障,教师是核心,学生是目标。

语文校本课程建设有两个着力点:一是本校本土语文课程资源的挖掘开发。校方可以成立课程小组,依靠地方志寻找历史文化和语文要素融合的课程资源,独立进行教材编写,如前述学校编写的《地方文史读本》;也可利用已有的学术成果进行课程资源整合,如《〈法言〉选读》课程就选用了西华大学纪国泰先生的著作《扬子法言今读》。二是语文校本课程要突出实践性和活动性特征。充分依靠学生,坚持学生中心;充分组织活动,坚持活动为主。

最后说说课程评价。语文校本课程评价主要包括课程实施后教师的教学评价和学生的学习评价。教师的教学评价是总结反思语文校本课程的重要内容,其目的在于促进教师的专业化发展。是否符合新课程理念、体现育人目标、落实语文核心素养都是重要指标。学生的学习评价则要体现过程性、发展性和形成性,侧重实践活动的参与度,通过建立语文核心素养的评价量表来引导学生自主学习、自我成长。

教育部组织编写的《普通高中教科书 语文 必修 上册》第四单元专门设置社会实践专题"家乡文化生活",这些立足于当下、根植于本土的课程内容充分体现了国家课程为地方、校本课程留有"版面"的课程建设意图。在语文课程建设中,学校不能缺席,在语文新课程改革的探索中,语文校本课程建设也要顺势而为。

群诗结构化教学的文本组元策略与路径

——以"杜甫诗"教学设计为例

近年来,阅读教学形态正发生着巨大变化。群文教学高举多文本、大容量的旗帜,一路攻城略地,打破了单篇阅读一统天下的局面,成为当前阅读教学的主要样态。"三新"背景下,语文阅读教学进行了诸如大单元、微专题、联读等多文本课堂模式的探索,这些探索致力于向群文教学转型,以期重建整体阅读观。不过,当下的群文教学却呈现出文本组元随意性太强、课堂设计散乱化严重等问题。如何在群文教学中实现结构化就成为迫切而重要的研究课题。文本组元是群文教学的核心环节。群文教学要实现结构化首先就得实现文本组元的结构化。笔者选取群诗阅读作为"切片",以"杜甫诗"教学设计为例,对群诗教学在文本组元环节的结构化策略与路径进行阐发,以期为群诗教学实践提供一些思考。

一、群诗教学结构化内涵阐发

"结构"的拉丁文是"structum",含义是"经过聚拢和整理,构成某种有组织的稳定统一体"[①]。在结构主义语言学中,"结构"就是"系统性"。后来,结构主义文论家将其引入文学研究领域,强调文本研究的整体观,主张追踪文本的"深层结构"。在汉语中,"化"有"转变"的意思,"结构化"可以理解为整体化、系统化的行为和过程。至此,"结构化"演变为一种方法论和思想观。

教育心理学认为,结构化是指将知识进行有组织、系统化的归纳和整理,使之条理化、纲领化,最终形成相互联结和清晰层级的网状知识结构的学习过程。而"网状知识结构"的基本特征是思维化和逻辑化。由此,我们归纳出结

---

① 赵一凡等主编:《西方文论关键词》,外语教学与研究出版社,2006年,第252页。

构化的基本特征：整体性、系统性、逻辑性。从这个角度论，群文教学结构化就是在互文本的基础上形成相互联结和清晰层级的知识结构的行为和过程。而这个"知识结构"需要在语言建构、思维发展等学科核心素养的导引下表现出整体化、系统化、逻辑化特征。

群诗教学是群文教学的子样态。顾名思义，群诗教学是一种通过聚合多个诗歌文本进行结构化阅读的教学行为。教学实践告诉我们，进行多文本聚合式教学看似不难，但实现课堂结构化却并非易事。许多"群诗教学"停留在逐篇阅读、简单相加的"1+1+1……"模式，文本组元随意，教学设计散乱，要不流于概略，攻其一点不及其余；要不欠缺深入，精细分析不够——课堂结构缺乏整体性、系统性、逻辑性，这样的教学并不能算是结构化教学。

在议题确定之后，群诗教学结构化有三个环节，分别按照策略制定、方案设计、教学实施依次推进，在课堂结构上体现了整体性、系统性、逻辑性特征。文本组元是第一个环节，涉及群诗教学的策略建构，地位尤为重要。可以这样说，一个高度结构化的群诗教学首先得有一个高度结构化的文本组元。群文阅读教学结构化路径如图1所示。

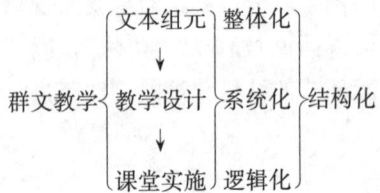

图1　群文阅读教学结构化路径

通过实践探索，我们认为，要实现文本组元的结构化，可以采取双线统一、互文异质、统整优化的策略，沿着共时性（横向）、历时性（纵向）两个路径进行文本的选择、组合、排序和使用，驱动教学设计者和实施者通过内联外拓、比同较异实现知识的系统建构和思维的整体进阶。

二、群诗结构化教学的组元策略

统编本高中语文教材共收录杜甫诗四首，教育部组织编写的《普通高中教科书　语文　必修　上册》第三单元中的《登高》，《普通高中教科书　语文　必修　下册》"诗词诵读"的《登岳阳楼》、《普通高中教科书　语文　选择性必修　下册》第一单元《蜀相》、"诗词诵读"《客至》。四首杜甫诗分属于"中华传统文化"学习任务群和专题学习版块。再加上《义务教育教科书·语文

(八年级上册)》中的《望岳》《闻官军收河南河北》《春望》《登楼》等,就形成了杜甫诗的文本圈。而这些诗分属杜甫不同人生时期,在教学时有必要对这些文本进行选择、增删、重组,以增强文本之间的结构化关系。为此,我们建构了群诗教学文本的三个组元策略,详情见表1。

表1 群诗教学文本组元策略

组元策略	项目	文本选择	教学要点	结构化表征
双线统一	人文主题	《春夜喜雨》《蜀相》《茅屋为秋风所破歌》《登楼》《狂夫》	1. 历史沉思与现实表现、个人悲欢和国家忧虑 2. 诗律的严谨精工	整体化 序列化
	语文要素			
互文异质	互文性	《房兵曹胡马》《瘦马行》《病马》	1. 马的形象变化 2. 杜甫的人生变化 3. 杜甫的情感变化 4. 象征艺术手法	层次性 递升性
	异质性			
统整优化	选择增删调序	《望岳》《春望》《登高》《岳阳楼》	1. 胸怀天下、忧国伤时的家国情怀 2. 杜诗意象的个性化 3. 沉郁顿挫的诗歌风格	清晰化 条理化

(一) 双线统一

《普通高中教科书 语文》采用人文主题和语文要素相结合的"双线组元"编排方式,这为群诗组元提供了基本思路。人文主题是暗线,语文要素是明线。就《杜甫诗》而言,其"人文精神"主要体现在杜甫的伟大人格和诗歌的现实主义精神方面,包括悲天悯人、忧国忧民、济世忠君等,"语文要素"则包括文体特征、鉴赏方法、语言风格等,诸如杜甫诗格律的严谨性、诗歌风格的沉郁顿挫、杜甫诗歌的意象经营等。结合高中阶段教情、学情,《杜甫诗》群诗教学的应然目标是深入理解杜甫心忧天下的家国情怀,认识杜甫严整精工的诗律。前者基于个性的文本内容,后者基于共性的文体形式。两个目标可以分开来实施组元,但最佳策略是将两大目标兼顾起来,实现人文主题和语文要素的双线统一。课例《草堂诗意著千秋》将杜甫寓居草堂时的四首诗聚合在一起,兼顾人文主题和语文要素,有的指向历史(《蜀相》),有的呈现现实(《春夜喜雨》);有的抒发个人悲欢(《狂夫》),有的显露家国情怀(《茅屋为秋风所破歌》);有古体诗也有今体诗。

（二）互文异质

互文性理论认为，文本之间具有相互的关系，这种相互关系叫"文本间性"，文本间性通常表现为文本间的参照、映射、对应关系。群诗教学将文本阅读扩展到了多文本，因而形成了一种互文性阅读。这种互文性阅读有利于扩展阅读视野和增厚文化积淀，有利于从宽度、深度两个方面理解诗歌现象以及完成诸如意蕴、思想、题材、手法、情感等诗歌鉴赏方面的知识建构、能力培育和素养形成。然而群诗阅读并不是文本简单相加的阅读，不能将文本随意组合和任意堆叠。在议题统摄之下，文本之间需要建立一种良好、紧密、符合逻辑的"关系"。而最优的文本关系往往是互文异质的关系。这种互文异质表现为文本的互补、对照、层进等特征，在思维层面指向"发散"，有利于发展思辨等高阶思维。《杜甫诗》课例"顺逆不改爱国情——杜甫的咏马诗"就采用了互文异质的组元方式，教师基于诗人的自我人生与诗歌中马的形象的对应比附关系，聚合《房兵曹胡马》《瘦马行》《病马》等作品，既考虑到几个作品良好的"互文性"（都写"马"），又体现不同文本的"异质性"（"马"的形象有变化，诗人的感情寄寓也有变化），在文本组元时就会呈现出清晰的结构化特征。

（三）统整优化

在议题统领之下，文本组元需要考量文本选择的典型性、文本组合的层次性、文本使用的逻辑性，以实现举一反三或"举三反一"。人教版《普通高中课程标准实验教科书　语文（必修）》和《普通高中教科书　语文》虽然都采取单元聚合、双线组元的编排，但单元内各文本的"文本间性"并不清晰，在教学设计时需要进行适度调序、适量增删，以增强一个文本与其他文本之间相互影响相互关联的特性。因此，对教材文本进行统整优化就十分必要。课例"万方多难此登临"按照诗人的几个人生阶段组元《望岳》《登楼》《登高》《登岳阳楼》等作品。《望岳》是杜甫青年时期的作品，《登楼》是寓居草堂时的作品，《登高》是流落夔州时的作品，《登岳阳楼》是杜甫生命最后阶段的作品。诗人一路向南，却不断登高望北，人生际遇和心境情绪日渐低落，通过文本统整和优化之后，教学设计路径变得更清晰更有条理。

《普通高中教科书　语文　必修　上册》第一单元有七个文本（其中包含两篇小说），在进行群诗教学时就需要进行统整优化。考虑到前五个文本都是诗歌，而本单元的"议题"是"青春的色彩"，教学设计时就可以将其拆分为几个小议题，将前面的五首诗统整起来，分别是"青春的理想"（《沁园春 长沙》）、"青春的激情"（《站在地球边上放号》）、"青春的奋斗"（《红烛》《峨日朵雪峰之侧》）、"青春的浪漫"（《致云雀》），通过这样的处理，文本间的逻辑联结就变得更加清晰和条理化。

三、群诗结构化教学的组元路径

高中语文教材蕴含了丰富多样的古诗文文本，这有利于采用群诗组元和"专题阅读"的形式对教学内容进行优化整合。既可以就教材类文本进行恰当组合，也可以采用"1+X"的方式进行课外延伸拓展。在对文本进行课内整合和课外拓展的聚合时，可以沿着基于作者编年的路径、基于作品主题的路径甚至纵向横向结合的路径进行文本的选择、增删、调序。

（一）编年式组元——从作者出发的纵向组元

在群诗教学时，教师可以通过对同一个作者不同时期的诗词进行串线式赏读，或者联系诗词创作的年代，按照作者创作的早、中、晚期对文本进行分类组元。经过梳理，很容易发现不少诗人在不同时期所言之"志"都与他的人生经历有相关性。教学设计时，以诗人生平为线，串联典型作品进行探究学习，引导学生发现和理解诗人人生际遇变化与作品内容风格变化的关系。一些重要诗人生活在特定时代，人生经历丰富曲折，这些因素都会影响作品。屈原、陶渊明、杜甫、辛弃疾、陆游等生活在国家大动荡时期，李白、王维、苏轼、韩愈等诗人都曾遭受重大人生变故。时代剧变、人生变故无疑会影响作品的情感、审美、风格等，也必然会通过作品表现出来。

以杜甫为例，他的作品被称为"诗史"。青年时代的杜甫虽一度应举不第，但35岁前，其作品都有高远意气，早期作品风格健朗；之后，杜甫目睹了唐朝统治者的骄奢淫逸，经历了"安史之乱"变局，家国情怀逐渐上升，创作了"三吏""三别"等名作，风格趋于沉郁。选取杜甫三个人生时期的作品进行串联式组元，就形成了历时性的纵向路径。课例设计"从裘马轻狂到老病穷愁"，整合青年时期意气高扬、气概豪迈的代表作《望岳》，中年时期对社会现象进行审视和批判的代表作《丽人行》，贼陷时期沉痛郁结的代表作《春望》，寓居成都时的《登楼》，流徙夔州时的《登高》以及生命最后时光写下的《登岳阳楼》等文本，结合杜甫的生平、作品的写作背景按照时间顺序梳理整合，可以形成对杜甫诗的整体认知，有助于深化对杜诗内涵的理解。

（二）主题式组元——从作品出发横向组元

这个"主题"可以是诗歌形式方面的"知识主题"，也可以是内容方面的"思想主题"。例如基于知识的组元，我们可以确立"杜甫律诗的严整精工"这样的议题，通过选取被誉为"古今七律之冠"的《登高》和《绝句》《登楼》等诗探究杜甫七律"起承转合"的严谨结构，认识杜甫对推动律诗发展所做出的努力。而内容方面的组元就很多了，我们可以确立"杜甫诗中的济世安民思想"这样的议题，整合《闻官军收河南河北》《喜观即到复题短篇》《春夜喜雨》等作品，以"喜"为课眼，通过学习"喜闻""喜聚""喜雨"三喜，感悟杜甫"爱国""爱家""爱民"三爱。

（三）纵横结合——最佳组元路径

将编年和主题相结合是文本组元的最佳路径。课例"顺逆不改爱国情"把杜甫不同时期的"咏马"诗歌聚合在一起，这是一种历时性和共时性结合的组元思路。不同时期的马的形象实则是诗人不同人生阶段和际遇的自我写照，"马"的形象在变化，诗人的人生遭际在变化，诗人的自我形象在变化，但"马依然是马"，诗人的不老诗心——爱国情怀却依然未改。组元文本中，"马"意象具有鲜明的共性形象特征，也有由物到人（或己）这样的类比思维手法，文本间形成了由低到高、由感性到理性、由意象到情感的思维链路——由马到人、由形象到情感，从意气高扬到壮心不已，再到垂垂老矣。文本间构成螺旋式共生关系，思维层级也体现了从低阶、中阶到高阶的跃升。

综上所述，群诗教学不失为高中语文古诗词教学设计的有效方式。群诗教学的价值在于助推学生在诗歌阅读中形成结构化的能力机制和知识建构。通过文本组元的结构化路径，群诗阅读走向宽广和深远。组元结构化决定了设计结构化，也决定了教学结构化。而结构化的过程是发现和探究的过程，能充分促进培育语言、思维等核心素养的形成，实现由结构化"教"到结构化"学"的终极目标。

文本解读研究：语文教师的毕生课题

一、文本研究是教学的起点

文本研究是一个老生常谈的话题。文本之于语文教学，其中心地位是无法撼动的。虽然，当代阅读学理论发生了很大变化，比如以接受主义为代表的读者中心理论一度消解了文本中心主义的影响力，但文本作为创作、阅读或者教学的对象，始终处于艾布拉姆斯"镜与灯图示"的中心。因此，"文本学应当是创作学、阅读学、欣赏学和批评学等学科的出发点"①。

作为教学的文本解读亦当如此。但近年来，文本解读研究渐成冷门。一些教师视文本研究为笨功夫，热衷于研制些"策略、路径、方法、流程"，试图来个语文教学"一招鲜"，开发出打遍天下的"教学法"或者"教学范式"，其结果是走上了"重术轻道"的老路，颠倒了语文教学的基本逻辑。教学中最重要的问题是"教什么"，文本解读研究就是研究文本中"有什么可教"的问题。

例如有人将《荷塘月色》《故都的秋》放在一起进行所谓的"联读"，两篇经典文章被肢解成若干任务和学习项目，最后还整出一个"家国情怀"的所谓大观念。这显然是为了赶时髦弄出的蹩脚课例。在经过这一番"比较与整合"后，几个文本独有的核心价值被湮没了。出现这类问题，其深层原因是教师对文本的重视不够，文本研究的功力欠缺。《荷塘月色》《故都的秋》两篇散文"个性大于共性"，文本的核心价值在于语言审美、思想主题等方面，反映出的是作家个性气质对文体风格的影响。教学中首先该是单篇细读，让学生充分认识朱自清散文清新典雅的语言特点，认识细腻传神的写景特点，认识严谨缜密的结构特点；而《故都的秋》则要让学生认识郁达夫因情造景的写作技法和颓废忧郁的个性气质。这之后可以将两个篇章进行联读，引导学生"发现"散文

---

① 傅修延著：《文本学》，北京大学出版社，2004年，第1页。

的共同价值：文体特征、情景关系等。

因此需要重申，文本研究是所有语文教学的起点，语文阅读教学的基本理路应该是这样的：在扎实的文本研究之后发掘文本的核心价值，进而确立文本的教学价值，进行得当的教学设计，最后是教学组织形式的选择和内容的实施。如果对文本研究过于轻视，必然导致目标定位失准，教学行为偏离文本价值正轨出现解读失误。而这恰好是很多课例的痛点，也是一些语文教师的能力短板。

二、文本误读析因

近年来不少课例频频出现文本误读现象，通过分析发现，造成"误读"的主要原因有两个：一是语文教师理论素养欠缺导致阅读教学观不正确；二是教师文本解读能力不足，缺乏基本的文本解读技能。笔者在《阅读教学的理论困境》(《语文教学通讯（高中刊）》2007年第5期)和《阅读：找回文本的尊严》(《教学与管理》2010年第8期)两文中提出两个观点（"阅读教学的元理论纠缠不清导致了阅读教学的困境"[1]"语文之痛：文本的尊严被漠视"[2]），分别针对语文课程文件中引进多种阅读理论造成抵牾的情况和教学实践中"文本被边缘化"的现状做出理性思考，强调要重新重视文本在阅读教学行为中的核心地位。2022年，笔者发表《中学语文科研到底该研究什么》[《语文教学通讯（D刊）》2022年第6期]，呼吁要重视文本解读研究，要"重点研究语文教学实践的方法和做法，具体到阅读教学，就要对文本解读、教学实录、教学设计等活动进行研究"[3]。

因此，语文教师加强阅读学、文艺美学等理论学习十分必要。M. H. 艾布拉姆斯作于1953年的《镜与灯》是文学批评学界的必读书。本书对西方文艺理论做了全面的总结和回顾，从文学史发展角度阐述了"模仿说""实用说""表现说"和"客观说"。艾布拉姆斯提出文学批评四大要素——作品、宇宙、作家、读者，并建构了文学创作论和文学阐释论的基本图式，这些观点依然是当下文艺美学研究的理论基石。此后，文本解读理论的发展大致经历了从"社会中心""作者中心"，到"作品中心"，再到"读者中心"的范式转型。英国

---

[1] 李国栋：《阅读教学的理论困境》，《语文教学通讯（高中刊）》，2007年第5期，第10页。
[2] 李国栋：《阅读：找回文本的尊严》，《教学与管理》，2010年第22期，第63页。
[3] 李国栋：《中学语文科研到底该研究什么》，《语文教学通讯（D刊）》，2022年第6期，卷首。

文艺理论家伊格尔顿曾将文学理论的发展分为三个阶段："全神贯注于作者阶段（浪漫主义和十九世纪），绝对关心作品阶段（新批评），以及近年来注意力显著转向读者阶段。"① 我国学者龙协涛将其表述为：以作者的创作为理解作品的根本依据的"作者中心论"，以文本自身的语言结构为理解文本意义的根本依据的"文本中心论"，以读者的阅读、反应、创造性理解为意义生成的源泉的"读者中心论"②。

语文教师要对这些著作进行阅读，对其观点主张有所了解，并树立正确的文本解读观，而不是随意搬用，只持一端，追求片面深刻。西南大学荣维东教授指出："要防止偏于一隅的解读而导致的'文本歪读'，防止脱离具体语境的'文本误读'，防止脱离学生认知水平过分人文化的所谓'深度解读'，防止偏离教学目标的'无边界''无方向'解读等。"③ 在阅读教学中，在坚持文本中心主义的基础上融合世界、作者、读者等多维视域，方能保证文本解读走在"守正致和"的路上。

三、整体把握与文本细读

语文教师要提升文本解读能力得具备两个硬实力：文本的整体把握能力和文本细读的能力。整体把握应该是一个语文教师文本解读最重要的一种能力。不见森林，何以见树木？文本阅读的基本顺序是先整体后局部。树立大文本观，重视语境联系很关键。如果对一个文本的核心主旨没有全面、合理和正确的认识，解读文本就会犯方向性的错误。比如，读孟子的《齐人有一妻一妾》，需要对孟子核心思想进行了解：孟子提倡气节，比如大丈夫骨气；孟子主张人要有廉耻；孟子蔑视那些在权贵者面前摇尾乞怜而在贫弱者面前颐指气使、不可一世的人。在此基础上，理解文末"由君子观之，则人之所以求富贵利达者，其妻妾不羞也，而不相泣者，几希矣！"④ 一句就可见孟子对现世的哀痛和批判，也可见孟子的骨鲠之气和精神坚守，更能见孟子着力建构的"人皆可以为尧舜"的儒家理想人格。

又如《荷塘月色》，朱自清从一开始逃离俗世的纷扰前往荷塘精神游历到

---

① 伊格尔顿著，伍晓明译：《二十世纪西方文学》，陕西师范大学出版社，1987年，第68页。
② 龙协涛著：《文学阅读学》，北京大学出版社，2004年，第3页。
③ 荣维东：《文本解读理论范式发展与教学路径》，《福建基础教育研究》，2020年第7期，第26页。
④ 朱熹集注：《孟子》，上海古籍出版社，2013年，第122页。

最后无奈回归纷扰，这实际上是在演绎一个关于人的精神困境的文化母题：人始终处在一个生存悖论中，活着是为了寻找自由，但人在现实中始终不自由。这不光是知识分子的痛苦，也是整个人类的痛苦。如果缺乏对文本整体的深入把握，我们就会始终在家庭说、政治说等偏颇的观念上绕圈子。按照整体观照文本的理念，读孙犁的《黄鹂》，就能见出一个老文艺工作者对新中国成立后特别是"文化大革命"期间作家的自由表达权利遭到禁锢的不满和悲愤，以及希望赋予作家自由歌唱权利的真诚呼唤。读《逍遥游》，就能见出庄子对儒家思想中入世"三立"（立功、立德、立言）的反驳；读《再别康桥》，就能见出徐志摩对林徽因无法割舍的恋情和爱意；读《读〈伊索寓言〉》，就能见出钱锺书对现实世界的戏谑和反讽。

文本细读本是西方新批评文论提出的阅读方法，在文本解读视域，是指通过分析字词、句式、修辞等文本内部构成要素进行文本阐释的方法。很多时候，抓住了文本中的关键词就像牵住了牛鼻子，可以很自然带引出文本的整体解读思路。如欣赏"晓来谁染霜林醉"，有人停留在"染"字上，笔者却从"醉"字入手，一个"醉"字不光写出了霜林如火、如血的红色，还把心如醉、人空瘦的崔莺莺心理凸显了出来，所谓"醉过才知酒浓，爱过才知情重"，所谓热恋中的人无法自持，如醉如痴，所谓生离远胜死别，眼中泣血，心内成灰。王勃的《滕王阁序》，重点欣赏"落霞与孤鹜齐飞，秋水共长天一色。渔舟唱晚……雁阵惊寒……"把苏轼的"孤鸿"、李白的"孤云"、柳宗元的"孤舟"等联系起来，让学生在关联、比较中品咂语言表达背后包孕的情感寄托。

四、寻找文本的缝隙

文本解读研究有一个便利的办法，那就是从文本缝隙处下手。庄子《庖丁解牛》中说："彼节者有间，而刀刃者无厚；以无厚入有间，恢恢乎其于游刃必有余地矣。"[①] 文本缝隙指的是作品中表现出来的语言、情感、思想、结构、情节等方面的矛盾、不一致、不和谐之处。而找到这样的文本缝隙，去探索、发掘作者自相矛盾的地方，或许才是我们阅读文学作品的根本意义。文本中矛盾、不一致、不和谐之处就是文本的"节"和"间"，抓住这些"缝隙"进行深入研究，可以挖掘作品的隐含意蕴，可以洞悉作品的幽微之处。

比如，在对《战国策·荆轲刺秦王》进行研究时发现，荆轲《易水歌》令

---

① 王先谦集解，方勇校点：《庄子》，上海古籍出版社，2013年，第37页。

人疑惑,一是此歌与《史记》中项羽的《垓下歌》和刘邦的《大风歌》极其相似,都属于楚辞楚调,可是荆轲是地道的北方人,怎么会唱楚歌呢?二是《垓下歌》和《大风歌》均有四句,独《易水歌》仅两句,这是为什么呢?

通过查找文献,我们发现了下列事实:

1. 更早的文献《燕丹子》并无《易水歌》,《燕丹子》在文字上与《战国策》和《史记》有很大的不同,但也有相同的内容。据此可以判断,刘向、司马迁著录时应该是依据了《燕丹子》并对其进行了润饰改写。

2. 《易水歌》的作者肯定不是荆轲。荆轲所为之事在战国末期,荆轲在易水离别时的细节场景已无法完全从历史上还原,《战国策》《史记》中的描述当为文学加工,易水送别的核心信息也许是符合历史真实的,但荆轲所言所歌自是难以证实。

3. 我们注意到,《易水歌》中采用"兮"字句,带有鲜明的"楚地歌谣"色彩(如以《离骚》为代表的"楚辞"),但荆轲为卫人,在《战国策·燕策三》《史记·刺客列传》的记述中均未有其与南方楚地有关联的内容。所以,荆轲作为长期活跃在中原的北方人,是断然唱不出或者不可能唱出南方楚歌的。

4. 魏晋六朝时期,不少人以荆轲作诗,包括陶渊明的《咏荆轲》、左思《咏史》,内容中也都涉及易水送别、荆轲和歌等内容,但尚不见与"风萧萧兮易水寒,壮士一去兮不复还"相关的词句。在唐代诗人贾岛《易水怀古》中,出现了"至今易水桥,凉风兮萧萧"等词句,我们大致可以判定,在唐代,《易水歌》已经广为流传,其内容多已传播。这样的话,我们就确定了《易水歌》内容形成的历史时段应该在汉唐之间,极有可能就是魏晋时期。弄清这些事实,我们可以看出史家笔下的"文学笔法",也可以看出著者对于荆轲"激义而起"的赞扬和褒举。

这样的文本解读研究是极其有意义的。它具有极强的探究性,能给阅读者带来"自我发现"的快乐,也能助推教师的学术成长。

学无止境,教无止境,研无止境。以文本解读研究为向度,语文教师将走向深广,毕其生而行之必能助其厚而成其大。

主要参考文献

艾布拉姆斯 M H，2015．镜与灯［M］．郦稚牛，张照进，童庆生，译．北京：北京大学出版社．
巴特，1987．符号学美学［M］．王葵，译．沈阳：辽宁人民出版社．
曹明海，1997．文学解读学导论［M］．北京：人民文学出版社．
仇兆鳌，1979．杜诗详注［M］．北京：中华书局．
厨川白村，2000．苦闷的象征［M］．鲁迅，译．天津：百花文艺出版社．
丹纳，1998．艺术哲学［M］．傅雷，译．合肥：安徽文艺出版社．
杜威，1990．民主主义与教育［M］．王承旭，译．北京：人民教育出版社．
多尔，2000．后现代课程观［M］．王红宇，译．北京：教育科学出版社．
范梅南，2001．教学机智——教育智慧的意蕴［M］．李树英，译．北京：教育科学出版社．
弗莱雷，2001．被压迫者的教育学［M］．顾建新，赵友华，何曙荣译．上海：华东师范大学出版社．
傅修延，2004．文本学［M］．北京：北京大学出版社．
伽达默尔，2004．真理与方法［M］．洪汉鼎，译．上海：上海译文出版社．
郭绍虞，1979．中国历代文论选［M］．上海：上海古籍出版社．
郭象，成玄英，2011．庄子注疏［M］．北京：中华书局．
卡西尔，2004．人论［M］．甘阳，译．上海：上海译文出版社．
朗格，1983．艺术问题［M］．滕守尧，译．北京：中国社会科学出版社．
李海林，2000．言语教学论［M］．上海：上海教育出版社．
李泽厚，1989．美的历程［M］．北京：中国社会科学出版社．
龙协涛，2004．文学阅读学［M］．北京：北京大学出版社．
陆精康，2015．考信录［M］．上海：上海教育出版社．
罗晓晖，2017．方法与案例［M］．上海：华东师大出版社．
钱理群，2006．名作重读［M］．上海：上海教育出版社．

孙绍振，2006. 名作细读［M］. 上海：上海教育出版社.

滕守尧，1985. 审美心理描述［M］. 北京：中国科学出版社.

童庆炳，2004. 文学理论教程［M］. 北京：高等教育出版社.

王丽，1998. 中国语文教育忧思录［M］. 北京：教育科学出版社.

王荣生，2003. 语文课程论基础［M］. 上海：上海教育出版社.

王尚文，1990. 语文教改的第三次浪潮［M］. 桂林：广西师范大学出版社.

王先霈，2006. 文学文本细读讲演录［M］. 桂林：广西师范大学出版社.

王先谦，2013. 庄子［M］. 方勇，点校. 上海：上海古籍出版社.

席勒，2009. 美育书简［M］. 张玉能，译. 南京：译林出版社.

雅斯贝尔斯，1991. 什么是教育［M］. 邹进，译. 北京：生活·读书·新知三联书店.

扬雄，2012. 法言［M］. 韩敬，译注. 北京：中华书局.

于漪，2018. 于漪全集［M］. 上海：上海教育出版社.

于泽元，王雁玲，石潇，2018. 群文阅读的理论与实践［M］. 重庆：西南师范大学出版社.

张法，2000. 中国美学史［M］. 上海：上海人民出版社.

郑金洲，2000. 教育文化学［M］. 北京：人民教育出版社.

中华人民共和国教育部，2020. 普通高中语文课程标准（2017年版2020年修订）［M］. 北京：人民教育出版社.

朱熹，2011. 四书章句集注［M］. 北京：中华书局.

宗白华，1981. 美学散步［M］. 上海：上海人民出版社.

佐藤正夫，2001. 教学原理［M］. 钟启泉，译. 北京：教育科学出版社.

后　记

　　从某种意义上说，我并不是一个成熟的写作者和阅读研究者。成熟的写作者常常才华横溢、文思泉涌、著作等身、誉满天下。而我，虽也笔耕不辍，但资质平平、成果寥寥、籍籍无名。

　　成熟的阅读研究者，自有一套学术思想体系，用之于实践，能让人耳目一新，心服口服。而我，仅仅在中学阅读教学这条路上拾些残砖断瓦，虽有累积，也无法构筑什么高楼大厦。

　　为此，我常心生惭愧。"粗缯大布裹生涯"，也罢。本书所录这些文章，虽然绝大多数都在刊物上发表过，但仍觉缺漏甚多。一些文章写于20多年前，世易时移，难免不那么"时髦"。所以，我随时准备接受读者的批评。

　　教学、阅读、思考、写作是我职业生涯的四大内容。如果说我的文章还有一些价值，那肯定得益于我的教学工作、阅读习惯和思考能力。笛卡尔说："我思故我在。"而我说："我在故我思。"如果说，思考是人存在的价值和意义，那么我的这些思考"成果"证明了我曾经的存在状态。

　　最后，要感谢我的家人！感谢为此书出版付出艰辛劳动的四川大学出版社梁平和陈克坚老师！感谢长期关心和支持我的成都市郫都一中李玉林书记、成都市郫都一中蒋春鹏校长及各位领导！感谢鼓励我在教育教学道路上不断前行的众多师友！

李国栋
2024年5月8日